Notas de Direito Civil
Parte Geral

Notas de Direito Civil
Parte Geral

Natanael Sarmento

Professor e Pesquisador Adjunto III

Doutor em História pela Universidade Federal de Pernambuco

Pós-graduado em Direito pela Escola Superior da Magistratura de Pernambuco

Professor de Direito Civil da Universidade Católica de Pernambuco

editora HARBRA

Direção Geral: Julio E. Emöd
Supervisão Editorial: Maria Pia Castiglia
Revisão de Texto: Paola Morsello
Revisão de Provas: Grasiele L. Favatto Cortez
Editoração Eletrônica: Mônica Roberta Suguiyama
Capa: Fernando Mendes
Impressão e Acabamento: RR Donnelley

Dados Internacionais de Catalogação na Publicação (CIP)
(Câmara Brasileira do Livro, SP, Brasil)

Sarmento, Natanael
Notas de direito civil, parte geral / Natanael Sarmento. -- São Paulo : editora HARBRA, 2004.

Bibliografia.
ISBN 85-294-0276-6

1. Direito civil I. Título.

04-6244 CDU-347

Índices para catálogo sistemático:

1. Direito civil 347

Notas de Direito Civil – Parte Geral

Rua Joaquim Távora, 629 e 779
04015-001 São Paulo – SP
Promoção: (011) 5084-2482 e 5571-1122. Fax: (011) 5575-6876
Vendas: (011) 5084-2403, 5549-2244 e 5571-0276. Fax: (011) 5571-9777

ISBN 85-294-0276-6

Impresso no Brasil *Printed in Brazil*

In memoriam **de Rosa e Salomão, sempre.**

Dedicado aos irmãos: Arara, Zezé,
Dione, Ary, Chico e Zezo.

À Marjorie
e aos filhos Mariana, Matheus e Lucas.

Conteúdo

PREFÁCIO

Este livro traz notas e comentários diretos e explicativos da *Parte Geral* do Código Civil (Lei 10.406/2002, arts. 1.º a 232) e da Lei de Introdução ao Código Civil (Decreto-Lei 4.657/42, arts. 1.º a 6.º).

A Lei 10.406, publicada no *Diário Oficial da União* de 12 de janeiro de 2002, instituiu o novo Código Civil brasileiro, com vigência a partir de um ano da publicação. Dessa forma, em 12 de janeiro de 2003, entrou em vigor a nova lei civil, a qual revoga expressamente o Código Civil de 1916 (Lei 3.071) e também a Parte Geral do Código Comercial de 1850 (Lei 556).

Apresentado ao Congresso Nacional em 1975, então já se travava no mundo jurídico a discussão sobre a validade dos Códigos nos dias atuais, entendendo a doutrina de vanguarda que a era das codificações estava ultrapassada. Nada obstante, eis o Código de longeva gestação, quase três décadas de tramitação, nascido de parto complicado com milhares de emendas. Para alguns, um nascituro caduco, o qual deveria ter sido abortado.

A despeito dessa discussão estar prejudicada, no momento, pelo *fato consumado* da entrada em vigor da Lei 10.406/2002, ressalte-se que a doutrina não tem os mesmos propósitos do legislador. Pesquisar, analisar e interpretar a norma jurídica com métodos e técnicas científicos, com visão filosófica e crítica do sistema jurídico, a fim de entender e indicar a extensão e limites dos efeitos da lei, compete à doutrina. Ao legislador importa a aplicação prática da norma elaborada. Não se trata, evidentemente, de separação rígida entre o legislador e o teórico, pois não há prática sem teoria, nem teoria sem prática. Nenhuma norma jurídica vigente em qualquer sociedade é desprovida de conteúdo ideológico ou prescinde de uma concepção filosófica do homem, da sociedade e do direito.

O Decreto-Lei 4.657/42, advindo da ditadura do *Estado Novo*, sobrevive às Constituições de 1946, 1967/69 e 1988 e aos governos populistas, autoritários e chega aos dias de hoje. Permanece, destarte, relevante o estudo deste decreto-lei, chamado de *Lei de Introdução ao Código Civil*, aplicável a todas as demais leis. Com efeito, o Decreto-Lei 4.657 é uma norma autônoma e distinta do Código Civil, tendo por escopo a vigência da lei no tempo e no espaço, a revogação e derrogação da lei, a retroatividade e a irretroatividade da lei, as regras de interpretação e de integração das leis, analogia, costumes, princípios gerais, eqüidade, publicação, além de prazos e de normas de aplicação de direito internacional.

O Capítulo 1 destas notas analisa os artigos da LICC de interesse da Parte Geral. A matéria ficaria incompleta sem a apreciação, embora perfunctória, do processo legislativo previsto na Constituição Federal de 1988, que vem a completar o referido capítulo.

O Capítulo 2 trata especificamente da *pessoa natural* e de temas a ela relacionados, como capacidade de direito e de exercício, personalidade, nascituro, clonagem humana, incapacidade absoluta e relativa, tutela dos índios, menoridade e maioridade, emancipação, morte, comoriência, registro e averbação de nascimentos, casamentos, óbitos, emancipações, interdição, ausência e morte presumida.

Os direitos da personalidade são analisados no Capítulo 3, a saber: o direito à vida e à integridade física, ao nome, à imagem, ao sigilo e o direito autoral.

No Capítulo 4 estuda-se a ausência, a curadoria dos bens do ausente, a sucessão provisória e a definitiva, as quais o legislador houve por bem incluir na Parte Geral, a nosso ver indevidamente.

Seguindo a sistematização do Código, o Capítulo 5 cuida das *pessoas jurídicas*, ou seja, do conceito, classificação, registro, desconsideração da personalidade, dissolução, liquidação, cancelamento e registro, direito da personalidade da pessoa jurídica, associações, sociedades e fundações e, finalmente, dos entes despersonalizados.

O Capítulo 6 trata do domicílio civil das pessoas naturais e jurídicas, conceitos, classificação, sistemas e espécies.

No Capítulo 7 analisam-se os bens, bens e coisas, a disciplina do novo Código, bens considerados em si mesmos, imóveis, móveis, fungíveis, infungíveis, consumíveis, inconsumíveis, divisíveis e indivisíveis, singulares e coletivos, bens reciprocamente considerados, principal e acessório, pertenças, benfeitorias úteis, necessárias e voluptuárias, bens particulares e públicos de uso comum, de uso especial e dominicais.

O Capítulo 8 examina os fatos, atos e negócios jurídicos, aquisição, modificação e extinção de direitos, requisitos de validade do negócio jurídico, representação, os elementos acidentais, condição, termo e encargo, defeitos dos negócios jurídicos, erro, dolo, coação, estado de perigo, lesão, fraude contra credores, invalidade do negócio jurídico, negócio jurídico nulo e anulável.

A seguir, no Capítulo 9, trata-se dos atos lícitos e ilícitos.

Da decadência e da prescrição cuida o Capítulo 10, suscitando a controvérsia doutrinária e apresentando a forma operativa dada pelo legislador de 2002. Assim, ressalta-se o sentido prático adotado pelo legislador, a prescrição da pretensão, a exceção, a renúncia, as modificações de prazos, a legitimidade para a alegação, a decretação de ofício, o cabimento da ação regressiva, os prazos contra o sucessor, as causas, suspensivas, impeditivas e interruptivas, os prazos geral e especiais, a decadência prevista em lei ou convencional, a nulidade da renúncia da decadência e a decretação de ofício.

Coincidindo com o final da Parte Geral do Código, o Capítulo 11 finaliza a obra com os meios de prova: conceito, finalidade, confissão, documentos, testemunha, presunção e perícia, destacando o caráter exemplificativo dessa relação prevista em lei.

Nada obstante as críticas que apresentamos ao Código de 2002, inclusive quanto à sistematização adotada, optamos por dar seguimento às anotações *pari passu* com a ordem dos artigos da Lei 10.406/ 2002.

Se a LICC é originária de um regime ditatorial da década de 1940, o "novo" Código tem origem noutra ditadura, desta feita a da década de 1970. O ministro da Justiça era Armando Falcão e o ditador de plantão o general Ernesto Geisel, quando o projeto do Código foi encaminhado no ano de 1975 juntamente com a *Exposição de Motivos* ao Congresso Nacional. No Parlamento ficou relegado ao esquecimento até ser ressuscitado pelo deputado Ricardo Fiuza, político também identificado com o *ancien régime*. Tendo o Fiuza como relator, o jurista Miguel Reale como coordenador e o ministro José Carlos Moreira, do Supremo Tribunal Federal, como revisor da Parte Geral forma-se a comissão.

O "novo" Código de 2002, na verdade, não traz modificação substancial quanto à sistematização do "velho" Código de 1916. A começar pela grande divisão: Parte Geral e Parte Especial. Segue que a Parte Geral, apesar da supressão de normas do Código anterior, a exemplo dos bens fora de comércio e do bem de família, e da inclusão de novas disposições, como direitos da personalidade, representação, ausência e decadência, manteve a mesma divisão em três livros, a saber: Livro I – Das Pessoas; Livro II – Dos Bens; Livro III – Dos Fatos Jurídicos. A Parte Especial aumentou de um livro em relação ao predecessor, assim: Livro I – Do Direito das Obrigações; Livro II – Do Direito de Empresa; Livro III – Do Direito das Coisas; Livro IV – Do Direito de Família; Livro V – Do Direito das Sucessões.

No que tange à sistematização adotada, o legislador atendeu aos reclamos da doutrina, ao retirar o bem de família da Parte Geral e situá-lo no livro do Direito de Família, em face da inconformidade desse instituto deslocado no livro de bens. Porém, a Parte Geral, qual o leito de Procusto, a ajustar todas as medidas, regula a sucessão provisória e permanente do ausente e o próprio instituto da ausência. Por que não na Parte Especial referente às sucessões? No que tange aos defeitos dos negócios jurídicos, acrescenta o *estado de perigo* e a *lesão,* mas incoerentemente situa a *simulação* como causa de nulidade, embora mantendo a *fraude contra credores* como causa de anulabilidade. Por que não ambos anuláveis, ou ambos nulos, se os dois são vícios de mesma natureza social? Há mudanças relativas à capacidade civil esperadas socialmente, como a maioridade aos 18 anos, e regras confusas sobre a embriaguez habitual e a enfermidade mental, que devem ser ajustadas na jurisprudência. Não diz respeito à Parte Geral, mas seria impossível não mencionar os mais de 80 artigos de normas regulando o casamento, demasiado controle da norma estatal sobre um assunto que, estabelecidas as normas básicas do Estado, deveria caber às partes convencionar as cláusulas específicas da união.

Uma das características da tal *era da globalização* é a rapidez da informação, a queda da bolsa da Nova Iorque refletindo no mesmo instante em todos os quadrantes do globo. As codificações modernas são do século XIX, em que a notícia da morte de um estadista americano demorava duas semanas para chegar à Europa. Em época alguma a informação correu tão célere como no presente, mas veleidades napoleônicas, não apenas as de conquistas como também as de juristas, subsistem em hospícios e parlamentos, com todas as suas conseqüências, menos danosas dos primeiros, naturalmente. Não é científico afirmar o destino de uma obra, ou de uma lei. Mas a sintonia com o tempo, a *contemporaneidade*, é condição de sobrevivência, pois as obras que nascem defasadas dificilmente logram longevidade.

Dirigido especialmente aos que dão os primeiros passos no campo do direito civil, tem utilidade também a tantos quantos desejem uma atualização da disciplina, dês que não busquem nas presentes notas grandes indagações jurídicas.

Natanael Sarmento

setembro de 2004

capítulo 1

A Norma Jurídica no Direito Brasileiro

1.1 Disposições Gerais

Não há um conceito consensual de *norma jurídica* no âmbito da doutrina, havendo mesmo quem ressalte o *imenso caos de orientações* doutrinárias (DINIZ, 1999, p. 23).

Sem a pretensão de exaurir este tema tão tormentoso, mas sem escusa para deixar de apreciá-lo, para fins deste estudo introdutório entenda-se norma jurídica como *regra de conduta emanada do Estado a todos imposta*. Neste sentido, essa norma de controle social estabelece regras e limites a todas as pessoas, públicas e privadas, e a governantes e governados.

Trata-se de conceito de norma jurídica em *sentido restrito*. Direito emanado de autoridade estatal aplicável a todos os membros da sociedade, com força coercitiva. Restritivamente, o direito expresso na norma de direito positivo, o direito estatal, se confunde com o poder do Estado de exercer a sua soberania. Com estas ressalvas, e sem desconhecer os riscos da redução conceitual, estudaremos a lei como expressão da vontade política da sociedade organizada e, em última análise, do Estado, imposta à obrigatoriedade de todos os membros dessa sociedade e dotada de força coercitiva.

Nesse mesmo diapasão é o conceito de lei segundo o magistério de SÍLVIO DE SALVO VENOSA (2003, p. 37): "Lei é uma regra geral de direito, abstrata e permanente, dotada de sanção, expressa pela vontade de uma autoridade competente, de cunho obrigatório e de forma escrita".

Do ponto de vista abstrato e formal, a lei estatal é igual, indistintamente, para todas as pessoas, como se vê do art. 5.º, *caput*, da Constituição Federal de 1988: "Todos são iguais perante a lei".

Dessa maneira, a lei que assegura o direito de propriedade estende esta garantia inclusive àqueles que não possuem propriedade alguma.

Nada obstante as desigualdades econômicas, sociais e culturais entre os homens sejam visíveis, a ordem jurídica proclama uma *isonomia* ou "igualdade normativa" de todos perante a lei.

Mas a lei tem o escopo de manter a ordem econômica e a paz social do ambiente societário que expressa e representa. De fato, a lei emana da sociedade a fim de regular as suas relações; logo, é expressão e reflexo da mesma ordem, constituindo-se não apenas em um dos instrumentos mais eficazes de controle social como também em um dos esteios ideológicos e legitimadores da sociedade. Não são poucos os que consideram a igualdade jurídica um inegável avanço da história humana, o estágio mais avançado – senão o derradeiro – da civilização. O presente estudo não cuidará da crítica à dogmática jurídica, pois tem como objeto a norma jurídica positiva e formal.

No Brasil, basicamente, as normas jurídicas estão disciplinadas na Constituição Federal, na Lei de Introdução ao Código Civil e na Lei Complementar 95/98. A primeira fixa as normas do processo legislativo; o Decreto-Lei 4.657/42 (Lei de Introdução ao Código Civil) regula a publicação e a obrigatoriedade da lei, sua vigência no tempo e no espaço, a retroatividade e a irretroatividade, as regras de hermenêutica e de integração entre outras matérias. Atendendo ao disposto no parágrafo único do art. 59 da Constituição Federal, a Lei Complementar 95/98 dispõe sobre a elaboração, redação, alteração e consolidação das leis.

1.2 Processo Legislativo

O chamado *processo legislativo* está previsto no art. 59 da Constituição Federal de 1988 com a seguinte redação:

> *Art. 59. O processo legislativo compreende a elaboração de:*
>
> *I – emendas à Constituição;*
> *II – leis complementares;*
> *III – leis ordinárias;*
> *IV – leis delegadas;*
> *V – medidas provisórias;*
> *VI – decretos legislativos;*
> *VII – resoluções.*
>
> *Parágrafo único. Lei complementar disporá sobre a elaboração, redação, alteração e consolidação das leis.*

Dos arts. 59 a 69 a Constituição regulamenta o processo de emendas constitucionais e das iniciativas, limites e procedimentos de aprovação das leis, dos quais destacamos:

1.2.1 Emendas constitucionais

Discutidas e votadas em dois turnos, nas duas casas do Congresso Nacional. *Quorum*: 3/5 dos votos.

1.2.2 Leis complementares

Regulam ou complementam matérias determinadas na Constituição. *Quorum*: maioria absoluta.

1.2.3 Leis delegadas

Elaboradas pelo chefe do Executivo, que solicita delegação ao Congresso Nacional. A delegação se dá por meio de *resolução.*

1.2.4 Decretos legislativos

Promulgados pelo Poder Legislativo *ad referendum* ou depois de plebiscito.

1.2.5 Medidas provisórias

Normas com força de lei, decretadas pelo Executivo no caso de *urgência e relevância.* Devem ser submetidas de imediato ao Congresso Nacional para se transformarem em leis. Perdem eficácia se não forem transformadas em lei no prazo de 60 dias da publicação, prorrogáveis uma única vez por igual período (art. 62, § 7.º, da CF, com nova redação dada pela EC 32/2001).

1.2.6 Resoluções

Normas do Poder Legislativo a fim de regulamentar matéria de sua competência.

1.2.7 Leis ordinárias

Todas as demais normas emanadas do Poder Legislativo, às quais não se aplicam os dispositivos e procedimentos aplicáveis às demais normas acima referidas.

Dentre todas as normas previstas no processo legislativo, as *medidas provisórias,* cujas edições são conferidas ao chefe do Executivo, são as mais criticadas no âmbito da doutrina. Para uns, seu uso excessivo e indiscriminado representa verdadeira usurpação da função legisferante; para outros, é instituto apropriado ao regime *parlamentarista* e não ao *presidencialismo*, este último adotado na Constituição e confirmado no plebiscito de 7 de setembro de 1993, nos termos do art. 2.º do Ato das Disposições Constitucionais Transitórias.

Não obstante a Emenda Constitucional 32/2001 ter limitado a edição das chamadas medidas provisórias, o uso dessa prerrogativa pelos Presidentes da República continua, a nosso ver, excessivo. Decerto a falta de definição legal dos requisitos de *urgência e relevância*, necessários às *medidas provisórias*, facilita e permite a confusão entre os interesses imediatos do chefe de Governo e a urgência e relevância do interesse público. Dessa forma, o emprego abusivo dessas medidas não passa de via oblíqua da função legislativa, exercida pelo Executivo sob o manto constitucional.

1.3 Elaboração da Lei

Em geral, o projeto de lei passa pelas seguintes fases até ser transformado em lei.

O ponto de partida consiste na iniciativa do projeto e na sua apresentação à casa legislativa. Seguem-se a *discussão e a votação*, quando o projeto ali debatido recebe as emendas dos parlamentares. Depois de aprovado no âmbito do Legislativo, o projeto segue ao Executivo para *sanção* e *promulgação*. Daí o Executivo o remete à *publicação*, quando a lei adquire a presunção *jure et de jure* de conhecimento público.

Mas o chefe do Executivo pode se opor ao projeto, total ou parcialmente e, neste caso, ao invés da sanção, *dará o veto*. Total ou parcial, o veto do Presidente da República, devidamente justificado em face da Constituição ou do interesse público, será remetido ao Legislativo com as razões (do veto). O Congresso Nacional poderá aceitar, ou não, as razões do veto. No caso de recusar, caberá ao Presidente do Congresso remeter a lei à publicação.

A iniciativa da lei compete aos parlamentares e às comissões do Congresso Nacional. Compete também ao Presidente da República, aos Tribunais Superiores e ao Procurador Geral da República. Poderá se dar, ainda, por *iniciativa popular*, no exercício democrático da cidadania, pela apresentação à Câmara de projeto subscrito por, no mínimo, 1% dos eleitores, em pelo menos 5 Estados, nos termos do § 2.º do art. 61 da CF/88.

O projeto, debatido nas casas legislativas antes e durante a votação, pode ser reformulado, mas só será aprovado se conseguir o *quorum* respectivo do tipo de lei: ordinária, complementar etc. Sendo aprovado primeiro na Câmara Federal, seguirá para o Senado Federal, e vice-versa. A apreciação da emenda na chamada casa de revisão se dá no prazo de dez dias. Em seguida, o projeto retorna à casa de origem, ressalvado o regime de urgência previsto às solicitações do Executivo nas normas de sua iniciativa (§ 1.º do art. 64 da CF). Depois de revisto na outra casa, em único turno de discussão e votação, será enviado à sanção, se aprovado, ou arquivado, em caso de rejeição.

A sanção e a promulgação dão-se concomitantemente, a primeira indicando a anuência do chefe do Executivo à norma aprovada pelo

Congresso e submetida à sua apreciação de constitucionalidade e interesse público, e a promulgação possuindo a finalidade de proclamação.

A sanção presidencial pode ser expressa ou tácita; neste último caso, quando o Presidente não se pronuncia nos 15 dias seguintes ao recebimento da lei. Se não concordar com a lei aprovada no Congresso, o Presidente oporá o *veto*, total ou parcial. O veto deverá ser expresso e justificado, e nele o Presidente comunicará ao Presidente do Senado, no prazo de 48 horas, as razões da inconstitucionalidade ou da contrariedade do interesse público. Mas o veto presidencial, apreciado em sessão conjunta do Congresso, dentro de 30 dias do seu recebimento, poderá ser rejeitado pela maioria absoluta do Congresso, em votação secreta (art. 66, § 4.º, da CF).

A última etapa desta tramitação consiste na publicação do texto legal no órgão oficial de imprensa, quando, então, torna-se lei, e presumivelmente conhecida por todos, começa a produzir os seus efeitos jurídicos na data da sua vigência, que pode, ou não, coincidir com a data de sua publicação.

1.4 Classificação Doutrinária das Leis

No âmbito da doutrina, as leis recebem inúmeras classificações, a depender de critérios utilizados pelo autor. Ressaltamos como uma das divisões mais recorrentes a que focaliza a *imperatividade* da lei.

Neste sentido, existem as chamadas *normas cogentes*, assim entendidas as que regulam preceitos considerados relevantes e de *ordem pública*, e por isso mesmo indisponíveis. São exemplos as leis relativas a sucessão, adoção, registro público, casamento etc.

Por seu turno, as chamadas *normas supletivas ou interpretativas* não dizem respeito, diretamente, ao interesse público e, por isso, são *disponíveis*. Nos direitos das obrigações os pactuantes podem avençar de forma livre, inclusive diversamente do disposto no Código Civil, nas questões supletivas. A regra do CC só será aplicável em caso de omissão das partes contratantes, como por exemplo o local do pagamento, a forma alternativa de pagamento, e assim por diante.

As chamadas normas *auto-aplicáveis* ou de *aplicação imediata* são assim denominadas porque independem de regulamentação de outra norma para produzirem os seus efeitos, a exemplo dos direitos e garantias constitucionais previstos no art. 5.º da Magna Carta.

Contrariamente, as chamadas *normas programáticas* necessitam de regulamentação, sem a qual não passam a produzir efeitos. Neste tipo de norma, em geral encontramos a expressão: "lei complementar regulará".

1.5 Lei de Introdução ao Código Civil[1]

A Lei de Introdução ao Código Civil (LICC) estabelece normas e disposições legislativas aplicáveis ao direito público e ao direito privado. Logo, não se restringe à fixação de normas destinadas exclusivamente ao Código Civil. O objeto da LICC é a própria norma jurídica, daí ser chamada de *lex legum*. Nesse mesmo sentido, é tida como *código de normas* (BATALHA, 1979, p. 5) ou como *lei geral de aplicação das normas jurídicas* (VALADÃO *apud* NADER, 2003, p. 24).

Dita extensão e aplicabilidade da LICC a toda ordem jurídica é assinalada nos manuais (DINIZ, 1999, p. 54) e de nossa parte desconhecemos quaisquer controvérsias quanto a este fato de domínio comum.

Relativamente ao conteúdo das matérias reguladas na LICC, podemos destacar:

- publicação e vigência da lei;
- aplicação da lei no tempo: retroatividade, irretroatividade e ultra-atividade;
- a lei no espaço (territorialidade e extraterritorialidade);
- prazos, revogação, derrogação, correções;
- normas de hermenêutica, analogia, eqüidade, costumes, princípios gerais;
- efeitos e fins a que se destina a aplicação da lei;
- regras de direito internacional privado.

---

[1] As presentes anotações são pertinentes ao objeto da Teoria Geral do Direito Civil, razão pela qual compreendem apenas os artigos 1.º a 6.º da LICC. Os demais artigos dessa lei (total de 19) trazem regras de Direito Internacional Privado e Público.

1.5.1 Disposições Gerais

Na aplicação da norma jurídica ao fato, o operador do direito observa se a regra é de regência, ou seja, se a matéria regulada na lei é aplicável ao caso concreto. Segue que este exercício intelectual tem de considerar a vigência da lei, se a norma atende aos requisitos temporais e espaciais para ser aplicada naquele momento e naquele território.

Sobre o assunto, leciona ROBERTO DE RUGGIERO: "A esfera normal de aplicação dos preceitos jurídicos é dada por um lado pelo território no qual impera a autoridade soberana que a dita, e por outro pelo tempo que vai da sua formação até a cessação da sua virtude normativa" (1999, p. 215).

Se ordinariamente dizemos que determinada norma jurídica é aplicável nos limites territoriais do País, estamos falando do *princípio da territorialidade*. Obviamente as leis brasileiras, em regra, são aplicáveis no território do Brasil, as leis francesas na França, e assim por diante. Mas essa regra, como todas, conhece exceções.

Tendo em vista que as pessoas ampliaram as suas relações pelo mundo, os Estados soberanos passaram a admitir, em certos casos, a aplicação da lei estrangeira em seu território, sem prejuízo da soberania, evidentemente. Neste caso, trata-se do *princípio da extraterritorialidade*.

Em conformidade com a *territorialidade*, a lei é aplicável no território do Estado que a promulga, aí compreendido o chamado *território ficto*, assim chamados os navios de guerra em qualquer parte e os navios mercantes em mar territorial ou internacional, as aeronaves no espaço aéreo, as embaixadas e os consulados do País.

De acordo com a extraterritorialidade, a norma jurídica a ser aplicável é oriunda de outro Estado soberano, observados os princípios, acordos, tratados e convenções internacionais. No direito internacional essa doutrina é conhecida como *estatuto pessoal*, posto acompanhar a pessoa no estrangeiro, ou seja, a situação jurídica do estrangeiro é regida pela norma do seu País de origem. Dito estatuto fundamenta-se na nacionalidade ou no domicílio da pessoa, sendo este último previsto no art. 7.º da LICC, que diz: "A lei do país em que for domiciliada a pessoa determina as regras sobre o começo e o fim da personalidade, o nome, a capacidade e os direitos de família".

1.5.1.1 Vigência da lei no tempo e no espaço

> *Art. 1.º da LICC. Salvo disposição contrária, a lei começa a vigorar em todo o País quarenta e cinco dias depois de oficialmente publicada.*

Alguns autores consideram o atributo de irradiar os efeitos da norma jurídica como relativo à eficácia. Essa premissa é verdadeira, porém ao empregarem o termo vigência como sinônimo de publicação – "As normas nascem com a promulgação, mas só começam a vigorar com a publicação no *Diário Oficial*. De forma que a promulgação atesta a sua existência, e a publicação a sua obrigatoriedade" (DINIZ, 1999, p. 77) – deles nos distanciamos.

Em vernáculo, o termo "vigente" (do latim *vigere*) significa o que vigora; viger; vigor; o que tem aptidão para surtir os seus efeitos. Se a obrigatoriedade da norma de direito não se inicia, salvo disposição contrária, na data da sua publicação, a simultaneidade entre a publicação da lei e sua vigência só ocorrerá quando o legislador expressamente determinar: "esta lei entrará em vigor na data da sua publicação". Somente neste caso, em que há concomitância da publicação da lei com o condicionamento normativo de sua obrigatoriedade, poderemos fundir – sem confundir – publicação com vigência.

O legislador, porém, pode julgar que o conteúdo da matéria regulada pela norma jurídica exige certas medidas da administração, o esclarecimento da sociedade, mais tempo a fim da que a norma eficazmente entre em vigor. Neste sentido, diz o art. 8.º da Lei Complementar 95/98: "A vigência da lei será indicada de forma expressa e de modo a contemplar prazo razoável para que dela se tenha amplo conhecimento, reservada a cláusula 'entrar em vigor na data da sua publicação' para as leis de pequena repercussão".

Tomem-se como exemplos de normas de maior repercussão e que exigem um certo prazo para o seu conhecimento, esclarecimentos e providências necessárias para entrar em vigor, dentre outras: o Código de Defesa do Consumidor (Lei 8.078/90), com vigência fixada em 180 dias depois da publicação; o Estatuto da Criança e do Adolescente (Lei 8.069/90), que entrou em vigor 90 dias depois de publicado; o novo Código Civil (Lei 10.406/2002), que entrou em vigor um ano após a sua publicação. Como exemplo de leis de pequena repercussão, assim entendidas as que prescindem de quaisquer prazos para entrar em vigor, ou seja, que trazem em seu corpo a cláusula "Esta lei entrará em vigor na data da sua publicação": a Lei 7.089/83, que veda a cobrança de juros de mora sobre título cujo vencimento se dê em feriado, sábado ou domingo; a Lei 3.764/60, sobre o rito processual para retificação de registro civil; a Lei 9.790/99, sobre a qualificação de pessoas jurídicas de direito privado, sem fins lucrativos, como Organizações da Sociedade Civil de Interesse Público, dentre outras.

1.5.1.2 Vacatio legis

A chamada *vacatio legis* corresponde ao lapso temporal compreendido entre as datas de publicação e de vigência da norma. Obviamente não há vacância quando a lei entra em vigor na mesma data da publicação, mas apenas nos casos em que o legislador fixa um período para a lei entrar em vigor.

1.5.1.3 Publicação da lei

A publicação da lei é requisito essencial de sua obrigatoriedade. Somente depois de publicada oficialmente a lei começa a vigorar. Logo, não há lei sem publicação.

No Brasil, de acordo com o art. 84, IV, da CF, "sancionar, promulgar e fazer publicar a lei" são atribuições do Presidente da República.

A sanção e a promulgação são concomitantes. *Sanção* significa a anuência do chefe do Executivo à norma oriunda do Legislativo e submetida à sua apreciação de constitucionalidade e de interesse público. A *promulgação* possui caráter de proclamação, porquanto consiste no ato ordenativo da publicação. Assim, o ato de anuência do Presidente à lei enviada pelo Congresso implica a determinação da sua publicação no órgão oficial.

A sanção presidencial pode ser expressa ou tácita, neste último caso quando o Presidente não se pronuncia até o 15.º dia do recebimento da lei. No caso de discordar total ou parcialmente da lei enviada pelo Congresso, o Presidente oporá o veto. O veto presidencial deve ser expresso – inexiste veto tácito – e devidamente justificado.

Nele o chefe do Executivo comunicará ao Presidente do Senado as razões da inconstitucionalidade ou da falta do interesse público, no prazo de 48 horas. O veto presidencial, todavia, não é a palavra final sobre a entrada, ou não, da norma na ordem jurídica. O Congresso Nacional, em sessão conjunta das duas casas, em até 30 dias do recebimento, poderá rejeitar o veto do chefe do Executivo, em votação secreta, mediante maioria absoluta do legislativo (CF, art. 66, § 4.º).

A fase final da tramitação consiste na *publicação* da lei no órgão oficial de imprensa, quando a lei passará a existir e adquirirá presunção absoluta – *jure et de jure* – de conhecimento público. Neste sentido, depois de oficialmente publicada, será irrelevante o argumento de a lei não ser conhecida por todos, porquanto a publicação possibilitou a todos o conhecimento da nova lei. Nenhuma pessoa pode deixar de cumprir o que determina a lei sob a alegação de desconhecer sua existência.

1.5.1.4 Vigência da lei

As normas jurídicas nascem, subsistem e desaparecem como tudo que é vivo nas sociedades humanas e destas decorrem. Com efeito, a norma jurídica emana do Estado – uma realidade histórica, política e jurídica que reflete a vontade hegemônica de cada sociedade em determinado momento. Dita vontade política se expressa na soberania; em poderes estatais capazes de determinar a obrigatoriedade da norma e punir os que a desrespeitam; no poder de elaborar, fazer cumprir e aplicar a lei, de dizer do início da vigência da lei; de decidir da permanência, ou não, da norma no sistema jurídico; enfim, do poder de criar, dar vida e também de fazer desaparecer a lei.

Quanto à determinação espacial, a regulamentação do *caput* do art. 1.º da LICC trata do território nacional brasileiro. A obrigatoriedade de norma jurídica brasileira no estrangeiro, naturalmente quando admitida, é de 3 (três) meses depois da publicação no *Diário Oficial*, como dita o § 1.º desse artigo:

> *§ 1.º Nos Estados estrangeiros, a obrigatoriedade da lei brasileira, quando admitida, se inicia três meses depois de oficialmente publicada.*

A nosso ver, o trimestre de *vacatio legis* previsto no § 1.º do art. 1.º da LICC, norma jurídica da primeira metade do século passado, embora plenamente em vigor uma vez que não foi revogado, perdeu sua justificativa, sua razão de ser. Ora, o sentido era dar tempo para que as pessoas no estrangeiro, com as dificuldades de comunicação da época, tomassem conhecimento da nova norma, daí o prazo mais elástico. Em nossos dias, com a revolução tecnológica, especificamente nas comunicações, essa comunicação é disponível a todos, em qualquer parte do mundo, no mesmo dia e hora. Mas para o legislador, ou os três meses fixados na LICC para vigência de lei brasileira no exterior representam um prazo perfeito a ponto de as mudanças ocorridas no mundo durante o século não serem suficientes para motivar a derrogação, ou, ainda, a revolução das comunicações não tem relevância alguma para a aplicação da lei no espaço.

Chamo atenção ainda para a falha legislativa do parágrafo em comento. Refiro-me à categoria usada para contagem do tempo no *caput* ser em dias (45 dias) e passar para meses no parágrafo primeiro. Obraria melhor o legislador se seguisse o mesmo critério, estabelecendo 90 dias para vigência da lei brasileira no exterior, quando admitida, em vez de três meses, os quais alteram o critério adotado anteriormente e não correspondem, necessariamente, aos 90 dias do *mens legislatoris.*

No tocante à vigência no País, se a nova lei for omissa em relação à data do início da vigência, a data da vigência será de 45 dias depois de publicada. No estrangeiro, conforme ressaltado, quando admitida, será de três meses, obviamente quando o período de vacância for inferior a este período.

1.5.1.5 Parágrafo revogado

> *§ 2.º A vigência das leis, que os Governos Estaduais elaborem por autorização do Governo Federal, depende da aprovação deste e começará no prazo que a legislação estadual fixar.*

Esta regra do parágrafo destacado adveio do Estado Novo, sob a Constituição de 1937, segundo a qual o Presidente da República era a autoridade suprema do Estado, coordenador das atividades dos órgãos representativos, inclusive promotor e orientador da política legislativa. Neste sentido, a lei estadual dependia de autorização e aprovação do chefe supremo da nação. Com o advento da Constituição de 1946, restabelecida a autonomia legislativa dos estados, a norma foi revogada tacitamente pela incompatibilidade constitucional e demais leis do País.

1.5.1.6 Correções da lei

a. **antes da vigência**

> *§ 3.º Se, antes de entrar a lei em vigor, ocorrer nova publicação de seu texto, destinada a correção, o prazo deste artigo e dos parágrafos anteriores começará a correr da nova publicação.*

b. **depois da vigência**

> *§ 4.º As correções a texto de lei já em vigor consideram-se lei nova.*

A norma jurídica, a exemplo de qualquer obra humana, é passível de conter erros e falhas. No caso de erros materiais ou falhas ortográficas constatados e imediatamente corrigidos antes de a lei entrar em vigor – *vacatio legis* –, conta-se novo prazo a partir da publicação da corrigenda, pois a parte alterada da lei só entra em vigor depois da nova publicação. Se, porém, a falha só for corrigida depois da vigência, o texto publicado com a corrigenda será considerado uma nova lei.

1.5.1.7 Revogação e derrogação da lei

> *Art. 2.º Não se destinando à vigência temporária, a lei terá vigor até que outra a modifique ou revogue.*

Quanto à vigência da lei no tempo, a regra é do prazo indeterminado, porquanto não se pode, ordinariamente, saber até quando a norma será válida para disciplinar as relações jurídicas nela reguladas, ou seja, até quando a lei permanecerá atual ou quando perderá essa qualidade. Neste sentido, a lei vige até que outra lei a retire do sistema jurídico.

Com efeito, não se tratando das *leis temporárias*, assim chamadas as leis com termo prefixado de vigência, que são auto-revogáveis pois trazem em seu corpo a data inicial e final de sua vigência, a lei vigora até que outra a modifique – *derrogue* – ou revogue – *ab-rogue*. Se a lei foi apenas parcialmente atingida, operando-se modificações, mas permanecendo no mais a produzir os seus efeitos, diz-se *derrogada* ou *modificada*. Se, porém, a lei foi totalmente fulminada pela lei mais nova, tem-se a revogação da anterior ou *ab-rogação*.

As leis temporárias são publicadas extraordinariamente, assim em tempos de guerra, revoluções, calamidades públicas ou necessidades temporárias e inadiáveis da Administração. Como o nome sugere, são leis passageiras, feitas para atender determinadas situações momentâneas e transitórias.

1.5.1.8 Ultra-atividade da lei

Nessa matéria de vigência da lei no tempo, aspecto singular é o da lei temporária, a qual produzirá os seus efeitos depois da data de sua revogação. A doutrina chama de *ultra-atividade* a essa eficácia preservada mesmo com a revogação da lei, e que é exclusiva das chamadas *leis temporárias*, conforme já sabemos, aquelas leis que possuem data inicial e final de vigência. Neste sentido, os atos e fatos praticados durante a vigência da lei temporária, ou seja, sob a sua regência, postergam a sua eficácia, ainda que depois do prazo de vigência determinado na lei.

1.5.1.9 Revogação expressa e tácita

> *§ 1.º A lei posterior revoga a anterior quando expressamente o declare, quando seja com ela incompatível ou quando regule inteiramente a matéria de que tratava a lei anterior.*

O § 1.º do art. 2.º da LICC trata da revogação expressa ou direta e da revogação tácita ou indireta.

Com efeito, tanto a revogação quanto a derrogação das leis podem ser expressas ou tácitas, contanto que emanem do poder soberano a quem compete definir sobre a permanência, ou não, da lei na ordem jurídica.[2]

Na revogação *expressa* o Poder Legislativo declara direta e expressamente a cessação da eficácia da norma até então vigente. Tome-se o exemplo do art. 267 da Lei 8.069/90 (Estatuto da Criança e do Adolescente), que revoga expressamente as Leis 4.513/64 e 6.697/79.

No caso de revogação *tácita*, a lei nova estabelece disposições incompatíveis ou diversas da matéria disciplinada na lei anterior, ou regula inteiramente a matéria da lei anterior. A revogação é indireta, pois, embora não a declarando diretamente, ao dar uma nova e diversa disciplina à matéria revoga a norma anterior, como sucedeu com o Código Penal de 1940, que revogou o anterior do final do século XIX.

1.5.1.10 Disposições compatíveis com a lei anterior

> *§ 2.º A lei nova, que estabeleça disposições gerais ou especiais a par das já existentes, não revoga nem modifica a lei anterior.*

Trata-se da coexistência de normas gerais e especiais compatíveis. Assim, se uma nova lei especial regula a matéria de uma lei geral já existente, ou vice-versa, sem que com a lei anterior colida, mas, ao contrário, harmonizando-se com a norma preexistente, logicamente não é o caso de revogação da lei anterior pela nova. Isto não quer dizer que uma lei geral não possa revogar outra especial ou esta aquela. O princípio a ser seguido pelo intérprete está na própria lei: *incompatibilidade*. Assim, se há incompatibilidade da lei nova com a anterior, revoga-se a anterior; se, ao contrário, não existe incompatibilidade, ambas passam a coexistir, completando harmonicamente o sistema.

[2] Alguns autores preferem falar em revogação quanto à extensão – *abrogatio* e *derogatio* – e quanto à forma expressa ou tácita (PEREIRA, 2004, p. 127).

1.5.1.11 Repristinação

§ 3.º Salvo disposição em contrário, a lei revogada não se restaura por ter a lei revogadora perdido a vigência.

Nada obstante o problema da *respristinação* agitar a doutrina, havendo, por um lado, doutas opiniões no sentido de que sendo revogada a lei extinguem-se as causas da primeira lei revogada, pelo que entendem deva ressuscitar os seus efeitos imediatamente, e, por outro, aqueles que defendem que a lei revogada ao desaparecer do sistema jurídico não se restaura, essa controvérsia não tem valor prático no sistema brasileiro atual.

Com efeito, o sistema pátrio é mitigado, pois admite a repristinação – restauração da lei já revogada –, desde que expressa, não se admitindo a repristinação tácita.

Dessa maneira, CLÁUDIO A. MAXIMILIANUS FUHRER incorre em erro crasso quando leciona que "não há repristinação, ou seja, a ressurreição da lei abolida, pela revogação da lei que a revogou" (1996, p. 26). Ora, o § 3.º do art. 2.º da LICC dispõe: "Salvo disposição em contrário (...)"; portanto, havendo a expressa disposição do legislador de restaurar a primeira lei revogada, teremos o efeito repristinatório; não existe, entre nós, a repristinação tácita, ou seja, entender que não mais subsistem as causas da revogação da primeira e por isso os seus efeitos são restaurados por ter a lei revogadora perdido a vigência.

1.5.1.12 Desconhecimento da lei

Art. 3.º Ninguém se escusa de cumprir a lei, alegando que não a conhece.

Depois de oficialmente publicada e da entrada em vigor da lei, a presunção de seu conhecimento é imposta a todas as pessoas em nome da segurança da ordem jurídica. Ora, a lei tem efeito imediato e geral que se irradia no corpo social com força coercitiva. A questão não consiste em saber se efetivamente todas as pessoas conhecem a norma jurídica – circunstância improvável diante da profusão de leis desconhecidas até mesmo pelos especialistas – mas sim se a todos foi dada a oportunidade de conhecê-la. Sem esta presunção legal, qualquer pessoa poderia alegar o desconhecimento da lei como escusa para o seu descumprimento. Mas, ante a dicção do artigo em epígrafe, essencial à segurança da própria ordem jurídica, a ninguém é dado deixar de cumprir a lei sob o pretexto de que não a conhece.

1.5.2 Formas de integração e de interpretação da lei

> *Art. 4.º Quando a lei for omissa, o juiz decidirá o caso de acordo com a analogia, os costumes e os princípios gerais de direito.*

O art. 4.º cuida da *integração* enquanto recurso ou técnica procedimental para preenchimento do direito nos casos de omissão da lei.

O juiz da causa é obrigado a decidir a questão posta a julgamento, existindo, ou não, lei regulando a questão específica sob exame, e é dever seu dizer o direito.

Com efeito, o Estado detém o monopólio da jurisdição; em contrapartida, o Estado-juiz tem o dever de processar e julgar todas as lesões ou ameaças de direito dos seus jurisdicionados. Assim, a Constituição Federal, no art. 5.º, XXXV, proclama: "A lei não excluirá da apreciação do Poder Judiciário lesão ou ameaça a direito".

A ordem jurídica estatal não tem o condão de alcançar todas as situações, todos os fatos e circunstâncias da vida social.

O teor da norma em comento é no sentido de o juiz dizer o direito na falta de norma reguladora da matéria, ou seja, no caso específico, buscar mediante a *integração* do sistema a solução para o caso. Em tais casos excepcionais, o juiz buscará noutras fontes do direito os fundamentos para a sua decisão. A lei processual impõe que toda decisão judicial, sob pena de nulidade, seja fundamentada. A norma do art. 4.º da LICC indica onde o julgador deve buscar fundamentação à míngua de previsão legal.

1.5.2.1 Analogia

Nesse caso, a lei lacunosa poderá ser integrada por meio da *analogia*, que consiste em aplicar, no caso de omissão da lei, uma solução apresentada em outro caso semelhante ou parecido. Cuida-se de exercício intelectual do julgador em busca de paradigma aplicável ao caso omisso. Suponhamos uma situação jurídica não prevista na legislação que regula a curatela de incapazes. A omissão desse caso pode ser suprida pelo juiz pela aplicação da regra referente à tutela.

1.5.2.2 Costumes

Costumes são certos usos gerais da sociedade que atuam como regra de conduta que se legitima socialmente para possuir força coercitiva.

Os costumes estão entre as mais importantes fontes ditas formais do direito. Na Inglaterra, o direito *consuetudinário* tem ampla aplicação.

De onde vem o costume ou de onde este retira a sua força coercitiva são questões de difícil resolução. Campo de estudo da sociologia e da antropologia, ao operador do direito interessa menos a origem histórica do costume e de como ele se desenvolveu na sociedade e mais o caráter ou conteúdo ético e moral dessa prática social reiterada.

É neste sentido que a lei fala nos "bons costumes", quais sejam costumes reiterados do povo e dotados de força jurídica normativa que atuam no meio social como fatores de controle, verdadeiras leis socialmente estabelecidas.

VENOSA ressalta essa dificuldade de identificação da origem do costume e recorre a "um determinado momento" que evidentemente não determina, nem poderia: "Sem que se possa precisar exatamente a origem, nem seus autores, o uso reiterado de uma conduta perfaz um costume. Forma-se ele paulatinamente, quase imperceptível. Chega-se, porém, a um determinado momento, em que aquela prática reiterada tem-se por obrigatória".

1.5.2.3 Doutrina

A opinião de estudiosos e pesquisadores do direito exerce inegável influência na formação daqueles que o operam. Não raramente, as lições dos mestres são utilizadas como referência para solução de casos concretos. Orlando Gomes ressalta três influências fundamentais exercidas pela doutrina: *a) sobre o ensino ministrado nas Faculdades de direito; b) sobre o legislador; c) sobre o juiz,* quando afirma: "Pelo ensino, formam-se os magistrados e advogados, que se preparam para o exercício dessas profissões pelo conhecimento dos conceitos e teorias indispensáveis à compreensão dos sistemas de direito positivo. Inegável, por outro lado, a influência da obra dos jurisconsultos sobre os legisladores, que, não raro, vão buscar, no ensinamento dos doutores, os elementos para legisferar. E, por fim, notável a sua projeção na jurisprudência, não só porque proporcionam fundamentos os julgados, como porque, através da crítica doutrinária, se modifica freqüentemente a orientação dos tribunais" (GOMES, 2001, p. 48).

1.5.2.4 Princípios gerais do direito

Chama-se de *princípio* àquilo que serve de base ou de fundamento ou à razão primeira de alguma coisa. Neste sentido, ditas bases, fundamentos, razão primeira, mesmo quando não escritas, estão implícitas como regras ditadas pela moral do direito e pelo ideal de justiça. Logo, presumivelmente, os princípios acompanham todos os ramos do direito.

No âmbito do *Direito do Trabalho*, no caso de dúvida, deve o julgador decidir-se pelo pólo mais fraco da relação trabalhista, ou seja, o trabalhador. Trata-se do princípio do *in dubio pro misero.* No *Direito Penal*, havendo dúvidas quanto à culpa do réu, este não deve ser apenado, pois pior que absolver um culpado é condenar um inocente, daí o princípio *in dubio pro reo.* No âmbito do *direito das obrigações*, a *intenção* da parte contratante e a sua *boa-fé* são mais relevantes para o direito do que a forma escrita do contrato.

1.5.2.5 Jurisprudência

Em nossos dias a jurisprudência cada vez mais se consolida como fonte do direito. As chamadas *decisões reiteradas* ou rotineiras dos tribunais superiores a respeito de determinados assuntos abrem precedentes e servem como orientação a outros juízos.

Mas os julgados, mesmo reiterados, de tribunais superiores não possuem a força vinculativa em relação a outros tribunais ou juízes. Ao julgador compete decidir a lide de acordo com a própria convicção.

Todavia, a influência da jurisprudência firmada nas instâncias superiores sobre os magistrados é tamanha, nos dias atuais, que raramente se vê uma sentença desacompanhada de acórdão sobre a questão em julgamento. Assim, o juiz singular ou de 1.º grau fundamenta a decisão com o entendimento adotado pela instância superior, fato este que desvirtua a função do julgador originário e corrompe o princípio do duplo grau de jurisdição.

1.5.2.6 Eqüidade

Considerada "justiça do caso concreto", na visão do estagirita, da eqüidade já se disse, porém, tratar-se de algo *mais sentido do que definível.* Como sabemos, a norma jurídica traz um conceito abstrato a fim de regular relações *concretas.* Nesse exercício intelectual de aplicação da norma abstrata ao caso concreto, o intérprete pode julgar que a norma abstrata colide com o sentimento de justiça, ou com o sistema em conjunto. Nesse caso, o julgador pode decidir a questão com base na *eqüidade.*

Trata-se de fundamentação judicial com base nos princípios de justiça, igualdade, razão, boa-fé e na lógica do sistema jurídico.

A doutrina e a jurisprudência recomendam limitações e moderação no uso da eqüidade pelo julgador, tementes de que o julgador se transforme indevidamente em legislador. Salientam que não cabe a eqüidade se é expresso o texto da lei, devendo ser aplicada somente no caso de omissão ou falta de clareza da lei.[3]

Discordo dessa doutrina, entendendo que a justiça não interessa *in abstrato* e sim no caso concreto. Dessa maneira, a eqüidade não apenas deve ser procurada pelos operadores do direito como deve ser sempre aplicada quando a sua utilização for a mais justa para o caso singular, mesmo que isto represente abandono da norma explícita. Se o operador abdicar da capacidade de flexibilizar a lei em casos específicos e singulares perderá a condição de mediador e não passará de mero estafeta do legislador. Talvez, antes de falar no risco de se tornar legislador, devêssemos observar os riscos presentes quer na defesa quer no julgamento de seres humanos. Ademais, na vida concreta, despida dos véus do nominalismo e do formalismo que encobrem o direito

[3] Dentre outros, ver MONTEIRO (1989, p. 44) e VENOSA (2003, p. 53).

abstrato em grande parte, todo legislador é julgador e todo julgador é legislador.

> *Art. 5.º Na aplicação da lei, o juiz atenderá aos fins sociais a que ela se dirige e às exigências do bem comum.*

A lei é elaborada pelo legislador em determinado tempo e irradia os seus efeitos em tempo futuro, em condições muitas vezes desconhecidas na época da sua elaboração. Neste caso, se o intérprete buscar o sentido contido na norma, ou seja, se procurar inferir qual o efeito desejado pela norma a fim de adaptá-la às novas condições sociais, terá utilizado a técnica de hermenêutica denominada de *teleológica.*

Neste sentido devemos entender a regra do art. 5.º em exame, que remete o julgador a ficar atento aos fins sociais ou da coletividade – e conseqüentemente à sua supremacia sobre o interesse individual – bem assim a atender o bem comum.

Mas a hermenêutica, teoria científica de regras, princípios, critérios e técnicas de interpretação, disponibiliza ao intérprete uma gama de caminhos. Neste sentido mencionamos, resumidamente, algumas *técnicas de interpretação*:

- ***teleológica*** – examina os fins a que se destina a lei;
- ***autêntica*** – decorre de outra norma que lhe explica o sentido;
- ***gramatical*** – remete às regras de lingüística, à etimologia das palavras, às regras de sintaxe etc.;
- ***lógica*** – estuda a compatibilidade lógica do sentido e do alcance da norma;
- ***histórica*** – procura reconstruir o pensamento contido na norma, observando os antecedentes da lei em suas etapas, no processo legislativo: justificativa do projeto, debates e emendas ao projeto, exposição de motivos e circunstâncias da edição da lei;
- ***sistemática*** – afere a harmonização da lei com o sistema jurídico;
- ***doutrinária*** – decorre do magistério dos doutos jurisconsultos;
- ***jurisprudencial*** – baseia-se nas reiteradas decisões dos tribunais;
- ***comparativa*** – coteja a norma com as de outros países;
- ***restritiva*** – verifica se a lei não alcança outras situações senão as nelas previstas, a exemplo das leis fiscais e das especiais;

- ***extensiva*** – estuda o alcance da lei, pois por ser mais ampla ultrapassa o que nela está escrito.

Importante ressaltar que as técnicas de interpretação não se excluem, mas, ao contrário, devem buscar umas nas outras o complemento necessário a fim de permitir ao intérprete alcançar a *inteligência da lei*, isto é, o seu real sentido, a sua adequação ao sistema jurídico e a melhor aplicação e eficácia no meio social.

1.5.3 Retroatividade e irretroatividade da lei

> *Art. 6.º A lei em vigor terá efeito imediato e geral, respeitados o ato jurídico perfeito, o direito adquirido e a coisa julgada.*

A primeira parte deste artigo nos afigura tautológica, pois a lei em vigor só pode ser a que vigora. Conseqüentemente, o seu efeito terá de ser imediato e também geral, como ocorre com qualquer lei. Do contrário, se a lei não tem efeito imediato, ou não está em vigor, estando no decurso da *vacatio legis,* simplesmente não podemos falar em lei.

Mas a questão jurídica a ser analisada diz respeito aos efeitos da nova lei em relação às situações jurídicas anteriores: se são, ou não, alcançadas pela nova lei. Em parte essa questão foi estudada na análise do art. 2.º da LICC, quando tratamos da vigência da lei no espaço e observamos os princípios da territorialidade e da extraterritorialidade. Neste momento, cabe o exame da vigência da lei no tempo.

O art. 6.º nos diz é que a lei nova regula situações presentes, futuras e também passadas, neste último caso respeitando *o direito adquirido*, *a coisa julgada* e *o ato jurídico perfeito*. Assim, a lei nova tanto retroage, pois também atinge situações passadas sob a vigência de lei anterior, como não retroage quando a lei nova esbarra nessas três situações jurídicas expressas na lei.

Obra bem o legislador quando utiliza as chamadas *disposições transitórias* no próprio corpo da lei e assim apresenta soluções aos eventuais conflitos entre a nova lei e a antiga. Mas as questões de direito intertemporal, quando não regulamentadas, suscitam controvérsias sobre qual princípio deve prevalecer, se o da retroatividade ou o da irretroatividade da lei.

Como os nomes já dizem, pela retroatividade a nova lei alcança as situações pretéritas e os seus efeitos irradiam para os fatos acontecidos sob a vigência de outra lei; pelo princípio da irretroatividade, ao contrário, a nova lei não alcança o fato passado sob a égide de lei anterior. O nosso sistema é mitigado adotando-se a relatividade dos dois princípios. É nesse mesmo sentido que a Constituição Federal proclama no art. 5.º, XXXVI: "A lei não prejudicará o direito adquirido, o ato jurídico perfeito e a coisa julgada".

A própria LICC trata de definir o ato jurídico perfeito, o direito adquirido e a coisa julgada. Senão vejamos.

1.5.3.1 Ato jurídico perfeito

> *§ 1.º Reputa-se ato jurídico perfeito o já consumado segundo a lei vigente ao tempo em que se efetuou.*

Para obter a aludida perfeição, o ato há de ser consumado, isto é, completo, segundo a lei vigente. Assim, se o ato não se completou, ou se consumou de forma não prevista na lei (em se tratando de ato formal) ou defesa em lei (quando atos informais), não se deve falar em ato perfeito, mas em ato eivado de vício, nulo ou anulável, conforme o grau de violação à ordem jurídica estabelecida.

Capacidade do agente, licitude do objeto e forma prescrita ou não defesa em lei são requisitos de validade do negócio jurídico, espécie da qual o ato jurídico é gênero.

Nesta conformidade, os atos incompletos ou imperfeitos não estão albergados pela barreira da irretroatividade da lei nova, que só alcança aquelas situações perfeitamente constituídas e consumadas de acordo com a lei em que se efetuou.

1.5.3.2 Direito adquirido

> *§ 2.º Consideram-se adquiridos assim os direitos que o seu titular, ou alguém por ele, possa exercer, como aqueles cujo co-*

> *meço do exercício tenha termo pré-fixo, ou condição preestabelecida inalterável, a arbítrio de outrem.*

De forma simplificada, o artigo em exame nos diz que direitos podem ser adquiridos para si pelo titular ou por meio de outra pessoa – representante legal. Essa regra é extensiva tanto aos direitos que podem ser exercidos de imediato quanto àqueles direitos pós-datados, ou seja, com prazo de efetividade plena no futuro. Também é extensiva aos direitos subordinados à ocorrência de evento futuro e incerto, a condição, desde que terceiros não o alterem ao seu talante.

A doutrina do chamado *direito adquirido* é bastante controvertida. DE RUGGIERO (1999, p. 228) leciona que "a própria noção de direito adquirido é discutidíssima, pelo que há tantas definições como os autores que subscrevem a teoria".

De fato, autores há, inclusive, que negam sustentação teórica à construção jurídica do *direito adquirido*, sob o argumento de que todo direito, se existe, é passível de ser adquirido pelo seu titular, ou por alguém em seu nome. Do contrário, se o direito não existe, não é direito. Logicamente, o não-direito não é passível de aquisição nem para si nem para outrem.

Mas a teoria do direito adquirido criada por SAVIGNY e desenvolvida por LASSALE e GABBA fundamenta-se numa limitação da retroatividade da lei nova em face de fato capaz de produzir os efeitos à luz da lei vigente ao tempo em que esse fato se verificou e que entrou no acervo patrimonial da pessoa, mesmo que a ocasião de os fazer valer só venha acontecer sob o império de uma nova lei, em suma, do *direito adquirido.*

Esse princípio da irretroatividade, porém, não é absoluto, pois não alcança as chamadas "faculdades legais" abstratas, que são pressupostos da aquisição de direitos, como a capacidade de agir, de exercício dos próprios direitos, além de outras, como a expectativa de aquisição de direito, como no caso de herança.

Resumidamente, o princípio dessa teoria consiste na irretroatividade, posto que a lei nova não pode retroagir e fulminar direitos adquiridos. Essa irretroatividade, contudo, não é absoluta, não é extensiva às normas novas que regulam faculdades legais ou expectativas de direitos que não foram incorporados, definitivamente, ao patrimônio da pessoa. Exatamente em razão dessa visão de óbice legal ao direito adquirido de natureza estritamente patrimonial é que, na concepção de GABBA, a ressalva da irretroatividade não se aplica ao direito público.

1.5.3.3 Coisa julgada

> *§ 3.º Chama-se coisa julgada ou caso julgado a decisão judicial de que já não caiba recurso.*

Chama-se *coisa julgada* a decisão judicial não mais passível de nenhuma impugnação pela via recursal. Neste sentido, o Código de Processo Civil, art. 467, define: "Denomina-se coisa julgada material a eficácia, que torna imutável e indiscutível a sentença, não mais sujeita a recurso ordinário ou extraordinário".

Atente-se que o CPC trata de "coisa julgada material" a fim de distingui-la da "coisa julgada formal". Na primeira, a decisão judicial se pronuncia sobre o mérito da lide e somente neste caso se pode falar de eficácia imutável da decisão. Mas no caso de decisão judicial que extingue o processo sem julgamento de mérito, com base no art. 267 do CPC, a lide cujo mérito não foi examinado pode vir a ser apreciada noutra ação ou recurso que atenda aos requisitos exigidos pela norma processual.

A intenção de colocar a salvo as decisões já consumadas e irrecorríveis atende, a uma, à segurança da própria ordem jurídica e, a outra, à autoridade soberana das decisões judiciais.

Quadro Sinótico

A Norma Jurídica no Direito Brasileiro

1. Conceito: regra de conduta emanada do Estado a todos imposta.

2. Disciplina das normas jurídicas no direito brasileiro

a. **Constituição Federal:** o processo legislativo compreende: emendas à Constituição, leis complementares, leis ordinárias, leis delegadas, medidas provisórias, decretos legislativos e resoluções (art. 59).

b. **Lei de Introdução ao Código Civil:** início da vigência e publicação da lei (art. 1.°); a lei no tempo (art. 2.°); revogação expressa (§ 1.° do art. 2.°), tácita (§ 2.° do art. 2.°); não-repristinação salvo se expressa (§ 3.° do art. 2.°); não escusa do desconhecimento da lei (art. 3.°); regras de integração no caso de omissão – analogia, costumes e princípios gerais do direito (art. 4.°); regra hermenêutica – inteligência da lei e teleologia (art. 5.°); efeito imediato e irretroatividade em face do ato jurídico perfeito, direito adquirido e coisa julgada (art. 6.°).

c. **Lei Complementar 95/98:** dispõe sobre a elaboração, redação, alteração e consolidação das leis.

3. Classificação: normas cogentes, supletivas ou interpretativas, auto-aplicáveis ou de aplicação imediata e normas programáticas.

capítulo 2

As Pessoas

2.1 Pessoas Naturais

2.1.1 Disposições gerais

Em filosofia o vocábulo "pessoa" tem o sentido mais comum de "homem em suas relações com o mundo ou consigo mesmo" como também o sentido mais geral de "sujeito de relações" (ABBAGNANO, 2000, p. 721).

A pessoa natural ou física é todo ser humano. No mundo jurídico a pessoa é sujeito de relação ao qual se atribuem direitos e deveres.

No âmbito particular da ordem jurídica civil, *toda pessoa é capaz de direitos e obrigações*, conforme imputação do art. 1.º da Lei 10.406/2002 que instituiu o novo Código Civil brasileiro:

> *Art. 1.º Toda pessoa é capaz de direitos e deveres na ordem civil.*

Comparando com a redação do revogado Código de 1916, art. 2.º, que prescrevia que "todo homem é capaz de direitos e obrigações na ordem civil", destacamos duas alterações. A nova lei civil adotou a palavra "pessoa" no lugar de "homem"; e também substituiu a palavra "obrigações" pelo termo "deveres".

Nos embates legislativos, serviram de justificativa às alterações, no caso da substituição do termo "homem" por "pessoa", o fato de atualmente a qualificação "homem" não mais significar os seres humanos ante a questão de gênero, ou seja, prevaleceu o entendimento de que "pessoa" da nova redação melhor representa a homens e mulheres.

No Senado essa questão causou controvérsias e chegou a receber emenda proposta por JOSAPHAT MARINHO com a designação "ser humano". Mas a opinião do jurista MIGUEL REALE, favorável ao emprego da palavra "pessoa" foi aceita pelo relator do Código, deputado RICARDO FIUZA, e finalmente aprovada. Diz o relator que a "substituição sugerida por MIGUEL REALE foi de boa técnica jurídica e social, diante da própria nominação dada ao livro I – "Das Pessoas" (FIUZA, 2002, p. 3).

Em que pesem essas doutas opiniões, considero que o legislador obrou mal ao substituir "ser humano" por "pessoa".

A nossa discordância repousa tanto na *técnica jurídica*, a qual identificamos falha na opção adotada, quanto na perspectiva filosófica do *sujeito de direitos*.

Neste sentido, a nosso ver, equivocam-se FIUZA, o relator, e REALE, o mentor, quando aduzem que a designação "pessoa" melhor se aplica e se coaduna com o nome dado ao Livro I da Parte Geral do Código Civil.

Acontece que sob a denominação do Livro I – Das Pessoas encontramos três títulos: I – Das Pessoas Naturais; II – Das Pessoas Jurídicas; III – Do Domicílio. A opção adotada confunde o objeto do Título I, mais restrito, com o objeto do Livro I, mais amplo. Dessa forma, enseja a confusão entre a parte e o todo, como demonstraremos. No silogismo do art. 1.º, "toda pessoa é capaz (...)" encontra-se a premissa maior "toda pessoa", mas isto sob o título de pessoas naturais. Não se afigura boa técnica empregar a palavra "toda", que em vernáculo significa não faltar nenhuma parte, estar completo, a fim de se referir a uma determinada espécie de pessoa e não a todas. Ora, afinal, as pessoas jurídicas são tratadas no Título II do mesmo Livro I.

Criadas pelo homem, tais criaturas não se confundem com o criador nem de fato nem de direito.

A questão de fundo reside na perspectiva formal da teoria *pura do direito*, segundo a qual no âmbito do dever ser do direito, toda pessoa é pessoa jurídica. Levada a extremo essa teoria, em última análise, a pessoa é pessoa porque o ordenamento jurídico a reconhece como tal e lhe imputa direitos e obrigações no mundo do direito. Nada obstante a pessoa aparecer no centro da relação jurídica, como sujeito de deveres e obrigações, é centro de imputação desses direitos e deveres.

De outra maneira, a pessoa natural pode ser entendida em si mesma, em sua ontologia. Neste sentido, todas as qualidades decorrentes da condição humana, do "ser", são preexistentes e devem ser protegidas pelo direito. A diferença entre esta visão e a outra não é irrelevante. Exemplificamos com a condenação à pena de morte de uma pessoa. Numa visão formal de pessoa, se no caso se verificou o devido processo legal, com ampla defesa, contraditório, recursos e tal, o condenado exerceu todos os direitos disponíveis e a condenação se justifica em nome da ordem jurídica e de sua segurança. Mas, numa visão material de pessoa humana, a despeito de todo formalismo do direito ter sido observado, há na pessoa humana um sentido material e essencial maior, o primado da condição humana. Com esta perspectiva, muito dificilmente se aceita a aplicação da pena capital ao ser humano.

Vale anotar, também, a omissão dos doutos responsáveis pela nova obra de direito civil quanto à aquisição e gozo de direito civis por parte de estrangeiros. A matéria era prevista no Código revogado, porém não mereceu do legislador dos dias atuais a menor referência.

No entanto, a disposição legal "todo homem é capaz de direitos" representa uma das conquistas mais relevantes da humanidade no âmbito do direito. Se, nos dias atuais, afigura-se como algo natural, comum e estranho imaginar-se pessoas sem direito, basta dar uma rápida olhada na história.

Se no passado de civilizações antigas, como Grécia e Roma, e do Brasil até o final do século XIX, a lei distinguia pessoas livres de escravos – donde resultava que, sob o estatuto jurídico escravista, o escravo era propriedade do seu senhor, objeto e não titular do direito –, e o conhecimento desse fato não tem valor prático para a aquisição e o gozo de direitos, o mesmo não se diga em relação aos estrangeiros, cada vez mais presentes na chamada era da globalização.

Na Antigüidade, os estrangeiros eram tratados como desiguais, com desconfiança, não raro como inimigos ou indesejáveis; assim, quem não era grego era "bárbaro". Nos dias atuais, como sabemos, normas de direito internacional privado e público, tratados e convenções regem as relações de Estados soberanos, os quais não abdicam de sua soberania com adoção de princípios como o da extraterritorialidade da lei estrangeira, por exemplo.

Não se pode desconhecer que o tratamento jurídico do estrangeiro evoluiu ao longo da história, e as leis nacionais, em conformidade com os tratados multilaterais e bilaterais, adotaram princípios de humanidade e justiça em relação ao estrangeiro.

Neste sentido, segundo o princípio da *reciprocidade de direitos*, o estrangeiro goza dos mesmos direitos e deveres dos nacionais.

No entanto, esse relevante aspecto da capacidade de direito do estrangeiro deixou de ser mencionado no vigente estatuto civil.

No Código Civil de 1916, a igualdade entre nacionais e estrangeiros estava prevista no art. 3.º: "A Lei não distingue entre nacionais e estrangeiros quanto à aquisição e ao gozo dos direitos civis."

Assim, a norma jurídica não distinguia os estrangeiros dos nacionais quanto à maneira de aquisição e ao gozo de direitos civis. Não devemos interpretar de forma ampliada a regra, estendendo essa isonomia conferida à aquisição e ao gozo de direitos também ao exercício dos direitos.

No art. 5.º, *caput*, da Constituição Federal de 1988, assegura-se o princípio da igualdade de todos, sem distinção de qualquer natureza, garantindo-se "aos *brasileiros e aos estrangeiros residentes no País*, a inviolabilidade do direito à vida, à liberdade, à igualdade, à segurança e à propriedade". As Leis 6.815/80 (Estatuto do Estrangeiro), 6.964/81 e o Decreto 86.715/81 disciplinam a situação do estrangeiro no Brasil.

O vínculo de nacionalidade brasileira, nos termos do art. 12, I e II, da Constituição Federal de 1988, pode ser natural ou decorrente de aquisição pelo interessado, sendo considerados brasileiros *natos* os primeiros, e *naturalizados* os segundos.

Reza o § 2.º do art. 12 da Constituição que a lei não poderá estabelecer distinção entre brasileiros natos e naturalizados, salvo nos casos previstos na Carta Política.

A Carta Magna enumera *taxativamente* no art. 12, § 3.º, os cargos privativos de brasileiros natos: Presidente e Vice-Presidente da República, Presidentes da Câmara Federal e do Senado, Ministros do STF, carreiras diplomáticas e de oficial das Forças Armadas. Note-se que a matéria em tela diz respeito a cargos e a funções públicas, logo reguladas pelo direito público.

A Constituição estabelece certas normas referentes a patrimônio, pois em certos casos tanto a aquisição quanto o funcionamento vão além do direito privado. De acordo com a Emenda Constitucional 36/2002, que deu nova redação ao art. 222, *caput*, da Constituição, a propriedade de empresa de radiodifusão ou jornalística é privativa de brasileiros natos ou naturalizados há mais de dez anos, ou de pessoas jurídicas constituídas sob as leis brasileiras e que tenham sede no País.

Nada obstante a omissão do novo Código nessa questão de aquisição e de gozo de direito civil por parte de estrangeiro, não devemos fazer distinção entre os nacionais e os estrangeiros quanto à aquisição e ao gozo dos direitos civis, salvo se houver expressa disposição de lei em sentido contrário.

Quanto ao segundo aspecto da alteração do art. 1.º, a modificação do Código atual em relação ao antigo consiste na substituição de palavras. Assim, onde se lia "obrigação" devemos ler "deveres".

Neste caso o legislador adota melhor técnica na nova redação, que aduz a *deveres jurídicos*, ou seja, refere-se a campo mais amplo do que o das obrigações civis. Sabe-se que as obrigações consistem em obrigação de dar, obrigação de fazer e obrigação de não-fazer. Mas as relações jurídicas civis incluem outras relações, como as familiares, as quais, tecnicamente, não devemos chamar de obrigações e sim de deveres familiares, e também os direitos relativos à personalidade, como a imagem, a vida privada e a honra, nos quais há o dever de fazer ou de deixar de fazer alguma.

O Código de 1916 empregou o termo "obrigação" de forma indistinta ao longo de quase um século, e essa expressão teve aplicação extensiva aos deveres jurídicos.

2.2 Capacidade de Direito e Capacidade de Exercício

O Código Civil proclama:

> *Art. 1.º Toda pessoa é capaz de direitos e deveres na ordem civil.*

Isto significa que todos têm a capacidade de direito ou de gozo, mas isto não quer dizer que todos possuam a capacidade de fato ou de exercício dos direitos.

Neste sentido, a universalidade da norma diz respeito à capacidade de direito ou de gozo, porquanto toda pessoa natural tem aptidão para ser titular de direitos e deveres na ordem civil. Mas nem todas as pessoas estão aptas diante da ordem jurídica para exercer pessoalmente os seus direitos. Assim, a lei civil distingue as pessoas capazes das incapazes e impõe limitações e formalidades, como a representação de pessoas absolutamente incapazes e a assistência de pessoas relativamente incapazes, como veremos mais detalhadamente adiante. Com efeito, a capacidade de gozo tem-na toda pessoa, pois se trata de atributo da personalidade, mas a capacidade de agir pessoalmente, que é a capacidade de exercício do direito, encontra-se disciplinada na lei civil. Como bem observa Orlando Gomes: "se todos têm capacidade de gozo não quer dizer que todos tenham capacidade de exercício dos direitos" (GOMES, 2001, p. 12).

Segue que há pessoas *absolutamente incapazes* de exercer os atos da vida civil, como o menor de 16 anos e o doente mental sem discernimento. Em tais casos, os direitos e deveres civis dessas pessoas incapazes serão exercidos por meio de seus representantes: pais, tutores ou curadores, conforme o caso.

Há também pessoas na fase intermediária, ou transitória em alguns casos, entre a incapacidade e a capacidade, conseqüentemente não são pessoas plenamente incapazes, nem são pessoas absolutamente incapazes, daí a denominação legal de *pessoas relativamente incapazes*. Em tais casos a lei admite que essas pessoas dotadas de certo discernimento pratiquem certos atos da vida civil – comprar, vender, contratar etc. –, desde que mediante a assistência de seu responsável legal.

Na presunção lógica da lei, a pessoa absolutamente incapaz sequer pode praticar o ato e a pessoa relativamente incapaz pode suprir essa deficiência por meio da ratificação do ato pelo assistente, porque o incapaz não se encontra suficientemente habilitado para defender de modo adequado os seus interesses e direitos na ordem civil.

Ditas limitações ao exercício de direitos dos incapazes, todavia, devem ser vistas como normas de relevante interesse público e que atendem aos fins e às exigências éticas da coletividade de proteger as pessoas incapazes. Não seria lógico nem racional, e muito menos justo, que a lei conferisse validade aos atos praticados por pessoas que a mesma lei reconhece como incapazes em virtude de desenvolvimento mental incompleto ou de menoridade.

2.3 Personalidade Civil e Nascituro

O Código Civil de 2002 estabelece no art. 2.º o marco inicial da personalidade da pessoa natural:

> *Art. 2.º A personalidade civil da pessoa começa do nascimento com vida; mas a lei põe a salvo, desde a concepção, os direitos do nascituro.*

Pessoa natural, como sabemos, é a criatura humana. A *personalidade*, do ponto de vista jurídico, representa o atributo que torna a pessoa humana apta a ser sujeito de direito e deveres. Nos dias atuais, o reconhecimento da personalidade, da capacidade do homem ser sujeito de direitos e deveres afigura-se como postulado jurídico de valor universal.

Os sistemas jurídicos não são uniformes quanto ao momento e aos requisitos para aquisição da personalidade.

O direito civil brasileiro não faz maiores exigências para a aquisição da personalidade civil, bastando o nascimento com vida para que reste caracterizada a condição de pessoa humana capaz de direitos e deveres.

De fato, a lei pátria não exige a viabilidade do ser recém-nascido, como ocorre em outros ordenamentos jurídicos, a exemplo do direito francês, ou a configuração humana como no direito espanhol.

Assim, independentemente das imperfeições físicas e da possibilidade de sobrevivência após o nascimento, o direito brasileiro reconhece a existência da pessoa e os atributos de personalidade, mesmo que a vida do recém-nascido dure apenas fração de segundos. O nascido com vida que venha a morrer um minuto depois não tem a mesma condição jurídica do natimorto. No caso do nascido com vida, tem-se a aquisição da personalidade e de todos os direitos e deveres dela resultantes; já no caso do natimorto, o fato de nascer sem vida significa que não houve a existência da pessoa humana e conseqüentemente se não pode falar em direitos e deveres da personalidade, uma vez que apenas as pessoas possuem personalidade.

Testes de respiração, perícias e demais meios probatórios em direito admitidos, além de técnicas e métodos científicos avançados, auxiliam na elucidação de dúvidas quanto ao nascimento com vida. Nascer com vida representa ter vida *extra-uterina*, posto que o ser com vida *intra-uterina* denomina-se nascituro. Se é nascituro, conseqüentemente, ainda não nasceu, tampouco, juridicamente, se trata de pessoa dotada de personalidade. Nada obstante, a "lei põe a salvo, desde a concepção, os direitos do nascituro", nos termos do art. 2.º, *in fine*.

2.3.1 Nascituro

Nascituro é o ser humano concebido porém ainda não nascido, ou seja, o ser gerado com vida uterina.

No ser com vida uterina encontra-se em gestação a pessoa humana, razão pela qual a lei põe a salvo seus direitos desde à concepção.

Neste sentido, muito embora a personalidade civil do homem esteja condicionada ao nascimento com vida, a lei protege os direitos do nascituro.

Dentre os direitos do nascituro protegidos pela lei, encontram-se: o direito à vida, à integridade física e a alimentos; o direito à assistência pré-natal; o direito a curador, no caso de incapacidade dos pais; o direito à herança e à doação, direitos patrimoniais estes condicionados ao nascimento com vida.

A matéria relativa ao nascituro tem albergue no Código Civil nos arts. 542 (doação feita ao nascituro, aceita pelo representante legal), 1.597 (presunção de concepção de filhos na constância do casamento) e 1.798 (legitimação de sucessor às pessoas nascidas ou *já concebidas* no momento da abertura da sucessão).

O Código Penal trata da matéria nos arts. 124 a 128 na tipificação do crime de aborto e da exclusão de punição no caso de aborto necessário para salvar a vida da mãe e de gravidez resultante de estupro.

O Código Processual Civil no art. 877 disciplina a garantia do nascituro mediante a prova médica do estado de gravidez requerida judicialmente e no art. 878 declara que a sentença que reconhece a gravidez também imite a mãe ou o curador na posse imediata dos direitos do nascituro.

No âmbito constitucional (art. 5.º, *caput*), o título dos direitos e garantias fundamentais assegura a todos a igualdade e a garantia da inviolabilidade do direito à vida.

O novo Código, relativamente à reprodução artificial, limita-se a presumir como filhos concebidos na constância do casamento a prole havida em qualquer tempo em virtude de fecundação artificial homóloga – mesmo que falecido o marido –, e os havidos em fecundação artificial heteróloga autorizada pelo marido (art. 1.597).

Novas situações são trazidas com o avanço científico e implicam novos e grandes desafios. Tanto as formas de reprodução humana artificial já existentes merecem maior atenção do legislador no sentido de regular matéria de fato, quanto os desafios futuros, posto que não se legisla para o passado.

Afigura-se defasada senão conservadora ou obscurantista a "nova" norma jurídica que não se antecipa às pesquisas científicas já em curso ou em avançado grau na época da edição da norma.

O "novo Código" não esclarece devidamente o momento da consideração jurídica do nascituro. No caso de *embrião congelado*, a lei civil brasileira considera-o nascituro?

Em conformidade com a teoria da concepção maternal, só se considera nascituro após a concepção no útero materno. Mas esta questão é complexa e suscita diferentes opiniões.

Nos dias atuais, sabe-se que existe a fecundação artificial com introdução do espermatozóide no óvulo com ou sem a presença física da *mãe,* ou seja, o desenvolvimento da vida humana pode ser intra ou extra-uterino, pode ser *homólogo* ou *heterólogo,* conforme o sêmen proceda do pai ou de terceiros.

No âmbito constitucional, as questões relativas à pesquisa e à manipulação de material genético estão consubstanciadas no capítulo que trata do meio ambiente (art. 225).

A Lei 8.974/95 regula o uso das técnicas de engenharia genética e liberação de organismos geneticamente modificados e autoriza a criação da Comissão Técnica Nacional de Biossegurança.

De acordo com o Presidente da Sociedade Brasileira de Bioética, existem no Brasil cerca de 100 mil embriões congelados em 130 clínicas do país.[4] Geralmente, os óvulos são fertilizados *in vitro* e apenas alguns são implantados no útero de mães com dificuldades conceptivas. O destino destes embriões excedentes, pela lei brasileira, pode ser uma nova gestação da mãe ou a doação a outra pessoa para tal fim, ou ainda permanecer congelados.

VOLNEI GARRAFA critica o projeto de lei em tramitação no Congresso Nacional que proíbe a intervenção em material genético humano, exceto das células-tronco ou pluripotentes encontradas nos embriões, na medula óssea e na polpa dos dentes. Estas células-tronco poderiam substituir outras, possibilitando o tratamento de doenças como diabetes, doença de Alzheimer e de Parkinson por meio da chamada terapia gênica.

Mas a comunidade científica, representada pela SBPC (Sociedade Brasileira para o Progresso da Ciência), parece adotar posição ambivalente sobre o tema.[5] Por um lado, defende a liberdade de pesquisa com células-tronco embrionárias; por outro, condena a clonagem humana com fins reprodutivos. Este posicionamento da entidade, para uns incorreto, efetivamente representa a impossibilidade de inclusão no projeto do acesso à obtenção de células-tronco embrionárias visando a fins terapêuticos.

Não parece razoável esperar unanimidade nesta tormentosa problemática da reprodução humana, nem no Brasil nem alhures. Mas a maté-

---

[4] GARRAFA, VOLNEI. *Entrevista concedida ao Jornal do Commercio.* Recife, 11 mar. 2004. Caderno Cidades, Ciência/Meio Ambiente, p. 6.

[5] SBPC, 2004, Recife. Nota de 20 de fevereiro.

ria não pode deixar de ser regulada em lei que expresse o *consenso hegemônico* da sociedade brasileira. Atualmente, vigoram as regras – polêmicas como não podiam deixar de ser –, das *Normas éticas para a utilização das técnicas de reprodução assistida* no Brasil (Resolução 1.358/92, do Conselho Federal de Medicina). Alguns consideram que esta resolução é conflitante com o direito positivo brasileiro, inclusive o criminal (WALD, 1995, p. 123).

2.3.2 Clonagem humana

No ano 1997 a mídia internacional anunciou para o mundo perplexo a clonagem da ovelha *Dolly*. Segundo os cientistas, a distância para a clonagem humana é mínima tanto pela simplicidade do experimento quanto pelos custos operacionais. Os especialistas ainda atestam vantagens, como a produção de novos remédios, avanços nos transplantes e tratamentos terapêuticos e ainda a possibilidade real de aperfeiçoamento das espécies animais, pois a manipulação de células permite a produção de animais mais saudáveis, mais produtivos e mais puros.

Assim, o caminho da clonagem humana está aberto há quase uma década e não se pode dizer ao certo se a esta altura a experiência já não é fato consumado em algum laboratório que aguarda as condições mais favoráveis para surpreender a humanidade.

JEAN BAUDRILLARD (1996) refletindo sobre a clonagem humana em *A transparência do mal*, alerta para a eliminação do ato dual de concepção que representa a eliminação total do pai e da mãe. Assim, o clone não nasce, mas brota de uma matriz, brota do código genético que o concebeu e daí em diante pode ser reproduzido *ao infinito* em modo operacional excluído de toda sexualidade.

Evidencia-se que a clonagem humana representa uma enorme ruptura no desenvolvimento natural da espécie e, especialmente, agita todas as crenças religiosas e morais. Com efeito, a questão do clone humano envolve todos os aspectos da existência humana, como ética, moral, religião, convicções filosóficas, além dos aspectos sociais, antropológicos, psicológicos, econômicos, políticos e, como não poderia deixar de ser, legais.

Mas o Código Civil do século XXI, em vigor a partir de 2003, deixou de ser contemporâneo do seu próprio tempo ao omitir-se inteiramente dessa intrincada questão, embora de domínio público.

Não se esperava, é evidente, uma completa disciplina da clonagem humana, a qual, oficialmente, ainda não existe, mas ao menos a regulamentação de pesquisas de manipulação genética que existem, e aliás, bem avançadas no Brasil.

O advento da ovelha *Dolly* surpreendeu a todos. Mas ninguém deve se surpreender se amanhã uma equipe de pesquisadores divulgar a existência de Clonildo, o primeiro clone humano. E se for produzido no Brasil, ou para cá vier residir? Alguns problemas legais desde já podem ser formulados. Será permitida a reprodução de clone humano no Brasil? Por quem? Em que condições? Clonildo é uma pessoa, um bem, uma coisa, ou um semovente? Tem personalidade? A partir de quando adquiriu a personalidade? Quem são os pais ou responsáveis de Clonildo?

Nada obstante a legislação pátria decida pela proibição legal da clonagem humana, desde que existe lei existe também a transgressão que, em tese, não pode ser descartada. Qual a situação jurídica do clone humano que tenha existência de fato, nada obstante não exista para o direito? Terá assegurado o direito à vida? Será sacrificado, em nome da moralidade, da decência, da religião e dos bons costumes? Quem será o Inquisidor do Santo Ofício do século XXI?

Com toda genialidade de escritor do século XVI, Shakespeare atormentou um príncipe dinamarquês com dúvidas imensas a respeito da vida e da morte. Mas a revolução científica e tecnológica dos séculos XX e XXI, ao fazer o rompimento da relação do homem com a natureza por meio da clonagem humana, transforma as tormentas hamletianas do *ser ou não ser* num quebra-cabeça infantil.

2.4 Incapacidade Civil

A incapacidade civil consiste nas restrições impostas pela lei à pessoa quanto ao *exercício* e à prática de atos da vida civil em face de determinadas circunstâncias.

Na perspectiva de que a capacidade civil plena é a regra de dever ser, pois espera-se que todos os titulares de direitos possam também exercer pessoalmente tais direitos e praticar os atos aos mesmos inerentes, a incapacidade considera-se de forma restrita, ou seja, apenas nos casos previstos em lei.

As limitações à capacidade devem ser entendidas como medidas protetoras do incapaz, porquanto seu escopo é resguardar os interesses e direitos de pessoas consideradas hipossuficientes para defender os próprios interesses e direitos.

Nesta conformidade, o Código Civil de 2002, seguiu o exemplo do seu antecessor de 1916, ao estabelecer dois graus ou estágios de incapacidade civil: um absoluto e outro relativo. No primeiro, encontram-se os absolutamente incapazes, aos quais a lei proíbe o exercício de qualquer ato, sob pena de nulidade, porquanto são representados. No segundo, encontram-se as pessoas na faixa intermediária entre a incapacidade e a capacidade civil, às quais a lei confere a prática de atos civis, desde que assistidas pela pessoa maior responsável pelo incapaz.

2.4.1 Absolutamente incapazes

A declaração da incapacidade civil absoluta importa dizer que nessa ordem jurídica *não se recepcionam os atos e o exercício* de direitos praticados diretamente pelas pessoas nesta condição.

Neste sentido, o absolutamente incapaz fica impedido de praticar os atos válidos na vida civil. Assim, se, porém, contrariando a lei, o absolutamente incapaz celebrar um contrato, vender um bem, ou praticar qualquer outro ato da esfera civil, a lei desconsiderará inteiramente o ato, que não produzirá nenhum efeito, nem se convalescerá.

No caso de atos nulos, conhecendo o juiz este defeito, tem ele o dever *de ofício* de declarar a nulidade, independentemente de alegação pela parte. O preceito de ordem pública contido no art. 145 do Código Civil de 1916, "É nulo o ato jurídico: I – quando praticado por pessoa absolutamente incapaz", recebeu idêntica redação no novo Digesto material, art. 166, "É nulo o negócio jurídico quando: I – celebrado por pessoa absolutamente incapaz".

As restrições ao exercício de direitos civis pelo absolutamente incapaz, sob pena de nulidade, impõem que o ato civil seja realizado por meio de *representante*. Representante do incapaz podem ser os pais, tutores ou curadores, contanto que seja a pessoa apta e com capacidade plena de responder pelo incapaz. O representante exerce os direitos em nome do representado; nestes casos, em face do que determina a lei, ante a incapacidade do titular do direito de praticar os atos pessoalmente.

Segue o art. 3.º do Código Civil que reza:

> *Art. 3.º São absolutamente incapazes de exercer pessoalmente os atos da vida civil:*
>
> *I – os menores de 16 (dezesseis) anos;*
> *II – os que, por enfermidade ou deficiência mental, não tiverem o necessário discernimento para a prática desses atos;*
> *III – os que, mesmo por causa transitória, não puderem exprimir sua vontade.*

2.4.1.1. Menores de 16 anos

A delimitação etária de incapacidade absoluta para os menores de 16 anos decorre de presunção legal de que antes de atingir tal idade o menor não adquiriu o discernimento necessário para distinguir o que favorece e o que prejudica os seus próprios interesses. Diante desta circunstância, o ato deve ser praticado pelo representante, pais ou tutores – vide os arts. 1.634, 1.690 e 1.742 do Código Civil.

No âmbito da doutrina, não raro os menores de 16 anos são designados como menores impúberes, mas não faltam vozes contrárias a tal uso, sob o argumento de não ser a aptidão de procriação o ponto relevante da fixação do critério de menoridade e sim a aptidão intelectual ou capacitação do menor a adaptar-se à vida social.

2.4.1.2. Enfermidade ou deficiência mental

Obrou bem o legislador ao abandonar a antiga expressão "louco de todos os gêneros", utilizada pelo CC de 1916.

Mas seria de estranhar se mantivesse o termo antigo que há muito era fustigado pela doutrina pátria pela falta de caráter científico da palavra louco.[6]

Na verdade, desde a década de 1930, o Decreto 24.559/34 adota outra expressão menos inadequada: "psicopatas".

---

[6] Entre outros, GOMES (2001); RODRIGUES (1998); WALD (1995) e MONTEIRO (1989).

Não tem relevância jurídica se a enfermidade ou deficiência restou adquirida ou se congênita. Ao direito importa se a morbidez da alma vem acompanhada de falta de discernimento. Com efeito, a ausência de discernimento é o óbice à atuação da pessoa na vida civil. Ao incapaz de discernir entre o prejuízo e o lucro, entre o conveniente e o prejudicial, a ordem jurídica impõe a constituição de curador que o represente e zele pelos seus direitos, pois ele próprio é incapacitado para fazê-lo.

Nesta conformidade, a incapacidade civil absoluta, decorrente de anomalia mental – o Código vigente denomina de *enfermidade ou deficiência mental* – necessita de processo judicial de interdição do incapaz e da nomeação do curador nos termos do art. 1.177 do Código de Processo Civil.

Mas a interdição judicial apenas se justifica quando a morbidez mental se apresenta duradoura, mesmo que o enfermo conheça espasmos ou intervalos de lucidez. Não se justifica, todavia, a interdição de alguém capaz em face de "um espasmo de insanidade", uma reação tresloucada efêmera, sem precedentes e sem continuidade.

Em tempo remoto discutia-se a validade de ato praticado por mentalmente enfermo durante os intervalos ou espasmos de lucidez, debate que agitou a doutrina e tribunais do país. Diante das dificuldades intransponíveis dessa caracterização e da necessidade de segurança jurídica, não se consideram os chamados *intervalos de lucidez*.

Ainda em relação à *nulidade* de ato praticado pela pessoa absolutamente incapaz, vale ressaltar que o efeito fulminante alcança os atos anteriores à sentença judicial de interdição, qual leciona SÍLVIO RODRIGUES: "o negócio levado a efeito pelo amental é sempre nulo, esteja ele interditado ou não" (1998, p. 47).

Nada obstante prevalecer o entendimento de que a declaração da sentença que interdita o incapaz reconhece uma situação preexistente de anormalidade psíquica da pessoa, existem entendimentos no sentido de considerar a regra antes da interdição excessiva e desproporcional em relação a terceiros de boa-fé que desconheciam a enfermidade ou deficiência do incapaz, nem sempre notórias.

De acordo com a norma de regência da matéria, o juiz deve fundamentar a decisão, para a qual se exige exame pericial de especialista que permita determinar a extensão e os limites da interdição: se a incapacidade é absoluta porque a pessoa não possui discernimento, ou se a incapacidade é relativa, porque o discernimento não é completo, devendo então nomear curador para administrar e cuidar dos interesses do interditando.

2.4.1.3 Impossibilidade de transmissão da vontade

No inciso III do art. 3.º do Código Civil ("os que, mesmo por causa transitória, não puderem exprimir sua vontade"), evidencia-se que a *vontade humana*, que deve ser livre e completa, é o principal requisito de validade de atos da vida civil.

Neste caso, tem relevância jurídica para definir a capacidade ou a incapacidade da pessoa o fato de esta poder, ou não, externar o seu pensamento, a sua vontade. Assim, no caso de impossibilidade de expressar a vontade, nada obstante seja transitória, a ausência de expressão da vontade – se a vontade não pode ser expressa, logicamente não é possível saber a intenção da pessoa – incapacita a pessoa ao exercício pessoal de atos da vida civil.

O Código de 1916 referia-se ao surdo-mudo incapaz de manifestar a sua vontade como absolutamente incapaz.

Adota melhor técnica o novo Código, posto que a surdo-mudez ou qualquer outra limitação física, por si só, não constitui causa de incapacidade civil. Segue que se a pessoa surda, ou muda, ou cega, ou com outra deficiência qualquer for capaz de expressar a própria vontade, seja por meio de sinais, mediante a escrita, ou de outra forma, estará apta a exercer pessoalmente os atos civis. Naturalmente, a pessoa deficiente física não estará apta naquilo que depender de sentidos ou de funções afetados pela deficiência. É lógico que um surdo não pode dizer o que ouviu, mas pode perfeitamente reconhecer uma pessoa, assim como um cego não pode ver, mas pode ouvir perfeitamente, e assim por diante.

O que deve ser considerado, juridicamente, para impedir o exercício pessoal de atos da vida civil é se a deformidade física ou a enfermidade da pessoa, mesmo que transitória, constitui obstáculo intransponível à manifestação da vontade.

Com a sentença de interdição por incapacidade absoluta a pessoa interditada é impedida de agir pessoalmente no mundo do direito.

Curador devidamente nomeado zelará pelos direitos do incapaz. Se a interdição judicial restar absoluta, privará o interditando de exercer os atos civis, mas se for relativa o impedimento será parcial, pois impedirá o interditado por relativa capacidade de certos atos civis ou quanto à maneira de os exercer.

O processo judicial de interdição tem por escopo a preservação dos direitos do incapaz mediante a nomeação de pessoa idônea e mais indicada para zelar pelos interesses e direitos do interditando.

A sentença de interdição deve ser inscrita no Cartório de Registro de Pessoas Naturais e publicada na imprensa local a fim de dar garantia ao interdito e a terceiros.

Idêntica formalidade se exige do processo de levantamento da interdição, quando, suscitado perante o mesmo juízo, resta provado que cessaram as causas que determinaram a interdição.

2.4.2 Relativamente incapazes

O art. 4.º do Código Civil enumera os casos de incapacidade relativa: maiores de 16 anos e menores de 18 anos; os ébrios habituais e toxicômanos com deficiência mental; os excepcionais sem desenvolvimento mental completo e os pródigos.

A expressão "relativamente capaz" define a situação intermediária entre a incapacidade absoluta e a capacidade plena. Com efeito, pessoas *relativamente incapazes* não estão situadas juridicamente entre os incapazes absolutos nem tampouco entre os capazes absolutos.

Nesta conformidade, o relativamente incapaz pode praticar os atos da vida civil, desde que na presença do *assistente*, seus pais ou tutores. Nalguns casos a lei prescinde da presença do *assistente*, como ao escrever testamento ou testemunhar.

O defeito do ato ou do negócio jurídico praticado pelo relativamente incapaz sem a autorização do assistente pode motivar a sua *anulação*. Apesar de defeituoso, apenas a parte prejudicada pode requerer a anulação do ato; em muitos casos, o ato pode ser ratificado e convalidado.

Destaque-se que o relativamente incapaz participa pessoalmente do ato com autorização dos pais ou dos tutores, quando a lei o exige, diferentemente do absolutamente incapaz, que não participa do ato praticado pelo seu *representante.*

O Código Civil prescreve:

Art. 4.º São incapazes, relativamente a certos atos, ou à maneira de os exercer:

I – os maiores de dezesseis e menores de dezoito anos;
II – os ébrios habituais, os viciados em tóxicos, e os que, por deficiência mental, tenham o discernimento reduzido;
III – os excepcionais, sem desenvolvimento mental completo;
IV – os pródigos.

Parágrafo único. A capacidade dos índios será regulada por legislação especial.

2.4.2.1 Maiores de 16 e menores de 18 anos

Trata-se de critério arbitrado pelo legislador este biênio compreendido na faixa etária dos 16 aos 18 anos de idade como de relativa incapacidade civil. Da mesma forma que era mero arbitramento os limites anteriores entre 18 e 21 anos, revogados pelo novo Código.

A lei reconhece certo grau de discernimento e de desenvolvimento mental às pessoas com 16 anos completos mas que ainda não alcançaram a idade de 18 anos, quando se obtém a maioridade civil.

Ante tal convicção, o legislador confere à pessoa relativa capacidade para atuar na vida civil, observada a formalidade da assistência quando a lei o exige.

Tendo em vista a redução da maioridade de 21 para 18 anos, arbitrou o legislador nos 16 anos o começo do abrandamento da incapacidade civil da pessoa natural, de absoluta para relativa.

2.4.2.2 Ébrios habituais e toxicômanos

Em conformidade com esta inovadora disposição do Código Civil, os alcoólatras, dipsomaníacos e toxicômanos com reduzida capacidade de discernimento necessitam da presença de assistentes para a prática dos atos da vida civil.

A lei exige a interdição do viciado em álcool ou drogas; assim, deve restar provado que há a deficiência mental da pessoa em decorrência de uso habitual ou dependência de álcool ou substâncias tóxicas. Dessa forma, se o uso de bebidas e de drogas não alterar a vontade da pessoa, não atingindo sua capacidade de entendimento, não será o caso de interdição.

O dispositivo em comento representa uma nova espécie de incapacidade civil sem precedentes no direito civil pátrio e no comparado moderno.

Na doutrina já aparecem os primeiros questionamentos quanto à ausência de parâmetros seguros que permitam distinguir os usuários de bebidas e tóxicos cuja capacidade de discernimento foi afetada daqueles usuários que, nada obstante sejam usuários habituais, possuam plena capacidade de entendimento. (PEREIRA, 2004, p. 284). De maneira que a questão deve ser cuidadosamente sopesada na via judicial apropriada.

2.4.2.3 Excepcionais sem desenvolvimento mental completo

A espécie alcança as pessoas excepcionais sem desenvolvimento mental completo. Neste sentido, a lei reconhece que a pessoa não possui a integridade mental por completo, porém não porta deficiência ou morbidez que a impeça de praticar certos atos se devidamente assistida.

Evidentemente que a linha imaginária entre a enfermidade mental que afeta e impede a capacidade de agir da pessoa e desta relacionada com o desenvolvimento incompleto é uma zona cinzenta e sujeita a muita turbulência, assim como a dificuldade de precisar onde termina uma e começa outra.

A perícia médica a que se submete obrigatoriamente o interditando deve esclarecer o juízo sobre a natureza da deficiência mental: se o caso é de relativa capacidade – porque se reconhece o desenvolvimento mental embora não integral – ou de incapacidade absoluta. Na sentença, o juiz nomeará o curador ou o assistente, conforme o caso.

2.4.2.4 Pródigos

A doutrina se agita e a legislação não é unívoca quanto à capacidade civil dos pródigos.

De fato, a questão não é simples: até que ponto uma pessoa deve sofrer limitação civil, sendo interditada, porque dilapida o próprio patrimônio? Ter, ou não, o direito de dissipar, mesmo que de maneira imoderada, a fazenda construída por ela própria? O direito civil francês diz que não cabe interdição, mas o brasileiro diz que cabe.

No direito pátrio, todavia, a interdição e a nomeação do curador assistente só alcançam os atos que possam comprometer o patrimônio. Assim, o pródigo interditado judicialmente não é capaz de praticar sem a presença do assistente, exclusivamente, os atos de alienação, venda, doações, empréstimos, quitação, hipotecas; mas não necessita de curador para os atos de mera administração (art. 1.782 do CC).

2.5 TUTELA CIVIL DOS INDÍGENAS

O entendimento do legislador sobre a questão indígena não apresentou mudanças significativas em relação ao início do século passado. Segundo ele, o índio (antes chamado de silvícola) ainda não adaptado à civilização não possui discernimento suficiente para o exercício pleno dos direitos civis.

Neste sentido, o Código Civil de 2002 remete a definição da capacidade civil do índio brasileiro à legislação especial (parágrafo único do art. 4.º).

A Lei 6.001/73, chamada Estatuto do Índio, sujeita o índio ainda não integrado à comunhão nacional ao regime tutelar, incumbindo a União de exercer a tutela por meio de órgão competente, a FUNAI (Fundação Nacional do Índio).

O levantamento dessa tutela deve ser homologado judicialmente a requerimento do interessado e inscrito no registro civil. Mas a lei exige que certas condições sejam atendidas pelo índio interessado em sua liberação, como maioridade, conhecimento do português, habilitação para atividade profissional e conhecimento dos usos e costumes nacionais.

Além desse importante diploma legal – Estatuto do Índio –, há um conjunto de normas disciplinando a matéria, mas destacamos: o Decreto 22/91, que trata da demarcação de terras; Decreto 25/91, que cuida da auto-sustentação dos povos indígenas; o Decreto 26/91, que trata da educação indígena; o Decreto 564/92, que estabelece o estatuto da FUNAI – Fundação Nacional do Índio; o Decreto 1.141/94, que dispõe sobre a proteção ambiental e o apoio à atividade produtiva de comunidades indígenas; e o Decreto 1.775/96, que estabelece o procedimento administrativo de demarcação de terras indígenas.

A Constituição Federal de 1988, no capítulo VIII, arts. 231 e 232, trata dos índios, reconhecendo sua organização social, costumes, crenças, línguas, tradições e direitos sobre suas terras, cabendo à União a demarcação e a proteção dessas terras. Aos índios e suas comunidades confere-se legitimidade para ingressarem em juízo em defesa de seus interesses, com intervenção obrigatória do Ministério Público.

2.6 Maioridade Civil

A principal modificação trazida pelo novo Digesto à matéria da capacidade civil é a redução da maioridade para 18 anos completos. A partir do dia em que completa 18 anos, a pessoa adquire a maioridade civil e com ela a capacidade plena de exercício dos direitos civis. É a dicção do art. 5.º:

> *Art. 5.º A menoridade cessa aos dezoito anos completos, quando a pessoa fica habilitada à pratica de todos os atos da vida civil.*

A redução de 21 – como previa o CC de 1916 – para 18 anos vem ao encontro da tendência do direito comparado (Espanha, França, Portugal), além da opinião de doutos, que assinalam a maior compreensão dos jovens de hoje em vista da facilidade de informação nos dias atuais, o que não justificaria manter a mesma maioridade do início do século passado.

2.7 Menoridade e Poder Familiar

O filho menor de 18 anos sujeita-se ao poder familiar (art. 1.630). O exercício do *poder familiar* é previsto no art. 1.634, competindo aos pais dirigir-lhes a criação e a educação, guardá-los e acompanhá-los, autorizar-lhes, ou não, o casamento; nomear-lhes tutor; representá-los nos atos da vida civil se menores de 16 anos e assisti-los após esta idade, reclamá-los de quem ilegalmente os detenha, exigir-lhes obediência, respeito e serviços compatíveis com a idade e a condição de menor.

Como se pode observar, o novo dispositivo, apesar da mudança de denominação (poder familiar no lugar de pátrio poder) não traz mudança substancial e efetiva em relação ao conjunto de direitos e deveres estabelecidos em lei para os pais em face de seus filhos menores de idade.

A nova regência do "poder familiar" apresenta-se mais precisa em face das mudanças da sociedade em geral e da família em particular. Em plena era de grandes transformações tecnológicas e científicas, da revolução das comunicações e da integração da mulher no mercado de trabalho, a nova expressão melhor se ajusta aos princípios já consagrados na Constituição de 1988, tanto o da *isonomia* entre homens e mulheres (art. 5.º, I) quanto o da *igualdade* de direitos e deveres conjugais (art. 226, § 5.º).

No mesmo sentido, segue o Estatuto da Criança e do Adolescente (Lei 8.069/90): "Art. 21. O pátrio poder será exercido, em igualdade de condições, pelo pai e pela mãe, na forma do que dispuser a legislação civil, assegurado a qualquer deles o direito de, em caso de discordância, recorrer à autoridade judiciária competente para a solução da divergência".

A Constituição Federal prescreve como dever de ambos os pais a assistência, criação e educação dos filhos menores, mas vai além, incumbindo aos filhos que atingem a maioridade o dever de ajuda e amparo dos pais na velhice (art. 229).

Deve-se ressaltar que o escopo da lei é deixar o filho menor sob a proteção dos genitores, observando princípios não só objetivos como subjetivos, como o *princípio da afetividade*, razão pela qual a precariedade de condições materiais dos pais não se constitui motivo suficiente à suspensão ou perda do pátrio poder.

Pai e mãe no exercício do poder familiar detêm a administração dos bens e são usufrutuários dos filhos menores sob sua autoridade (CC, art. 1.689, I e II).

Durante o casamento, o dever familiar cabe a ambos os pais, mas no caso de morte de um deles ou de impedimento o dever familiar é exercido pelo sobrevivente ou exclusivamente pelo outro não impedido (CC, art. 1.631). Havendo divergência entre os genitores, o juiz, quando provocado, dará solução ao dissídio.

O divórcio, a separação judicial ou a dissolução de união estável não importam em renúncia ou perda do poder familiar (CC, art. 1.632).

Filhos não reconhecidos pelo pai ficam em poder familiar exclusivo da mãe; se esta não for conhecida ou capaz, recebem tutor (CC, art. 1.633).

Os filhos possuem os mesmos direitos, não importando se originários do casamento, se havidos de união extraconjugal, ou se adotados. Neste sentido, o art. 1.596 do Código Civil repete, literalmente, a disposição do art. 227, § 6.º, da Constituição Federal de 1988, que revogou todas as formas de discriminação relativas à filiação: "Os filhos, havidos ou não da relação do casamento, ou por adoção, terão os mesmos direitos e qualificações, proibidas quaisquer designações discriminatórias relativas à filiação".

A extinção do poder familiar se dará exclusivamente nos casos de morte dos pais ou do filho, de emancipação, da maioridade, da adoção e da decisão judicial.

A perda por meio de decisão judicial do poder familiar atinge os pais que castigam de forma imoderada a prole, ou que a abandonam à própria sorte, ou ainda que praticarem atos atentatórios à moral e aos bons costumes (CC, art. 1.638).

Mas a perda ou a suspensão do pátrio poder se dará mediante processo judicial, no qual se assegurará a ampla defesa e o contraditório, devendo a sentença ser averbada à margem do Registro de Nascimento.

O instituto do poder familiar possui as características de direito *irrenunciável, indisponível, indivisível, intransferível, inalienável* e *imprescritível.*

2.7.1 Tutela de menores

Os filhos menores são postos sob tutela quando ambos os pais são falecidos, ou quando estes são declarados ausentes, ou se foram destituídos do pátrio poder (CC, art. 1.728).

Compete aos pais a nomeação de tutor, que deve constar de *testamento* ou de outro documento autêntico. Na falta de nomeação dos pais, a tutela recairá sobre os parentes. A esta tutela de consangüinidade, chamada *legítima*, precedem na ordem os ascendentes, depois, os colaterais, os graus mais próximos preferindo os mais distantes. Na chamada tutela *judicial,* o juiz nomeia tutor idôneo residente no domicílio do menor, no caso de falta das duas espécies mencionadas, de exclusão ou de remoção da tutela (CC, art. 1.732).

Os menores abandonados terão tutores nomeados pelo juiz, ou voluntários, ou serão recolhidos em estabelecimento público (CC, art. 1.734).

O exercício da tutela importa nos deveres que normalmente cabiam aos pais, tais como educar, defender e prestar alimentos, entre outros previstos na lei civil.

2.7.2 Curatela de incapazes

A curatela é um *munus* conferido na lei à alguém para zelar pelo incapaz e seus bens, ou apenas pelos seus bens. Assim, a curatela alcança pessoas e bens. No caso de pessoa, não importa se tem ou não maioridade civil e sim se é, ou não, capaz de exercer os atos da vida civil. Neste sentido, dá-se tutela aos deficientes mentais e aos ausentes. Também a patrimônio material, a exemplo das fundações, ou bens de valor artístico, como nas exposições de obras de arte. Não deve ser confundido, pois, com o instituto da tutela examinado anteriormente.

Na disciplina do novo Código estão sujeitos a curatela as pessoas com enfermidade ou deficiência mental, as pessoas incapazes de manifestar a sua vontade, os ébrios habituais e os viciados em tóxicos, os excepcionais sem desenvolvimento mental completo e os pródigos (art. 1.767).

Ao nascituro é dado curador no caso de morte do pai e de incapacidade da mãe (CC, art. 1.779).

A interdição do incapaz deve ser requerida pelos pais, tutores, cônjuges, parentes ou também pelo Ministério Público. O processo exige laudo pericial e exame pessoal do interditando pelo juiz. A sentença de interdição produz efeito desde logo, aplicando-se as mesmas regras do exercício da tutela à curatela, com as restrições previstas no art. 1.772 do Código Civil.

2.8 Cessação da Incapacidade Civil do Menor

Aos 18 anos completos cessa a menoridade e a partir desta data a pessoa está habilitada a praticar todos os atos da vida civil (art. 5.º do CC).

No entanto, a fim de melhor atender à dinâmica dos fatos sociais e mediar diferentes situações, a lei civil prevê alguns casos de antecipação da capacidade civil, ou seja, casos de cessação da incapacidade civil da pessoa natural antes de completar os 18 anos de idade. Trata-se da emancipação antes da maioridade, nos casos previstos em lei, que se dará expressamente no caso de concessão dos pais em exercício do poder familiar e tacitamente nos demais casos, como a emancipação em decorrência do casamento.

Com efeito, a ordem jurídica reconhece a especificidade dos menores de 18 anos, que, de fato, já são capazes de exercer todos os atos da vida civil, seja em virtude do estado civil de casado, seja pela condição pessoal de segurança profissional, econômica, ou por concessão voluntária dos pais.

A imposição legal de representante para a pessoa absolutamente incapaz e para a relativamente incapaz, como sabemos, visa unicamente proteger os interesses e direitos daqueles que para a lei não possuem condições próprias de exercício de direitos.

Neste sentido, se a lei civil reconhecer que, apesar de não ter completado 18 anos de idade, o menor reúne as condições necessárias de exercício dos direitos e práticas dos atos da vida civil, desaparecem as causas que motivavam a proteção jurídica.

Assim, conferir capacidade civil plena a pessoa "menor" apenas em termos cronológicos – menor de 18 anos e maior de 16 anos – atende às situações impostas pela realidade social e também aos princípios e finalidades do direito.

Estão previstos, taxativamente, os seguintes casos (incisos I a V do parágrafo único do art. 5.º do CC):

Parágrafo único. Cessará, para os menores, a incapacidade:

I – pela concessão dos pais, ou de um deles na falta do outro, mediante instrumento público, independentemente de homologação judicial, ou por sentença do juiz, ouvido o tutor, se o menor tiver dezesseis anos completos;

II – pelo casamento;

III – pelo exercício de emprego público efetivo;

IV – pela colação de grau em curso de ensino superior;

V – pelo estabelecimento civil ou comercial, ou pela existência de relação de emprego, desde que, em função deles, o menor com dezesseis anos completos tenha economia própria.

2.8.1 Emancipação expressa

2.8.1.1 Concessão dos pais

Trata-se da chamada *emancipação expressa*, que depende dos seguintes requisitos básicos: ter o emancipando completado 16 anos de idade; ato voluntário de outorga dos pais no exercício do poder familiar; registro público (escritura pública inscrita no Registro Civil de Pessoas Naturais).

Na redação anterior do CC de 1916 a mãe só poderia emancipar o filho no caso de morte do pai. A redação do Código de 2002 é compatível com a isonomia conjugal contida no art. 226, § 5.º, da Constituição Federal.

Assim, a emancipação do filho menor depende da concessão dos pais, ou de um deles na falta do outro. O presente – não sendo relevante se pai ou mãe – deve proceder à inscrição da emancipação no Cartório de Registro Civil, de acordo com a Lei de Registros Públicos (Lei 6.015/73). No caso em foco, a lei não exige a homologação judicial, ou seja, não há apreciação do ato pelo juiz.

Mas, havendo divergência entre os pais quanto à necessidade de concessão de maioridade ao filho sob poder familiar, a questão será decidida judicialmente, quando provocada pelos interessados. A decisão que determina ou impede a emancipação se fundamenta na preservação dos interesses do menor.

2.8.1.2 Emancipação do tutelado

A situação jurídica do menor sob tutela em relação ao tutor é análoga à do filho sob o poder familiar dos pais, mas os tutores não são pais e por essa razão a emancipação do pupilo deve ser declarada por sentença pelo juiz de direito.

A *emancipação judicial* requer maior formalidade legal, que se justifica pela necessidade de dar maior segurança e proteção aos interesses do menor tutelado, que é o menor que não está sob o manto do poder familiar dos próprios pais.

Não se nega a emancipação do menor de 18 anos e maior de 16 sujeito à tutela, contanto que a emancipação seja judicial, ou seja, com o devido processo legal, a ampla defesa, o contraditório, recursos e intervenção obrigatória do Ministério Público.

Somente observando-se a forma judicial e mediante sentença dá-se a emancipação do menor sujeito à tutela, devendo a decisão judicial que emancipa o menor ser inscrita no Registro Civil das Pessoas Naturais.

2.8.1.3 Emancipação do casado

A emancipação tácita decorrente de casamento afigura-se óbvia, posto que se os nubentes são capazes de constituir a própria família nuclear, presume-se serem capazes de exercer outros atos da vida civil. Não seria razoável o Código Civil considerar incapaz pessoa casada.

Deve-se atentar para o caráter irreversível do ato de emancipação. Com efeito, uma vez adquirida a capacidade plena, não se retorna à condição anterior de incapaz, salvo se por outro motivo, mediante processo judicial de interdição. Mas, se ao casamento sobrevier divórcio, separação, viuvez ou anulação, o nubente emancipado não retornará à condição anterior de incapaz.

2.8.1.4 Emprego público efetivo

O emprego público efetivo representa o vínculo funcional com a Administração de natureza não temporária ou interina.

Os cargos e empregos na Administração Pública, direta ou indireta, de qualquer dos poderes da União, Estados, Municípios e Distrito Federal são acessíveis mediante aprovação em concurso público, salvo os cargos comissionados de livre nomeação e exoneração (Constituição de 1988, art. 37, I e II).

A Lei 8.112, denominada Regime Jurídico Único, define as regras de acesso ao serviço público, entre as quais a idade mínima de dezoito anos. Mas aos dezoito anos de idade se alcança a maioridade civil pela disciplina do Código em vigor, logo, não faz sentido falar do vínculo funcional como meio de antecipação da maioridade. O legislador de 2002 limitou-se a repetir a redação do Código de 1916, deixando, contudo, de observar o novo patamar etário da maioridade civil por ele mesmo fixado em dezoito anos de idade.

Enfim, a emancipação em tela refere-se à pessoa aprovada em concurso público, nomeada e investida no cargo ou função, não tendo aplicação para os empregos comissionados, que são demissíveis *ad nutum*.

2.8.1.5 Colação de grau de curso superior

Obrou mal o legislador ao manter essa espécie, que, se era bastante implausível sob a vigência do CC de 1916 com maioridade aos 21 anos, com muito mais dificuldade terá aplicação com o Código vigente, que reduziu a maioridade para 18 anos de idade.

Ora, nos dias correntes, a extensão do ensino no Brasil consiste da educação infantil, do ensino fundamental e do ensino médio (art. 21 da Lei 9.394/96 – Lei de Diretrizes e Bases da Educação Nacional).

Somente depois de concluir o ensino médio e após aprovação no concurso vestibular o estudante estará apto a ingressar no ensino superior. Os cursos superiores possuem duração de 4, 5 ou 6 anos no Brasil.

Somados os anos desde a primeira série do ensino fundamental até o último ano do curso superior, tem-se um total médio, conforme o curso superior, de 16, 17 ou 18 anos de vida escolar.

Note-se, ainda, que o texto legal diz "colação de grau", que é ato solene no qual o formando recebe um certificado de conclusão de curso provisório válido para todos os fins de direito, até o recebimento do diploma.

Assim, diante das razões expendidas, esta modalidade de emancipação pela colação de grau de curso superior se afigura espécie sem aplicação prática.

2.8.1.6 Estabelecimento civil ou comercial com economia própria e relação de emprego

Obrou muito mal o legislador no inciso V, pois a redação do Código anterior observava melhor técnica.

Acrescenta-se às causas antecipatórias da maioridade já existentes a condição de empregado: "relação de emprego".

"Emprego", no caso, é a simples relação de trabalho; há empregos públicos e empregos na iniciativa privada. O emprego público é espécie do gênero emprego; logo, se qualquer emprego constitui causa de emancipação, desnecessário especificar o emprego público.

A lei anterior com boa técnica condicionava a maioridade ao exercício de cargo público efetivo e excluía da emancipação os cargos passíveis de demissão a qualquer momento – *ad nutum* –, como cargos e funções comissionados. A lógica sistemática reside na segurança do primeiro caso – emprego efetivo decorrente de concurso público – e na insegurança do segundo caso – emprego público de confiança –, de livre nomeação e exoneração pela autoridade.

A instabilidade dos cargos comissionados não é maior nem menor do que a instabilidade empregatícia da iniciativa privada, em que o patrão é livre para nomear e demitir seus empregados a qualquer tempo.

No que diz respeito aos maiores de 16 anos, com estabelecimento de comércio, ou civil, com economia própria administrada pelo menor, o preceito, que aliás vem de 1916, tem aplicação plena. De fato, muitos menores começam alguma atividade lucrativa bem cedo, como comerciantes ou prestadores de serviços, e nessa condição assumem responsabilidades, necessitam comprar e vender, contratar, enfim, praticar atos da vida civil e comercial. Não seria plausível, portanto, que o comerciante ou empreendedor civil fosse obrigado a praticar atos civis somente com a intervenção de seu assistente.

2.9 Maioridade para o Serviço Militar

Os militares possuem regime jurídico especial e, neste sentido, para efeito de serviço militar, a incapacidade do menor cessa aos 17 anos de idade, conforme redação do Decreto 57.654/66 e da Lei 4.375/64.

2.10 Morte e Morte Presumida

São relevantes os efeitos jurídicos decorrentes da morte da pessoa natural. Segue que representa o fim da personalidade, com todas as implicações que isso representa para o direito.

Com o fim da personalidade cessam os direitos inerentes à pessoa: os direitos da personalidade e as obrigações personalíssimas. A morte dissolve o vínculo conjugal, cessa o poder familiar, extingue a obrigação de alimentos se o morto for o credor, cessa os contratos de serviços pessoais e os mandatos, extingue o usufruto além de outras conseqüências, isto no âmbito civil. Mas os efeitos jurídicos obviamente alcançam os demais campos do direito. No âmbito penal, implica a extinção do processo. Repercute no âmbito trabalhista, tributário, eleitoral, previdenciário, enfim, repercute em todas as relações jurídicas da pessoa em vida, estabelecendo novas relações jurídicas, seja para cessar ou extinguir os vínculos, seja para transmiti-los aos herdeiros e sucessores, como os bens patrimoniais.

Na dicção do Código Civil:

> *Art. 6.º A existência da pessoa* natural *termina com a morte; presume-se esta, quanto aos ausentes, nos casos em que a lei autoriza a abertura de sucessão definitiva.* [grifo nosso]

O antigo Código prevê os casos de morte e de morte presumida, esta última dos ausentes. Alguns autores preferem empregar as expressões "morte física", ou "morte real" a fim de distinguir *morte* e *morte presumida*. Afigura-se desnecessária a distinção, pois o substantivo morte, sem adjetivações, por si só se distingue de morte presumida. A explicação soa tautológica: morte é morte, morte presumida é morte presumida.

Declarada a ausência (morte presumida), o juiz nomeia um curador para zelar pelo patrimônio do ausente. De acordo com o art. 22 do Código Civil, ausente é a pessoa que desaparece do seu domicílio sem deixar representante ou procurador para cuidar dos seus bens. Qualquer interessado ou o Ministério Público podem requerer judicialmente o pedido de declaração de ausência.

Mas a própria lei civil admite outras espécies de morte presumida, sem a declaração de ausência. Dessa forma, a redação da parte final do art. 6.º do Código Civil se apresenta, a nosso ver, incompleta. Depois da frase "quanto aos ausentes, nos casos em que a lei autoriza a abertura da sucessão definitiva", o legislador observaria melhor técnica se completasse a frase com expressões que incorporassem todos os casos de morte presumida, assim como "e nos demais casos" ou ainda "e excepcionalmente nos casos previstos nesta lei", ou outra equivalente.

Com efeito, o Código Civil admite de forma inovadora em nosso direito a declaração judicial da morte presumida sem a declaração de ausência. Cuida-se de dois casos previstos no art. 7.º, I e II. Trata-se de casos em que há grande probabilidade de morte da pessoa, tanto pela situação de quem se encontrava em perigo de vida, quanto para os casos de guerra, desaparecimento ou não aparecimento de prisioneiro, após dois anos do fim do conflito.

> *Art. 7.º Pode ser declarada a morte presumida, sem decretação de ausência:*
>
> *I – se for extremamente provável a morte de quem estava em perigo de vida;*
> *II – se alguém, desaparecido em campanha ou feito prisioneiro, não for encontrado até dois anos após o término da guerra.*
>
> *Parágrafo único. A declaração da morte presumida, nesses casos, somente poderá ser requerida depois de esgotadas as buscas e averiguações, devendo a sentença fixar a data provável do falecimento.*

Devemos atentar para o disposto no parágrafo único. Ressalta-se que a morte presumida só pode ser judicialmente declarada depois de esgotadas todas as diligências, todas as buscas e averiguações, na tentativa de localização do desaparecido em campanha ou do feito prisioneiro, até dois anos depois do conflito.

2.10.1 Comoriência

Já tratamos anteriormente da relevância jurídica dos efeitos da morte da pessoa natural.

Em muitas situações, desastres, acidentes, terremotos etc. não se pode precisar se uma pessoa morreu antes de outra.

O efeito da comoriência incide sobre o direito de sucessão no caso de morte de duas ou mais pessoas que seriam herdeiras entre si.

O legislador pátrio, desde o Código de 1916, tem adotado, quando não se pode determinar a hora da morte, portanto quando há dúvida, a presunção de morte simultânea, ou seja, que os envolvidos sejam comorientes. O Código vigente manteve este entendimento no art. 8º:

> *Art. 8.º Se dois ou mais indivíduos falecerem na mesma ocasião, não se podendo averiguar se algum dos comorientes precedeu aos outros, presumir-se-ão simultaneamente mortos.*

Dessa forma, entre os comorientes, que presumivelmente morreram ao mesmo tempo, não se estabelece a sucessão, logo um não é herdeiro do outro. Neste caso, são chamados à sucessão os herdeiros dos comorientes.

2.11 Registro do Óbito

Alguns autores (DINIZ, 1999, p. 137; OLIVEIRA, 2001, p. 71) referem-se ao registro de óbitos como se esta determinação da Lei 6.015/73 representasse a prova da morte. Não concordamos com tal entendimento, a despeito da inegável força probante da certidão de óbito com fé pública.

No entanto, a verdade dos fatos pode ser provada por todos os meios legais e moralmente legítimos (art. 232 do CPC). A veracidade do fato morte decerto não excepciona essa regra. Cabe ao interessado o ônus da prova. Neste sentido, o herdeiro pode requerer judicialmente, mediante justificação, a fim de obter o assento de óbito, a morte do genitor. Terá, todavia, que provar a morte.

Com efeito, na impossibilidade de exame cadavérico pelo desaparecimento do corpo, nos casos de incêndio, naufrágio, guerra, terremoto e outras catástrofes, a lei admite a justificação judicial – Lei de Registros Públicos (Lei 6.015/73), art. 88.

Nos casos de enterro sem o atestado do médico ou de duas pessoas qualificadas, assinam a declaração duas testemunhas que tenham assistido ao funeral por conhecimento próprio ou por informação (art. 83).

Mas a determinação legal é para que nenhum *sepultamento* seja feito sem a certidão do oficial de registro extraída do assento de óbito.

A morte deve ser atestada por médico ou, na falta deste, por duas pessoas qualificadas que tiverem presenciado ou verificado a morte (art. 77 da Lei 6.015/73).

A lei obriga fazer declaração de óbito aos familiares, cônjuges, filhos, irmãos, hóspedes, agregados, empregados, administradores, gerentes, diretores; na falta destes, médicos, sacerdotes, vizinhos e policiais, no caso de pessoas encontradas mortas (art. 79 da LRP).

O assento de óbito deverá conter hora, dia, mês e ano do falecimento; lugar; nome completo, sexo, idade, cor, estado civil, profissão, naturalidade e domicílio; estado civil e nome do cônjuge, se for o caso; se deixou testamento conhecido; se deixou filhos, com nomes respectivos e idades; se era eleitor; o número de inscrição de pelo menos um dos documentos: Identidade, PIS/PASEP, CPF; se a causa da morte foi natural ou violenta; nomes dos atestantes e do lugar do sepultamento (art. 80 da LRP).

No caso de pessoa desconhecida, o assento deverá conter declarações e conter indicações que ajudem no futuro reconhecimento, como estatura média, cor, sinais aparentes, idade aparentada, vestimentas etc. Nestes casos, sempre que possível, deve ser extraída a individual dactiloscópica (art. 81 da LRP).

2.12 Registro e Averbação

É imprescindível a certos atos da vida civil a formalização do registro ou da averbação no Registro Público a fim de obtenção de sua autenticidade, segurança e eficácia. Segue que o registro e a averbação exarados em Registro Público conferem publicidade e asseguram direitos tanto para o seu titular quanto para terceiros.

Averbação é a anotação exarada à margem de documentos pelo oficial do Registro. Não se confunde com o registro, ato ou efeito de inscrever ou transcrever fatos, títulos e documentos. Averbam-se alterações, modificações em documentos inscritos no registro público.

Neste sentido, o Código Civil estabelece:

> *Art. 9.º Serão registrados em registro público:*
>
> *I – os nascimentos, casamentos e óbitos;*
> *II – a emancipação por outorga dos pais ou por sentença do juiz;*
> *III – a interdição por incapacidade absoluta ou relativa;*
> *IV – a sentença declaratória de ausência e de morte presumida.*

E no art. 10, complementa:

> *Art. 10. Far-se-á averbação em registro público:*
>
> *I – das sentenças que decretarem a nulidade ou anulação do casamento, o divórcio, a separação judicial e o restabelecimento da sociedade conjugal;*
> *II – dos atos judiciais ou extrajudiciais que declararem ou reconhecerem a filiação;*
> *III – dos atos judiciais ou extrajudiciais de adoção.*

A matéria encontra-se regulada na Lei 6.015/73 (Lei de Registros Públicos), que, resumidamente, determina, para o registro das pessoas naturais:

2.12.1 Nascimento

Todo nascimento em território nacional deve ser registrado, no lugar do parto ou do domicílio dos pais, no prazo de 15 dias, ou 3 meses nos lugares distantes mais de 30 quilômetros. Índios não integrados não estão obrigados, podendo serem inscritos em livro próprio do órgão federal – FUNAI (art. 50).

2.12.2 Casamento

Logo depois de celebrado o matrimônio, será lavrado assento assinado pelo presidente do ato, cônjuges e pelo menos duas testemunhas. Do registro constará o conjunto de informações sobre os cônjuges, como nome, estado civil, domicílio, profissão, naturalidade, dos pais e da filiação, se houver, do regime de casamento, conforme disciplina o art. 70 da LRP.

2.12.3 Óbito

O sepultamento será feito mediante a certidão do oficial de registro do lugar do óbito, em vista do atestado de médico ou de duas pessoas qualificadas que tiverem presenciado a morte (art. 77).

2.12.4 Emancipação

A emancipação do menor de 18 anos outorgada pelos pais detentores do poder familiar ou do menor sob tutela mediante sentença judicial será feita, em quaisquer dos casos, nos termos dos arts. 89 a 91 da LRP.

2.12.5 Interdição

As interdições por incapacidade absoluta ou relativa serão registradas no mesmo cartório em livro especial (arts. 89 e 92 da LRP). A divulgação de editais pela imprensa local é requisito processual da interdição (CPC, art. 1.184).

2.12.6 Ausência e morte presumida

A sentença que declarar a ausência e nomear curador será registrada no cartório do domicílio anterior do ausente, com as mesmas cautelas e efeitos dos registros de interdição.

Quanto à morte presumida, seja ela conseqüência da ausência ou de casos especiais previstos no Código de 2002, como probabilidade de morte em situação de perigo de vida ou pela participação em campanha de guerra, enfim, em quaisquer dos casos, a sentença deverá ser inscrita no registro público.

Tendo em vista a LRP de 1973 não regular ditos casos, como aliás não poderia fazê-lo, as novas situações do Código Civil não derrogam ou revogam as normas de registro da Lei 6.015/73.

Mas o novo Código prevê situações não reguladas na lei anterior e lhes determina o registro público. Segue que falta regulamentação ao registro determinado. Com efeito, a solução esperada, que é proceder ao registro público da morte presumida, com ou sem declaração de ausência, da mesma forma como se procede com o registro da sentença declaratória de ausência, nada obstante lógica, sistemática e condizente com o interesse público e a finalidade da lei, não é lei.

Relativamente às disposições do art. 10 do CC, averbam-se as sentenças de nulidade ou anulação referentes ao estado das pessoas, como casamento, divórcio, separação judicial e restabelecimento da sociedade conjugal. Conforme assinalamos anteriormente, a averbação se faz onde há o registro. Dessa forma, as mudanças de estado aqui elencadas devem ser averbadas à margem do assento. Somente no caso de falta de espaço se fará em livro corrente com as notas e remissões recíprocas que facilitem a busca (art. 89 da LRP). Importante ressaltar que a averbação será feita após o trânsito em julgado da sentença.

No que concerne aos atos judiciais e extrajudiciais que declararem ou reconhecerem a filiação e também a adoção, o novo dispositivo reduz os embaraços dos atos pertinentes ao reconhecimento de paternidade e da adoção, sem, todavia, retirar a sua importância.

Toda adoção se faz por meio de processo judicial, com o formalismo previsto na lei. Depois de ultrapassar esta fase, a sentença extingue os vínculos consangüíneos e constitui uma relação do parentesco civil. A sentença de adoção será averbada à margem do registro civil do adotado.

QUADRO SINÓTICO

PESSOA NATURAL

1. Conceito: ente físico ou natural susceptível de direitos e deveres.

Toda pessoa é capaz de direitos e deveres na ordem civil. (art. 1.° do CC)

2. **Personalidade:** atributo do titular de direitos e deveres.

3. **Capacidade:** critério legal para medir a personalidade.

    3.1 **Capacidade de direito:** aptidão para ser titular de direitos e deveres.
    3.2 **Capacidade de fato:** aptidão para exercer pessoalmente os atos da vida civil.

4. **Começo da personalidade:** nascimento com vida (art. 2.°), ressalvados os direitos do nascituro, que é o ser humano concebido, com vida uterina, porém ainda não nascido.

5. **Incapacidade:** absoluta (art. 3.°) e relativa (art. 4.°)

    5.1 **Absolutamente incapazes:** menores de 16 anos; enfermos e deficientes mentais sem discernimento; os que não puderem exprimir sua vontade, mesmo por motivo transitório.
    5.2 **Relativamente incapazes:** maiores de 16 e menores de 18 anos; ébrios habituais; excepcionais sem desenvolvimento mental completo; pródigos.

6. **Cessação da incapacidade** (art. 5.°)**:** concessão dos pais ou sentença judicial; casamento; exercício de emprego público efetivo; colação de grau de curso superior; estabelecimento civil, comercial com renda própria, emprego.

7. **Fim da personalidade:** com a morte (art. 6.°).

8. **Morte presumida** (art. 7.°)

    8.1 **Declaração da morte presumida sem decretação da ausência**

        a. Extrema probabilidade em face de perigo de vida
        b. Desaparecido em campanha ou prisioneiro de guerra não encontrado após o fim do conflito

9. **Comoriência:** presunção de morte simultânea de duas ou mais pessoas (art. 8.°).

10. **Registro:** ato ou o efeito de inscrever ou transcrever fatos, títulos e documentos no Cartório de Ofícios e Registros Públicos – nascimentos, casamentos, óbitos, emancipação por outorga dos pais ou por sentença do juiz; interdição por incapacidade absoluta ou relativa, sentença declaratória de ausência ou de morte presumida (art. 9.°).

11. **Averbação:** anotação exarada à margem de documentos pelo oficial do registro relativas a sentenças que decretarem a nulidade ou anulação do casamento, o divórcio, a separação judicial e o restabelecimento da sociedade conjugal, atos judiciais ou extrajudiciais que declararem ou reconhecerem a filiação e adoção (art. 10).

capítulo 3

Direitos da Personalidade

3.1 Disposições Gerais

Os direitos da personalidade são próprios do homem, pois inerentes à pessoa humana. Em certo sentido são ontológicos, pois caracterizam o próprio ser. São *inatos*, porquanto existem desde o momento da concepção da vida. Nascem com o ser humano e a ele se incorporam ao longo da vida. A lei os protege inclusive depois da morte, quando confere aos sucessores e herdeiros a legitimidade para a ação de perdas e danos morais. São direitos indisponíveis, uma vez que o titular não pode dispor livremente dos direitos da personalidade de acordo com a própria vontade, submetendo-se às limitações de interesse público, social e dos bons costumes. Assim, são irrenunciáveis, intransmissíveis, impenhoráveis e imprescritíveis, sendo tais características regra que conhece algumas exceções. Tome-se o exemplo do doador de órgão após a morte, ou a exposição da imagem pessoal em documento. Ora, se pela regra é defesa a disposição do próprio corpo, o caso referido é uma exceção. A regra assegura o direito à imagem, mas no caso é abrandada pela necessidade de administração da justiça e pelo interesse de ordem pública, assim o direito à imagem – regra – não é escusa para recusar-se à fotografia constante de documentos de identificação pessoal, como a cédula de identidade e o passaporte.

No âmbito constitucional, os direitos da personalidade estão consubstanciados nos diversos dispositivos do art. 5.º referentes à vida, à liberdade, à igualdade e à honra, especificamente o inciso X: "são invioláveis a intimidade, a vida privada, a honra e a imagem das pessoas, assegurado o direito a indenização pelo dano material ou moral decorrente de sua violação".

O Estatuto criminal dedica um título inteiro aos *crimes contra a pessoa*. Neste sentido, o Código Penal tipifica os crimes e comina as penas visando à proteção da pessoa e da sociedade. São eles: crimes contra a vida, como homicídio, induzimento, instigação ou auxílio ao suicídio, infanticídio e aborto, arts. 121 a 128; lesões corporais, art. 129; periclitação da vida e da saúde, arts. 130 a 136; crimes contra a honra, como calúnia, difamação e injúria, arts. 138, 139 e 140; crimes contra a liberdade individual, como constrangimento ilegal, ameaça, seqüestro e cárcere privado, redução à condição análoga à de escravo, arts. 146 a 149; crimes contra a inviolabilidade do domicílio, da correspondência e dos segredos, arts. 150 a 154.

A disciplina dos direitos da personalidade em capítulo específico do Código Civil, todavia, é inovação do Digesto de 2002. Diz:

> *Art. 11. Com exceção dos casos previstos em lei, os direitos da personalidade são intransmissíveis e irrenunciáveis, não podendo o seu exercício sofrer* limitação voluntária. [grifo nosso]

Assim, o Código Civil estabelece que, voluntariamente, os direitos da personalidade não podem sofrer limitações e que tais direitos são irrenunciáveis, intransmissíveis e ilimitados, salvo nos casos previstos em lei. Mas disse pouco.

Cuida-se de direitos inerentes à própria pessoa, como o direito à integridade física e psíquica, à vida, ao nome, à honra, à imagem, à vida privada, à privacidade, à autoria, direitos personalíssimos que vão além das três características referidas no Código Civil.

Com efeito, direitos da personalidade não inatos da pessoa e a ela inerentes, assim, não se transmitem, não se renunciam nem se limitam. Também não se alienam, não prescrevem, não se dão em garantia, não se penhoram, não se expropriam. São direitos gozados e exercidos pela pessoa própria, plenamente, incondicionalmente.

3.2 Tutela Legal dos Direitos da Personalidade

Determina o estatuto civil que:

> *Art. 12. Pode-se exigir que cesse a ameaça, ou a lesão, a direito da personalidade, e reclamar perdas e danos, sem prejuízo de outras sanções previstas em lei.*
>
> *Parágrafo único. Em se tratando de morto, terá legitimação para requerer a medida prevista neste artigo o cônjuge sobrevivente, ou qualquer parente em linha reta, ou colateral até o quarto grau.*

O parágrafo único deste artigo atribui legitimação ao cônjuge sobrevivente e aos parentes para requererem indenização de perdas e danos do morto.

O escopo da norma é resguardar os direitos da personalidade. Sendo assim, prevê situações de ameaça quando a violação aos ditos direitos ainda não foi consumada e também depois de consumada. O ordenamento jurídico possui os instrumentos idôneos para fazer cessar ameaças a direitos por meio de medidas cautelares, presentes os requisitos de perigo na demora e fumaça do bom direito. Não se excluem também o remédio liminar de pedido antecipado de tutela, nos casos cabíveis. A ação ordinária de perdas e danos tem por fim ressarcir os prejuízos sofridos pelo titular do direito violado e, em se tratando de direitos da personalidade, a lei legitima também o cônjuge sobrevivente, parentes em linha reta e colaterais até o 4.º grau. Quando a lei civil diz "sem prejuízo de outras sanções" faz a distinção, porque são independentes as sanções de natureza civil, consistentes no pagamento da indenização de perdas e danos, das sanções criminais e administrativas cabíveis.

3.2.1 Direito à vida e à integridade física

A vida humana é o valor *fundamental* da própria pessoa e da sociedade. A proteção da vida é um primado a partir do qual os demais postulados de proteção jurídica se assentam.

A Constituição Federal assegura a todos, no art. 5.º, *caput*, a inviolabilidade do direito à vida.

A integridade física e psíquica da pessoa é inviolável, não devendo sofrer limitações de qualquer espécie, razão pela qual a mera ameaça a esses direitos constitui crime.

O Código Civil trata da matéria nos arts. 13 a 15, conforme será demonstrado.

> *Art. 13. Salvo por exigência médica, é defeso o ato de disposição do próprio corpo, quando importar diminuição permanente da integridade física, ou contrariar os bons costumes.*
>
> *Parágrafo único. O ato previsto neste artigo será admitido, para fins de transplante, na forma estabelecida em lei especial.*

A Lei 9.434/97 regula a matéria, pois dispõe sobre a remoção de órgãos, tecidos e partes do corpo humano para fins de transplante e tratamento. A pessoa capaz juridicamente pode dispor gratuitamente de tecidos ou órgãos do próprio corpo para fins de transplante ou terapêuticos (art. 9.º) e, no mesmo sentido, a retirada *post mortem* deve ser precedida de diagnóstico de morte encefálica (art. 3.º).

Nesta conformidade, pode-se falar em disponibilidade relativa do próprio corpo, tecidos ou órgãos. A regra não é absoluta exatamente porque excepciona com a doação voluntária de tecidos e órgãos para fins de transplantes ou de tratamento médico. Mas não se deve arriscar a vida ou comprometer a integridade física da pessoa do doador, tampouco contrariar os bons costumes.

A lei excepciona a indisponibilidade em atos gratuitos com elevado valor humanístico e altruístico, como o transplante, o tratamento médico e a pesquisa científica.

Se a lei regula a disponibilidade do próprio corpo em vida para fins terapêuticos e de transplante, não poderia deixar de regular as situações de morte encefálica constatada por dois médicos.

Entre nós, a condição de doador para os fins referidos, ou seja, *post mortem*, era presumida na regência do art. 4.º da Lei 9.434/97, porquanto exigia-se a manifestação expressa de "não doador de órgãos e tecidos" a ser inscrita nas carteiras de identidade e de habilitação. Seguia-se a disciplina do art. 14 do Decreto 2.268, de 30 de junho de 1997, pelo qual essa retirada de órgãos após a morte, salvo objeção expressa do falecido, podia ser efetuada independente de consentimento da família. No entanto, a Lei 10.211, de 23 de março de 2001, alterou o art. 4.º da Lei 9.434/97, de forma que pela norma em vigor se exige a autorização do cônjuge ou de parentes, devidamente firmada em documento subscrito por duas testemunhas presentes à verificação da morte.

Nesta conformidade, o art. 14 do Código Civil afigura-se excrescência porque não traz nenhuma novidade sobre a doação ou a revogação do ato de disposição de órgão ou do corpo *post mortem* que já não esteja regulada na Lei 9.434/97 alterada pela Lei 10.221/01. Repete o Código Civil:

> *Art. 14. É válida, com objetivo científico, ou altruístico, a disposição gratuita do próprio corpo, no todo ou em parte, para depois da morte.*
>
> *Parágrafo único. O ato de disposição pode ser livremente revogado a qualquer tempo.*

No caso dos "cadáveres sem dono", assim entendidos os sem documentos que os identifiquem ou sem qualquer informação relativa a parentes, responsáveis ou endereço, sob a guarda de autoridades públicas, não reclamados no prazo de 30 dias, podem ser destinados às escolas de medicina para fins de ensino e pesquisa científica (arts. 2.º e 3.º da Lei 8.501/92).

3.2.2 Direito ao nome

No âmbito da doutrina se discute a natureza jurídica do nome, ora como propriedade, ora como obrigação civil, ora como direito personalíssimo. O Código Civil pátrio situa o nome entre os direitos da personalidade.

Neste sentido, toda pessoa tem direito a um nome. O nome individualiza a pessoa no âmbito familiar e social. O nome da pessoa compreende o *prenome* e o *sobrenome* ou apelido de família. Reconhece-o como direito da personalidade o Código Civil:

> *Art. 16. Toda pessoa tem direito ao nome, nele compreendidos o prenome e o sobrenome.*

Quanto ao prenome, este pode ser atribuído livremente pelos pais ou responsáveis no momento do registro, embora os oficiais de registro público possam recusar os nomes jocosos ou que exponham os seus portadores ao ridículo (parágrafo único do art. 55 da Lei 6.015/73). Existem prenomes simples como Antônio, José, Maria e compostos como Antônio José e José Maria.

O sobrenome se transmite dos pais para os filhos e indica a estirpe ou linhagem, que atualmente poderá ser paterna, materna ou ambas. Na filiação voluntária o reconhecimento é espontâneo, mas pode haver também a filiação determinada em decisão judicial. Voluntária ou judicial, estabelece-se entre o filho e os genitores um vínculo de parentesco que implica o direito de incorporação dos sobrenomes dos pais.

Segue que também se incorporam sobrenomes ou apelidos familiares nos casos de adoção, casamento ou união estável, requerendo-se.

Se tomarmos à guisa de exemplo o nome "Salomão Sarmento", "Salomão" representa o prenome que identifica o membro da família que é de sobrenome "Sarmento". O sobrenome indica a estirpe familiar. Salomão denominou o seu primogênito de Francisco – poderia escolher qualquer outro prenome (João, José, Antônio, Lucas etc.) mas não poderia escolher qualquer outro sobrenome, mas apenas da família Sarmento, ou Martins, sobrenome de Rosa, mulher de Salomão. Foi registrado com o nome Francisco de Assis (prenome composto) Martins Sarmento (sobrenomes materno e paterno, respectivamente). Quanto ao sobrenome, poderia ficar com o paterno, o materno ou com ambos.

Relativamente à adição de sobrenome em face de matrimônio, houve uma significativa modificação no Código Civil de 2002, que rompeu com o viés patriarcal do Código de 1916. Com efeito, antes da vigência do Código atual, somente à mulher era dado aditar o sobrenome do marido. Em nossos dias, querendo, qualquer dos cônjuges pode acrescer o sobrenome do outro, ou seja, o marido, querendo, também pode adotar o sobrenome de família da mulher. O dispositivo atende à isonomia constitucional já tantas vezes referidas.

No passado, se Luiz Araújo casava-se com Austrina Lima, apenas Austrina poderia adotar o Araújo, apelido de família do marido, passando a se chamar Austrina Lima de Araújo. Mas nos casamentos a partir da vigência do Código atual, Luiz Araújo pode requerer a adoção do Lima da nubente e ficará Luiz Araújo Lima.

Também se pode aditar o sobrenome judicialmente, nos casos de adoção e de união estável, quando requerido.

Até um ano após atingir a maioridade civil, a pessoa pode alterar seu nome, desde que não prejudique os sobrenomes de família, mediante averbação e publicação na imprensa. Qualquer alteração posterior deverá ser requerida judicialmente e motivada. Assim ocorre com os nomes jocosos, erros materiais de grafia etc., a teor dos arts. 56 e 57 da Lei 6.015/73.

A lei civil protege o nome da pessoa de qualquer publicação ou divulgação que importe em desprezo, enxovalho, devendo os responsáveis pela divulgação responder pelos danos materiais e morais independentemente de culpa, pois se trata de direito à honra objetiva subjacente ao nome. É o teor do art. 17 do Código de 2002:

> *Art. 17. O nome da pessoa não pode ser empregado por outrem em publicações ou representações que a exponham ao desprezo público, ainda quando não haja intenção difamatória.*

Segue que a utilização do nome da pessoa para fins comerciais ou publicitários depende de sua autorização, na dicção do artigo seguinte:

> *Art. 18. Sem autorização, não se pode usar o nome alheio em propaganda comercial.*

A lei proíbe a utilização do nome à revelia do titular, de modo que não há impedimento legal à divulgação devidamente autorizada, sem relevância jurídica para a tutela em comento, se o uso é gracioso ou oneroso, se os fins são altruístas ou *marketing* para venda de produtos.

Finalmente, em relação ao nome, a lei civil protege o pseudônimo, redundante dizer que usado em atividade lícita, uma vez que a lei jamais tutela o ilícito, da mesma maneira que protege o nome:

> *Art. 19. O pseudônimo adotado para atividades lícitas goza da proteção que se dá ao nome.*

3.2.3 Direitos à imagem, ao sigilo e autorais

O Código permite interpretação bastante ampla do direito de imagem. Provavelmente, em virtude da vastidão de significados de *imagem da pessoa*. Neste sentido, abre-se imenso labirinto com inúmeras possibilidades, que vão da proteção à imagem física da pessoa, ao direito ao sigilo, passando pelo direito autoral.

Com efeito, o Digesto civil de uma só estocada protege a transmissão de palavra, a divulgação de escritos e a imagem da pessoa de sua publicação, exposição e utilização, ressalvado-se os casos autorizados pela própria pessoa, a administração da justiça e o interesse de ordem pública.

Dessa forma, têm-se como direitos conexos à intimidade o direito ao sigilo e o direito autoral à não divulgação de palavra, escrita ou falada, e o direito à honra e à boa fama. Mas conexão, nestes termos, rigorosamente, há com todos os direitos da personalidade.

Mas o Código de 2002 tutela o direito de imagem, no sentido corporal ou físico, entendida como a imagem em fotografias, desenhos, pinturas, cartazes, filmes, representações ou qualquer forma de expressão e também a voz, os escritos, músicas, documentos particulares, diários, papéis pessoais, enfim, qualquer coisa ou meio identificador da pessoa individualmente.

Na reparação civil do dano à imagem, o lesado pode requerer a indenização por dano material e moral.

Pela dicção do Código:

> *Art. 20. Salvo se autorizadas, ou necessárias à administração da justiça ou à manutenção da ordem pública, a divulgação de escritos, a transmissão da palavra, ou a publicação, a exposição ou a utilização da imagem de uma pessoa poderão ser proibidas, a seu requerimento e sem prejuízo da indenização que couber, se lhe atingirem a honra, a boa fama ou a respeitabilidade, ou se se destinarem a fins comerciais.*

Parágrafo único. Em se tratando de morto ou de ausente, são partes legítimas para requerer essa proteção o cônjuge, os ascendentes ou os descendentes.

3.2.4 Direito à privacidade

A preocupação em preservar a vida diante da corrosão, sempre que existe o abuso de poder, tem inspirado a imaginação de escritores e desafiado estudiosos. As civilizações antigas como a da Roma clássica já se preocupavam em distinguir os espaços privados e públicos, daí a clássica dicotomia do direito romano.

Referindo-se à crescente invasão da vida privada, RENÉ ARIEL DOTTI ressalta a "erosão da privacidade" (1980, p. 176).

Se a vida dos semoventes no pasto e a ausência de maus-tratos físicos são suficientes ao desenvolvimento, a vida humana não consiste, tampouco se basta, na mera subsistência.

Com efeito, não basta assegurar o direito à vida, ou estar vivo. Existir humanamente pressupõe dignidade, identidade, honra e privacidade, que devem ser protegidas pelo direito. PEDRO FREDERICO CALDAS leciona que "a ninguém compraz, mesmo que preservada a vida, viver sem honra, sem identidade ou sem um mínimo de privacidade" (1997, p. 72).

A privacidade tem proteção constitucional, ou seja, há o direito à inviolabilidade domiciliar e à garantia do sigilo de comunicações telefônicas e telegráficas, ao sigilo dos dados fiscais e bancários e ao sigilo profissional. O sigilo profissional, como bem leciona TÉRCIO SAMPAIO FERRAZ vai além da privacidade do indivíduo, pois alcança a privacidade de terceiros e também envolve a segurança do Estado (1992, p. 144).

O direito à intimidade limita ou restringe a publicidade indesejável, obsta o devassamento do que não diz respeito ao público em geral, impede a divulgação pessoal considerada confidencial. Este direito contrapõe-se à "erosão da privacidade", à invasão da vida privada da pessoa natural por pessoas desconhecidas e não autorizadas.

Assim, a espécie de direitos da personalidade destina-se a proteger a privacidade do indivíduo e de sua família, a privacidade dos negócios contra as indiscrições e contra terceiros. O campo do direito à privacidade, portanto, é mais amplo que o do direito à intimidade, e abrange confidências, informações, decisões de diretorias, dados pessoais, recordações, memórias, diários, relações familiares, vida sentimental e conjugal, lazer, costumes domésticos, sepultura, estado de saúde (BITTAR, 1989, p. 70).

Nesta conformidade, o Código Civil de 2003 estabelece:

> *Art. 21. A vida privada da pessoa natural é inviolável, e o juiz, a requerimento do interessado, adotará as providências necessárias para impedir ou fazer cessar ato contrário a esta norma.*

Na proteção efetiva do direito à privacidade, o juiz, quando provocado, pode conceder liminar às medidas cautelares, sem prejuízo de condenação do causador da violação a ressarcir os danos material e moral.

QUADRO SINÓTICO

DIREITOS DA PERSONALIDADE

1. **Conceito:** direitos inerentes ao próprio ser humano e a sua pessoa.

2. **Direitos da personalidade:** nome, integridade física, honra, intimidade, imagem, sigilo.

3. **Constituição Federal:** são invioláveis a intimidade, a vida privada, a honra e a imagem das pessoas, assegurado o direito de indenização pelo dano material ou moral decorrente de sua violação (art. 5.º, X).

4. **Características:** intransmissíveis, irrenunciáveis, indisponíveis, inatos, vitalícios e imprescritíveis.

5. **Proteção legal:** ameaça ou lesão a direito = ordem judicial para cessar sem prejuízo de condenação por danos materiais e morais.

capítulo 4

Ausência

4.1 Disposições Gerais

O novo estatuto civil retirou o ausente do rol de incapacidade civil, dando tratamento próprio ao instituto, diferentemente do Código de 1916, que incluía os ausentes declarados pelo juiz entre as pessoas absolutamente incapazes no art. 5.º, IV. Diga-se, porém, a doutrina fustigava com razão o tratamento do antigo Código, pela inadequação da ausência no âmbito da incapacidade.

O Código de 2002 obra em situar a curadoria dos bens dos ausentes e a sucessão provisória e definitiva no Capítulo III da Parte Geral (arts. 22 a 39). No entanto, a curatela do ausente estaria melhor albergada no livro de família, o qual regula a tutela e a curatela ou, então, no livro das sucessões, posto que a matéria trata de sucessão provisória e definitiva. Mas, em qualquer dos casos, a localização mais adequada seria na Parte Especial e não na Parte Geral.

Na inteligência do art. 22 do Código Civil, havendo requerimento dos interessados ou do Ministério Público, judicialmente, será declarada a ausência e nomeado curador à pessoa desaparecida de seu domicílio, sem notícia e sem deixar representante ou procurador para cuidar de seus bens.

A lei civil também prevê a declaração de ausência de quem haja deixado procurador, no caso de este não aceitar o mandato ou de insuficiência dos poderes a ele conferidos (CC, art. 23).

Assim, desaparecendo a pessoa do seu domicílio sem deixar procurador ou tendo-o deixado, o mandatário não quis ou não pôde exercer o mandato, sem que haja notícia de seu paradeiro, não é razoável deixar que os bens existentes pereçam à míngua de administrador.

Daí a importância da declaração judicial da ausência e da constituição da curatela a fim de resguardar os bens do ausente até o seu aparecimento ou da abertura da sucessão.

Com efeito, da incerteza sobre a situação real do ausente, sem saber se permanece vivo ou se morreu, resulta não se poder estabelecer imediatamente a sucessão.

4.2 Curadoria dos Bens do Ausente

Relativamente aos bens do ausente, estes não podem ficar indefinidamente sem alguém para administrá-los, sob pena de desvalorização, deterioração e perecimento.

Nada obstante bens privados, a conservação do patrimônio abandonado pelo titular tem relevância social e interessa à ordem pública, o que justifica a decretação da curadoria dos bens do ausente e a presença do Ministério Público em todas as fases do processo.

Na nomeação judicial são determinadas as obrigações e os poderes do curador (CC, art. 24). Cabe ao juiz determinar as diligências e obrigações do curador, em conformidade com as normas aplicáveis à tutela e à curatela.

A doutrina costuma distinguir a curadoria *legítima* da curadoria *judicial*, conforme a nomeação do curador recaia sobre um parente do ausente ou, na falta destes, em pessoa escolhida pelo juiz.

Na curadoria *legítima* a nomeação do curador deve observar uma ordem: primeiro, o cônjuge, excluindo-se o separado judicialmente ou de fato por mais de dois anos; depois os pais; e finalmente os descendentes, os mais próximos excluindo os mais distantes.

Nessa precedência do cônjuge exige-se a constância do estado de casado, ou seja, estar casado de direito e de fato. No caso de ausente solteiro, divorciado, separado judicialmente ou separado de fato há mais de dois anos, a nomeação recairá sobre um dos genitores, o pai ou a mãe. Na falta destes, nomear-se-á descendente com idoneidade para exercer a curatela, observando-se a ordem legal, os mais próximos precedendo aos mais distantes. Assim, entre parentes na linha reta, como filho e neto, nomear-se-á ao primeiro, salvo se este não possuir idoneidade para exercê-la. Na linha colateral, o parentesco de 2.º grau exclui o de 3.º, este o de 4.º grau, a teor do disposto no art. 25 do Código Civil.

Na disciplina do Código Processual Civil, o juiz determinará a arrecadação de bens do ausente e nomeará o curador (art. 1.160), e depois de arrecadados os bens, mandará publicar editais durante um ano (reproduzidos a cada dois meses, ou seja, em seis publicações) anunciando a arrecadação dos bens e chamando o ausente a fim de se apossar de seus bens (CPC, art. 1.161). Mas a curadoria cessará se o ausente, ou seu procurador, comparecer; se a morte for dada como certa; e quando da sucessão provisória (art. 1.162, I a III).

Com efeito, qualquer que seja a situação, é mister preservarem-se os bens do ausente, não deixando que o patrimônio pereça. Neste sentido, cuidou o legislador de estabelecer, primeiramente, a curadoria dos ausentes (arts. 22 a 25 do CC e 1.159 do CPC) e, em seguida, fixando as regras da sucessão, que subdividiu em provisória (CC, arts. 26 a 36) e definitiva (arts. 37 a 39 do CC).

O diploma processual civil prevê que cessa a curadoria dos bens do ausente nos casos de seu comparecimento ou de procurador ou representante, de certeza da morte e na *abertura da sucessão provisória* (CC, art. 1.162, I a III).

4.3 Sucessão Provisória

Se o ausente não deixou representante, a *sucessão provisória* pode ser requerida, judicialmente, pelos interessados um ano depois da arrecadação dos bens do ausente. Neste caso, a curadoria perdurará por apenas um ano, isto é, até a abertura da sucessão provisória.

Mas, se o ausente deixou representante que não pôde ou não quis exercer o mandato, os interessados só poderão requerer que se declare a ausência e se abra a sucessão provisória passados três anos. Como a curadoria dos bens do ausente perdura até a abertura da sucessão provisória, quando os herdeiros e sucessores são imitidos na posse dos bens do ausente, neste caso a incumbência da curadoria dura os três anos.

Os deveres do curador são regulados na lei processual e consistem, basicamente, em representar em juízo e fora dele o ausente, arrecadar e bem guardar os bens do ausente, assegurar direitos de herdeiros, prestar contas ao juiz, mensalmente e no final da gestão (CPC, art. 1.144). Tais incumbências cessam com a abertura da sucessão.

Pela lei, são consideradas partes interessadas na sucessão o cônjuge não separado judicialmente, os herdeiros presumidos, legítimos ou testamentários, os que tiverem sobre os bens do ausente direito dependente de sua morte e os credores de obrigações vencidas e não pagas (CC, art. 27).

A sentença de abertura da sucessão provisória somente produz efeito 180 dias depois de publicada pela imprensa. Após o trânsito em julgado dessa sentença, proceder-se-á à abertura do testamento (se houver) e do inventário e partilha de bens como se o ausente fosse falecido (CC, art. 28).

Esgotado o prazo de 30 dias do trânsito em julgado da sentença que declarar a abertura da sucessão provisória, não aparecendo herdeiro ou interessado em requerer o inventário, caberá ao Ministério Público requerer a *herança jacente*.

A lei atribui ao juiz avaliar a conveniência de conversão de bens, a fim de assegurar o patrimônio do ausente, no caso de seu retorno. Assim, antes da partilha, se julgar conveniente, o juiz determinará a conversão em imóveis ou em títulos garantidos pela União, dos bens móveis sujeitos a deterioração ou extravio (CC, art. 29).

A teor do art. 30, os herdeiros, para serem imitidos na posse dos bens do ausente, darão garantias de restituição, mediante penhor ou hipoteca proporcional aos bens recebidos, exceto se se tratar de cônjuge, ascendente, ou descendente comprovadamente herdeiros, que são imitidos na posse independentemente de garantia. No caso de não poder dar garantia, ficará excluído o quinhão que lhe cabia e ficará sob a administração de curador ou de outro herdeiro designado pelo juiz que prestar a respectiva garantia.

Quanto à alienação de bens imóveis, a lei exige ordem judicial no caso de desapropriação ou hipoteca para evitar a ruína do imóvel (CC, art. 31).

A representação ativa e passiva do ausente cabe aos sucessores provisórios depois de empossados nos bens, contra os quais correm as ações judiciais pendentes e futuras. Anote-se que os sucessores imitidos na posse provisória passam a responder pelos bens do ausente, pois a curadoria cessa a sucessão, mesmo provisória (CC, art. 32).

No que diz respeito aos frutos e rendimentos de bens do ausente, o descendente, o ascendente ou o cônjuge que for sucessor provisório do ausente terá a propriedade dos frutos e rendimentos dos bens a ele destinados. Os outros sucessores deverão capitalizar metade dos frutos e dos rendimentos, de tudo prestando contas anuais ao juiz. No caso de aparecer o ausente e ficar provado que a ausência foi voluntária e injustificada, o ausente perderá a sua parte nos frutos e rendimentos em favor do sucessor, na dicção do art. 33 do CC.

O sucessor excluído da posse provisória, à míngua de garantia, se justificar a sua impossibilidade de prestar a garantia exigida à imissão na posse provisória, pode requerer metade dos frutos e rendimentos do quinhão que lhe seria destinado (CC, art. 34).

Durante a posse provisória, se houver certeza da data do falecimento do ausente, considerar-se-á esta a data da abertura da sucessão provisória, em favor dos herdeiros. Logicamente, a partir da data da morte do ausente, o direito à sucessão passa a ser definitivo para os herdeiros (CC, art. 35).

No entanto, se o ausente aparecer depois da posse provisória, cessam, desde logo, todas as vantagens dos sucessores, os quais se obrigam às medidas que assegurem a entrega dos bens ao seu dono (CC, art. 36).

4.4 Sucessão Definitiva

A *sucessão definitiva* pode ser requerida dez anos depois do trânsito em julgado da sentença de abertura da sucessão provisória. Nesta ocasião os interessados, querendo, farão o levantamento das cauções prestadas (CC, art. 37). Deve-se observar que a sucessão definitiva importa na aquisição da propriedade dos bens do ausente, nada obstante sujeita à *condição resolutiva* de retorno do ausente e ao levantamento das cauções prestadas.

O prazo da sucessão definitiva é reduzido à metade em se tratando de ausente octogenário cujas últimas notícias, comprovadamente, datem de mais de cinco anos. O art. 38 do CC adota a mesma disciplina do art. 1.167, III, do CPC.

No tocante ao regresso do ausente, o *caput* do art. 39 do estatuto civil repete a dicção do art. 1.168 do CPC. Dizem ambos que, regressando o ausente no prazo de dez anos da abertura da sucessão definitiva, ou algum de seus descendentes ou ascendentes, terá os bens existentes no estado e condições em que se acharem. Aqui a lei civil prevê a situação em que o ausente retorne, ou algum sucessor excluído, nos dez anos seguintes à sucessão definitiva. Neste caso, respeita-se o direito de terceiros, pois só poderão requerer judicialmente os bens como se encontrarem, os bens sub-rogados em seu lugar ou o preço recebido pelos herdeiros.

Declara-se a *vacância dos bens do ausente* se no decênio aludido no artigo o ausente não regressar depois da sucessão definitiva, ou se nenhum interessado promover a sucessão definitiva. Se isto ocorrer, os bens arrecadados passarão ao domínio do Município, do Distrito Federal, ou da União, conforme a localização nas respectivas circunscrições, a teor do parágrafo único do art. 39 do Código Civil.

Quadro Sinótico

Ausência

1. **Conceito:** pessoa desaparecida do seu domicílio sem que dela se tenha notícia ou se conheça o destino, sem procurador para administrar-lhe os bens.

2. **Curador:** pessoa nomeada pelo juiz a requerimento do interessado ou do Ministério Público (art. 22), com poderes e deveres fixados conforme as circunstâncias (art. 24).

3. **Sucessão provisória:** 1 ano depois da arrecadação dos bens ou 3 anos se deixou procurador.

   3.1 A sentença só produz efeito 6 meses depois de publicada.
   3.2 Os herdeiros imitidos na posse dos bens do ausente darão garantia de restituição.
   3.3 Se o ausente aparecer depois da posse provisória, cessam, desde logo, todas as vantagens dos sucessores, os quais se obrigam a medidas que assegurem a entrega dos bens ao seu dono (art. 36).

4. **Sucessão definitiva:** requerida dez anos depois do trânsito em julgado da sentença de abertura da sucessão provisória (art. 37).

   4.1 Os interessados, querendo, levantam as cauções prestadas.
   4.2 Importa na aquisição da propriedade dos bens do ausente, não obstante sujeita à *condição resolutiva* de retorno do ausente (em caso de retorno do ausente, este haverá os bens no estado em que se encontrem).
   4.3 Prazo de 5 anos se o ausente contar 80 anos de idade.

capítulo 5

Pessoas Jurídicas

5.1 Disposições Gerais

As referências dos manuais sobre as origens históricas da pessoa jurídica variam de poucas a nenhuma. Ordinariamente, os autores passam ao largo da questão, e nessa linha há nomes como ORLANDO GOMES (2001, p. 185) e MARIA HELENA DINIZ (1999, p. 143). Alguns ensaiam rápidos comentários, sublinhando sua origem no período da República romana, já que o direito romano anterior à República não reconhecia personalidade de ente ideal distinta da dos seus membros. Afirma-se que a primeira coletividade abstrata a se atribuir personalidade foi o Estado e, posteriormente, as cidades e as colônias (OLIVEIRA, 2001, p. 269; VENOSA, 2003, p. 244).

Consideram-se pessoas jurídicas desse período romano as associações de direito privado, como colégios, ordens religiosas, templos e a própria herança jacente.

Anota-se o longo processo histórico para a formação da pessoa jurídica *para que a capacidade das pessoas naturais se transferisse plenamente às pessoas jurídicas.*

No entanto, na época da República romana, todas as associações eram lícitas e se reconhecia a independência delas em relação às pessoas que as constituíam. Eram pessoas, aliás, que os romanos não designavam de *persona* mas de *universitas*, *corpus* ou *collegium* (VENOSA, 2003, p. 245).

Curiosamente, nada se leciona a respeito do direito helênico, a despeito de a Grécia ser considerada o berço do pensamento filosófico do mundo ocidental.

Dos deuses gregos se diz que eram caprichosos. Quem sabe por alguma vingança ou sentimento mesquinho os deuses do Olimpo não tenham retirado a inteligência jurídica dos pobres mortais helênicos, apesar de terem dotado alguns escolhidos, como Tales, Heráclito, Anaxágoras, Pitágoras, Sócrates, Platão e Aristóteles do amor pelo saber. Talvez, quem sabe, a força de um tufão tenha varrido do mundo helênico todo e qualquer saber jurídico. Talvez esse tufão destruidor de saber jurídico tenha se deslocado em direção ao Oriente e ali não tenha deixado pedra sobre pedra. Nada se ensina além de tímidas referências às Leis das XII Tábuas e ao Código de Hamurabi, como se não existissem os antigos impérios do Egito, Assíria, Babilônia e tantos outros. A ignorância reinante em torno dos sistemas jurídicos dos povos antigos abre vasto caminho à pesquisa no campo da história do direito.

No entanto, destes antigos impérios a história reconhece as enormes variações sociais, políticas, organizacionais e culturais. Sabe-se que se tornaram impérios organizando-se em torno de cidades, as quais pela força das armas subjugaram territórios, rebanhos, plantações e riquezas de outros povos e tribos. Nesse processo histórico de dominação imperial que a visão idealista do Estado faz questão de esquecer, estabeleceram-se relações de fato e de direito entre os dominadores e os dominados, os exploradores e os explorados. Institucionalizou-se alguma forma de coação entre a força imperial que subjugava e todas as terras e povos sujeitos ao seu poder, talvez sendo anacronismo chamar essa relação de *jurisdição*, qual a concebemos hoje. Contudo, decerto não lhe faltam elementos e características da chamada jurisdição, pois o direito a todos imposto advinha de um determinado centro e se irradiava em determinado território. Na cobrança dos tributos, por exemplo, a quantia a ser paga ou a sanção aplicada ao sonegador eram expressões de força coercitiva institucionalizada. Não se afigura razoável supor que as relações econômicas, sociais, políticas e culturais dos impérios orientais se limitavam às pessoas e que não conheciam e tampouco regulavam qualquer espécie de coletividade jurídica. Afora Roma, nenhuma outra civilização antiga conheceu a noção de pessoa jurídica ou algum tipo de associação ou organização de pessoas e de patrimônio? No mínimo paradoxal reconhecer os gregos como grandes pensadores e não conhecê-los como legisladores.

Ora, aproximadamente em 400 a.C., Sófocles questiona o conteúdo ético da norma, discussão ainda válida nos tempos atuais. Defendeu o não-cumprimento da lei injusta na voz de Antígona, personagem que prefere enfrentar a morte a obedecer à ordem de não sepultar seu irmão dada pelo poderoso Rei Creonte: "Faze tu o que quiseres; quanto ao meu irmão eu o sepultarei! Será um belo fim se eu morrer tendo cumprido esse dever" (SÓFOCLES, s/d, p. 205).

A referência às fontes romanas como reconhecidos legisladores e conquistadores é indispensável, afinal os romanos dominaram grande parte do mundo, a península ibérica inclusive, donde vem a fonte direta do sistema jurídico pátrio.

Durante a Idade Média a separação entre cidade e cidadão, vila e vilão, e entre a universalidade dos indivíduos não era rara em face dos inúmeros boicotes a tributos e da desobediência à autoridade contra as imposições dos reis e dos Papas.

No século XIII, o *Concílio de Lyon* (1245) decidiu proibir a excomunhão de *collegium et universitas*. Assim, a Igreja distinguia os *corpos sem alma*, que, apesar de nominados, não tinham existência física como os seres naturais de criação divina. Nos séculos XV e XVI a questão já estava assentada nas linhas básicas das pessoas jurídicas dos tempos moderno e contemporâneo; assim, reconhecia-se a existência de entes coletivos como sujeitos de direitos e obrigações distintos dos de seus membros, constituídos a partir da universalidade de pessoas ou de patrimônio.

O certo é que entes coletivos como a Escola de Sagres e companhias comerciais, como a das Índias Ocidentais, e também ordens religiosas, a exemplo da Companhia de Jesus, todos exerceram papel relevante na expansão comercial e marítima da Europa.

A busca do lucro mercantil foi o principal fator de impulso às descobertas e conquistas territoriais, acompanhada: pela grande acumulação de capitais da época em decorrência de saques, butins, pilhagens e comércio, inclusive o comércio de escravos; pelo dilema da nobreza como classe social dominante, cuja tradição colidia com a vulgaridade comercial mas enchia os olhos diante dos lucros astronômicos dos "negócios da China"; e pela "solução" criativa da nobreza, que se interessava pelo lucro mas não desejava aparecer no negócio, e sim "ocultar-se de qualquer envolvimento com a atividade comercial. Assim, criaram condições para participar do comércio e do lucro, sem aparecer como comerciante", criando um novo tipo de sociedade com a participação do *sócio oculto*, *sociedade em conta de participação* ou *sociedade de conta da metade* do direito português (SARMENTO, 1999, p. 118).

Com efeito, a existência histórica da pessoa jurídica tem como explicação recorrente e bastante plausível a necessidade de o homem conjugar esforços com outros homens, a fim de implementar certos empreendimentos maiores e de maior alcance, os quais sozinho é incapaz de alcançar. Trata-se de explicação sempre presente no âmbito da doutrina a que enfatiza, por um lado, a vontade do homem e, por outro, suas necessidades, na criação da pessoa jurídica: "Daí decorre a atribuição de capacidade jurídica aos entes abstratos assim constituídos, gerados pela vontade e necessidade do homem. Surgem, portanto, as pessoas jurídicas, ora como conjunto de pessoas, ora como destinação patrimonial, com aptidão para adquirir direitos e contrair obrigações" (VENOSA, 2003, p. 249).

Conforme foi dito anteriormente, as explicações sobre as origens históricas das pessoas jurídicas são insuficientes. Relativamente ao conceito e à natureza, a matéria é bastante controvertida no âmbito da doutrina. Discute-se até mesmo qual a denominação adequada ao ente coletivo ou universal. O legislador civil pátrio seguiu a trilha do direito alemão (art. 21) e do italiano (art. 11), que utilizam a expressão *pessoa jurídica*. Mas o Código Civil português (art. 157) as denomina de *pessoas coletivas* e o mexicano (art. 25) de *pessoas morais*.

Independentemente da terminologia, todavia, importa ressaltar a existência de entes a que a ordem jurídica confere personalidade de agir em nome próprio, distinta das pessoas humanas que os constituíram.

Segue que a *pessoa natural* é o ser humano em si, e a *pessoa jurídica* constitui-se de uma coletividade de pessoas ou coletividade patrimonial, a que a ordem jurídica atribui personalidade jurídica, imputando-lhe direitos e obrigações.

Neste sentido a expressão "pessoa jurídica" designa as sociedades, associações, corporações e outras instituições dotadas de personalidade distinta da de seus membros.

A respeito da natureza das pessoas jurídicas, WALD (1995, p. 143) ressalta como "das mais controvertidas, havendo tantas teorias quanto os autores que tratam da matéria".

A nosso ver, contudo, a controvérsia gira em torno de dois entendimentos contrapostos: teoria da ficção legal e teoria objetiva, nas quais gravitam "tantas teorias quanto os autores que tratam da matéria".

Segundo SAVIGNY, da *teoria clássica*, oriunda do direito canônico, o homem existe em si mesmo e naturalmente é a única pessoa que existe realmente. A pessoa jurídica não existe realmente, só existe idealmente, pois se trata de projeção intelectual, de uma *ficção legal*.

DEL VECCHIO, da *teoria objetiva*, contesta aquela explicação com o argumento de que *a teoria da ficção legal* não explica a existência do Estado, sendo o próprio direito originário do Estado. Senão, o Estado, a lei e tudo o mais da esfera jurídica seriam ficção. No entanto, as pessoas jurídicas são entidades com vida autônoma, estrutura, vontade e fins próprios. São dados de realidade objetiva e não mera criação do direito. O direito apenas confere legalidade ao que já existe, lecionam, entre outros, GIERKE e ZITELMAN (*apud* MONTEIRO, 1989, pp. 98-99).

Importa ressaltar, todavia, que a pessoa jurídica tem personalidade própria e como tal está sujeita a direitos e obrigações em nome da universalidade de pessoas ou de bens que a constituiu e fixou-lhe a estrutura e finalidades, de acordo com a lei.

O Código Civil de 2002, a exemplo de seu antecedente, não se ocupou da definição de pessoa jurídica, porém procede à sua classificação.

5.2 Conceito e Classificação

As pessoas jurídicas são classificadas em pessoas de direito público, interno ou externo, e pessoas jurídicas de direito privado no Código Civil:

> *Art. 40. As pessoas jurídicas são de direito público, interno ou externo, e de direito privado.*

Nesta conformidade, as pessoas jurídicas se diferenciam quanto à natureza de sua capacidade jurídica – se afetada ao direito público ou ao privado – e quanto às normas de regência, se do direito nacional ou internacional.

Os governos do Brasil, México e outros Estados membros da Organização dos Estados Americanos (OEA) – pessoas jurídicas de direito público externo –, desejosos de concluir uma convenção sobre personalidade e capacidade de pessoas jurídicas no direito internacional privado, subscreveram a Convenção Inter-americana sobre Personalidade e Capacidade de Pessoas Jurídicas no Direito Internacional Privado, na cidade de La Paz, Bolívia, em 24 de maio de 1984. Os atos dos signatários da Convenção são regidos pelas normas de direito internacional público, pois cada mandatário de governo representava um Estado soberano. Desse encontro internacional restou convencionado que: "As pessoas jurídicas privadas devidamente constituídas num Estado Parte serão reconhecidas de pleno direito nos demais Estados Partes. O reconhecimento de pleno direito não exclui a faculdade do Estado Parte de exigir comprovação de que a pessoa jurídica existe conforme a lei do lugar de sua constituição. Em caso algum a capacidade reconhecida às pessoas jurídicas privadas constituídas num Estado Parte poderá ser maior do que a capacidade que a lei do Estado Parte que as reconheça outorgue às pessoas jurídicas constituídas neste último," art. 3.º da citada Convenção.[7]

Nesta conformidade, a pessoa jurídica de direito privado instituída e registrada no Brasil, de acordo com as leis brasileiras, terá capacidade jurídica plena no México. E a recíproca é também verdadeira, contanto que observados os princípios e normas do direito internacional privado, especialmente as disposições da Convenção Interamericana sobre Personalidade e Capacidade de Pessoas Jurídicas no Direito Internacional Privado.

---

[7] Disponível em: <http://www.oas.org/juridico/portuguese/treaties/B-49.htm>. Acesso em: 24 mar. 2004.

5.3 Pessoas Jurídicas de Direito Público

Relativamente às pessoas de direito público interno, estas estão elencadas no art. 41 do Código Civil, *verbis*:

> *Art. 41. São pessoas jurídicas de direito público interno:*
>
> *I – a União;*
> *II – os Estados, o Distrito Federal e os Territórios;*
> *III – os Municípios;*
> *IV – as autarquias;*
> *V – as demais entidades de caráter público criadas por lei.*
>
> *Parágrafo único. Salvo disposição em contrário, as pessoas jurídicas de direito público, a que se tenha dado estrutura de direito privado, regem-se, no que couber, quanto ao seu funcionamento, pelas normas deste Código.*

A República Federativa do Brasil é formada pela união indissolúvel dos Estados e Municípios e do Distrito Federal (art. 1.º da CF), e nesta forma de organização político-administrativa todos são autônomos, sendo Brasília a Capital Federal (art. 18 da CF).

A União representa a Administração Federal Brasileira em suas relações com as unidades federativas, a saber, Estados, Municípios e Distrito Federal e também com todas as pessoas de direito privado, naturais ou jurídicas. Mas a união também representa e expressa a soberania do Estado brasileiro no âmbito das relações internacionais.

Os Estados membros da federação brasileira são organizados e regidos palas próprias constituições e leis, possuem autonomia política e administrativa, em conformidade com a Carta Federal (art. 25).

Os Municípios e o Distrito Federal regem-se por leis orgânicas, observadas nos primeiros as Constituições do Estado e a Federal (CF, art. 29) e no segundo os princípios da Constituição Federal (art. 32). Recife, Olinda, Porto Alegre, Belém, Ouricuri, Tacaimbó, Ouro Preto são alguns dentre os milhares de Municípios brasileiros. O Distrito Federal tem sede em Brasília, capital da União.

As Autarquias são criadas por lei para realizar serviços autônomos, possuem personalidade jurídica, patrimônio e receita próprios e executam atividades típicas da Administração Pública que requerem funcionamento, gestão administrativa e financeira descentralizadas (Decreto-Lei 6.016/43). Exemplo: o INCRA (Instituto Nacional de Colonização e Reforma Agrária) e o INSS (Instituto Nacional do Seguro Social), dentre outros. Mas as autarquias, apesar de toda autonomia a elas conferida, submetem-se ao controle finalístico do poder público.

No art. 41, V, o Código de 2002 abre o leque das pessoas jurídicas de direito público interno: *"as demais entidades de caráter público criadas por lei"*.

O Decreto-lei 200, com as alterações da Lei 7.596/87, define como integrantes da Administração Pública indireta autarquias, empresas públicas, sociedades de economia mista e fundações públicas.

Com exceção da autarquia, todas as pessoas jurídicas acima mencionadas possuem personalidade jurídica de direito privado. Pela nova disciplina do Código Civil, se a lei que as criar não determinar em sentido contrário, serão reguladas pelo Código Civil. Dessa maneira, espera-se pacificar a antiga celeuma em torno do regime jurídico a ser aplicado a entidades como a fundação pública, se regime de direito público ou de direito privado. Nos termos do Código, a definição se encontra na lei que institui o ente jurídico, podendo este, portanto, ficar submetido a um ou outro regime.

Pessoas de direito externo são regulamentadas no âmbito do direito público internacional, como os Estados estrangeiros e organismos internacionais formados pela iniciativa de Estados soberanos visando determinados fins. Assim a ONU (Organização das Nações Unidas) e a OEA (Organização dos Estados Americanos), dentre outros.

É o teor do Código Civil, *verbis:*

> *Art. 42. São pessoas jurídicas de direito público externo os Estados estrangeiros e todas as pessoas que forem regidas pelo direito internacional público.*

O artigo seguinte do Código Civil declara a responsabilidade civil das pessoas jurídicas de direito público segundo a teoria do risco e da responsabilidade objetiva em relação a terceiros, e assegura ao ente público o direito de ação regressiva contra o servidor ou funcionário causador do dano:

> *Art. 43. As pessoas jurídicas de direito público interno são civilmente responsáveis por atos dos seus agentes que nessa qualidade causem danos a terceiros, ressalvado direito regressivo contra os causadores do dano, se houver, por parte destes, culpa ou dolo.*

Trata-se do dever de a Fazenda Pública indenizar os danos causados a terceiros. Basta que a vítima comprove o prejuízo causado pelo agente da Administração Pública, ou seja, a responsabilidade objetiva do Estado. Mas, na ação regressiva do Estado contra o agente causador do dano, a responsabilidade é subjetiva, pois dependerá da existência de culpa ou dolo do agente.

A responsabilidade civil das pessoas jurídicas de direito público é objetiva e difere da responsabilidade das pessoas de direito privado, que se fundamenta na culpa subjetiva. A responsabilidade civil do Estado abrange todas as pessoas jurídicas de direito público, tanto da administração direta, União, Estados, Distrito Federal, Territórios, Municípios, quanto da indireta ou fundacional, como Autarquias, Fundações e entidades de caráter público, em relação aos danos causados a terceiros. As entidades da Administração Pública e as pessoas jurídicas de direito privado que prestam serviços públicos assumem os riscos do serviço e sujeitam-se à teoria da responsabilidade objetiva.

Assim sendo, entidades públicas, ou privadas, quando delegadas do serviço, têm o dever de indenizar o dano causado a terceiros pelos seus empregados, independentemente de prova de culpa. No caso, aplica-se a regra do art. 37, § 6.º, da Constituição de 1988: "As pessoas jurídicas de direito público e as de direito privado prestadoras de serviços públicos responderão pelos danos que seus agentes, nessa qualidade, causarem a terceiros, assegurado o direito de regresso contra o responsável nos casos de dolo ou culpa".

A questão do dolo ou da culpa do agente só é relevante para determinar a ação regressiva do Estado contra o seu agente, pois a responsabilidade pessoal do funcionário baseia-se na teoria da culpa, logo, não se aplica a teoria objetiva. O Estado tem responsabilidade objetiva perante terceiros e o agente da Administração tem responsabilidade subjetiva em relação ao Estado. A ação regressiva tem o escopo de recuperar os danos sofridos pela Fazenda Pública pela ação culposa do agente ou funcionário.

Na caracterização da responsabilidade civil pela teoria da culpa o elemento subjetivo identifica o ilícito. Na teoria do risco, a Administração Pública e seus delegados executam atividades capazes de suportar todos os riscos da atividade.

A jurisprudência tem assentado a teoria do *risco integral*, espécie mais rígida do gênero responsabilidade objetiva que determina a responsabilidade exclusivamente em face do dano, independentemente de culpa. É o que diz a Constituição Federal, em seu art. 21, XXIII, *c*: "a responsabilidade civil por danos nucleares independe da existência de culpa". No caso, o risco integral é assumido por todas as pessoas jurídicas de direito público e de direito privado prestadoras de serviços públicos, as quais respondem pelos danos causados a terceiros independentemente de culpa ou dolo. É suficiente a comprovação da ocorrência do dano, fato que gera o dever de indenizar. Ditas pessoas exercem atividades especiais de risco e assumem a responsabilidade de todos os riscos da atividade exercida. Resulta que a vítima do dano deve ser indenizada pela pessoa jurídica de direito público ou privado prestadora de serviço público. Aos entes públicos ou prestadores de serviço restará a ação regressiva contra o seu agente ou funcionário.

A ação regressiva da União contra os seus agentes é regulada pela Lei 4.619/65. Os arts. 121 a 126 do RJU (Regime Jurídico Único), ou Lei 8.112/90, tratam da responsabilidade dos servidores públicos federais.

5.4 Pessoas Jurídicas de Direito Privado

Na classificação das pessoas jurídicas criadas pelos particulares o Código diz:

Art. 44. São pessoas jurídicas de direito privado:

I – as associações;
II – as sociedades;
III – as fundações;
IV – as organizações religiosas;
V – os partidos políticos.

§ 1.º São livres a criação, a organização, a estruturação interna e o funcionamento das organizações religiosas, sendo vedado ao poder público negar-lhes reconhecimento ou registro dos atos constitutivos e necessários ao seu funcionamento.
§ 2.º As disposições concernentes às associações aplicam-se subsidiariamente às sociedades que são objeto do Livro II da Parte Especial deste Código.
§ 3.º Os partidos políticos serão organizados e funcionarão conforme o disposto em lei específica.

5.4.1 Registro da pessoa jurídica

O início da existência legal da pessoa jurídica ou o começo de sua personalidade jurídica acontece com o seu registro. O Código Civil determina o que deve declarar a pessoa jurídica no ato de seu registro:

Art. 46. O registro declarará:

I – a denominação, os fins, a sede, o tempo de duração e o fundo social, quando houver;
II – o nome e a individualização dos fundadores ou instituidores, e dos diretores;
III – o modo por que se administra e representa, ativa e passivamente, judicial e extrajudicialmente;
IV – se o ato constitutivo é reformável no tocante à administração, e de que modo;
V – se os membros respondem, ou não, subsidiariamente, pelas obrigações sociais;
VI – as condições de extinção da pessoa jurídica e o destino do seu patrimônio, nesse caso.

A declaração desses requisitos é indispensável para o registro público da pessoa jurídica, e conseqüentemente para a aquisição de sua personalidade jurídica.

Observe-se que o Código de 2002 repete, praticamente, as mesmas exigências da Lei 6.015/73, quanto aos assentos das sociedades, fundações e partidos políticos no livro de registro do oficial de registro: "Art. 120. O registro (...) com as seguintes indicações: I – a denominação, o fundo social, quando houver, os fins e a sede da associação ou fundação, bem como o tempo de sua duração; II – o modo por que se administra e representa a sociedade, ativa e passivamente, judicial e extrajudicialmente; III – se o estatuto, o contrato ou o compromisso é reformável, no tocante à administração, e de que modo; IV – se os membros respondem, ou não, subsidiariamente, pelas obrigações sociais; V – as condições de extinção da pessoa jurídica e nesse caso o destino do seu patrimônio; VI – os nomes dos fundadores ou instituidores e dos membros da diretoria, provisória ou definitiva, com indicação da nacionalidade, estado civil e profissão de cada um, bem como o nome e residência do apresentante dos exemplares".

O art. 54 do CC estabelece o que devem conter os estatutos das associações, sob pena de nulidade: denominação, sede, fins, requisitos de admissão e exclusão, direitos e deveres, fontes de recursos de manutenção, constituição e funcionamento dos órgãos, condições de alteração do estatuto e de dissolução da associação.

Importa ressaltar que o novo Código Civil faz clara distinção entre associação e sociedades. Com isso, torna sem sentido a antiga discussão doutrinária sobre as diferenças, jurídicas ou não, entre ambas. Na nova disciplina, define-se que as sociedades decorrem de contrato firmado por pessoas que reciprocamente se obrigam a contribuir com bens ou serviços para fins econômicos e partilha de resultados. As sociedades passam a ser regulamentadas no Livro II da Parte Especial, referente ao direito de empresa. Assim, na disciplina do Código de 2002 a palavra empresa tem sentido amplo e indica toda e qualquer forma de atividade econômica que busca a produção ou circulação de bens ou de serviços. Mas conforme disciplina o parágrafo único do art. 44 da Parte Geral, as disposições referentes às associações aplicam-se às sociedades em caráter subsidiário.

Relativamente ao registro dos partidos políticos, a matéria encontra-se regulada pela Lei 9.096/95, chamada Lei Orgânica dos Partidos.

5.4.2 Existência legal

A criação da pessoa jurídica compreende duas fases: a primeira consiste de *atos constitutivos*; e a segunda, do *registro*. A fase dos *atos constitutivos* representa o intento ou vontade de instituição da pessoa jurídica, expressa na forma escrita por meio de atas de reuniões, contrato, estatuto. Para estes documentos, a lei civil não exige escrituração pública, podendo, conseqüentemente, serem privados (art. 997 do CC). Já a segunda fase, que consiste no *registro*, possui maior relevância existencial para a pessoa jurídica, pois delimita a sua existência legal. Com efeito, somente depois de registrada a pessoa jurídica estará legalmente constituída.

Mas o Código Civil, atento ao interesse público e social, ressalva ainda casos especiais de pessoas jurídicas que dependem de autorização do Poder Executivo para funcionar. É o caso de agências de seguros e empresas industriais petroquímicas, ou de empresas de transporte coletivo e de jornalismo e radiodifusão, entre outras.

Dispõe o Código, *verbis*:

> *Art. 45. Começa a existência legal das pessoas jurídicas de direito privado com a inscrição do ato constitutivo no respectivo registro, precedida, quando necessário, de autorização ou aprovação do Poder Executivo, averbando-se no registro todas as alterações por que passar o ato constitutivo.*
>
> *Parágrafo único. Decai em três anos o direito de anular a constituição das pessoas jurídicas de direito privado, por defeito do ato respectivo, contando o prazo da publicação de sua inscrição no registro.*

A existência legal das pessoas jurídicas de direito privado começa com a inscrição do ato constitutivo no respectivo registro. Em certos casos, depende também de autorização do Executivo. Ademais, todas as alterações verificadas depois do registro deverão ser averbadas no local do registro.

O prazo trienal para anular a criação da pessoa jurídica é de decadência, portanto perece, para a ordem jurídica, o vício ou defeito em sua constituição.

5.4.3 Desconsideração da personalidade jurídica

Como sabemos, a pessoa jurídica possui personalidade jurídica própria, adquirida com o registro, quando então passa a ter existência legal e distinta de seus membros. Disso resulta que a pessoa jurídica personalizada possui seu próprio nome, domicílio, nacionalidade e patrimônio, que não se confundem com os das pessoas naturais que a constituíram.

No direito civil existe o princípio segundo o qual *os bens do devedor respondem pelas suas dívidas*, a fim de dar segurança aos negócios. Nesta conformidade, se a obrigação foi constituída pela pessoa jurídica, a ela compete o seu cumprimento, ficando o seu patrimônio sujeito à execução.

Mas, segundo a *teoria da desconsideração* da pessoa jurídica (*disregard doctrine*) ou *teoria da superação da pessoa jurídica*, desconsidera-se a personalidade da pessoa jurídica, provisoriamente, ante determinados casos, a fim de que os efeitos de ação promovida contra a sociedade alcance o patrimônio pessoal dos sócios diretamente.

As pessoas naturais responsáveis pela pessoa jurídica respondem a fim de assegurar o direito dos credores e de terceiros de boa-fé. No caso de a pessoa jurídica desviar-se da finalidade para a qual foi constituída ou de confusão patrimonial entre sócios e sociedade, caracteriza-se abuso de personalidade.

A distinção de personalidades entre as pessoas jurídicas e seus membros representa garantia para ambos e para terceiros, mas não pode servir de pálio à má-fé, à fraude contra credores e ao enriquecimento sem causa.

A aplicação da desconsideração da personalidade não constitui novidade entre nós, já estando assentada na jurisprudência dos tribunais e na legislação, assim o Código de Defesa do Consumidor (Lei

8.078/90): "Art. 28. O juiz poderá desconsiderar a personalidade jurídica da sociedade quando, em detrimento do consumidor, houver abuso de direito, excesso de poder, infração da lei, fato ou ato ilícito ou violação dos estatutos ou contrato social. A desconsideração também será efetivada quando houver falência, estado de insolvência, encerramento ou inatividade da pessoa jurídica provocados por má administração. (...) § 5.º Também poderá ser desconsiderada a pessoa jurídica sempre que sua personalidade for, de alguma forma, obstáculo ao ressarcimento de prejuízos causados aos consumidores".

Segue que o Código vigente contempla a *teoria da desconsideração* no caso de abuso da personalidade por desvio de finalidade ou confusão patrimonial:

> *Art. 50. Em caso de abuso da personalidade jurídica, caracterizado pelo desvio de finalidade, ou pela confusão patrimonial, pode o juiz decidir, a requerimento da parte, ou do Ministério Público quando lhe couber intervir no processo, que os efeitos de certas e determinadas relações de obrigações sejam estendidos aos bens particulares dos administradores ou sócios da pessoa jurídica.*

5.4.4 Dissolução, liquidação e cancelamento do registro

O Código de 1916 revogado previa no art. 21 três formas de dissolução das pessoas jurídicas. No primeiro caso, a dissolução decorria de deliberação dos seus membros, ressalvando o direito da minoria e de terceiros; no segundo, quando determinada pela lei diante de práticas ilícitas por desvios de finalidade, recursos, ou abandono da administração; a terceira, em virtude de ato do Governo, da cassação de autorização para funcionar, quando incorresse em atos opostos aos seus fins ou nocivos ao bem público.

Na disciplina do Código de 2002, porém, trata-se da dissolução e da cassação, apenas, as quais devem observar três fases: averbação da sociedade dissolvida ou cassada; liquidação judicial; e cancelamento do registro. Somente após esta última fase a pessoa jurídica deixa de existir para todos os fins de direito.

Diz o Código:

Art. 51. Nos casos de dissolução da pessoa jurídica ou cassada a autorização para seu funcionamento, ela subsistirá para os fins de liquidação, até que esta se conclua.

§ 1.º Far-se-á, no registro onde a pessoa jurídica estiver inscrita, a averbação de sua dissolução.
§ 2.º As disposições para a liquidação das sociedades aplicam-se, no que couber, às demais pessoas jurídicas de direito privado.
§ 3.º Encerrada a liquidação, promover-se-á o cancelamento da inscrição da pessoa jurídica.

Nesta conformidade, o Código vigente determina a averbação da dissolução ou da cassação da autorização para funcionamento no registro onde a pessoa jurídica foi inscrita. Dissolvida ou cassada, a pessoa jurídica terá um período de subsistência para fins de liquidação. Cabe ao liquidante judicial realizar o ativo e pagar dívidas até o encerramento da liquidação. Uma vez encerrada a liquidação, promover-se-á o cancelamento da inscrição no registro próprio. Assim, os negócios realizados pela pessoa jurídica, inclusive durante a liquidação, são mantidos, isto porque os efeitos jurídicos do cancelamento só produzem efeito a partir de então (*ex nunc*).

5.4.5 Direitos da personalidade

A personalidade da pessoa jurídica começa com a inscrição no registro próprio e termina com o cancelamento da inscrição no registro, por dissolução ou cassação. Nada obstante tratar-se de pessoa jurídica, por possuir personalidade distinta da dos seus membros, possui os mesmos direitos da personalidade, como o direito à denominação, à imagem, ao sigilo e à honra objetiva.

No passado discutia-se no âmbito da doutrina e dos tribunais se era cabível indenização por danos morais às pessoas jurídicas. Atualmente, a matéria encontra-se pacificada. Assim, havendo violação de direitos da personalidade, como violação à honra objetiva e ao bom nome da pessoa jurídica, nada obsta a promoção da ação indenizatória de perdas e danos materiais e morais:

> *Art. 52. Aplica-se às pessoas jurídicas, no que couber, a proteção dos direitos da personalidade.*

Dessa forma, apenas os direitos da personalidade de pessoas naturais inerentes aos seres humanos não podem ser reclamados pelas pessoas jurídicas, como os direitos relativos ao corpo humano, a proibição de disponibilidade do corpo ou de disposição gratuita após a morte; o direito a não se submeter a tratamento médico com risco de vida etc.

5.5 Associações

A associação caracteriza-se pela finalidade não econômica. Neste sentido, congrega pessoas que a constituem visando fins recreativos, culturais, pios, religiosos e científicos. Na dicção do Código:

> *Art. 53. Constituem-se as associações pela união de pessoas que se organizem para fins não econômicos.*
>
> *Parágrafo único. Não há, entre os associados, direitos e obrigações recíprocos.*

Os direitos e deveres do associado para com a pessoa jurídica são previstos no estatuto da entidade. Exemplificando: os associados devem pagar mensalidades, observando-se a isonomia entre eles, pois todos possuem direitos e deveres iguais. Se a condição dos associados é igual, a lei exige igualdade de tratamento quanto ao gozo e exercício de direitos, bens e serviços da entidade. E direitos iguais previstos no estatuto ou regimento da associação. Assim, ter acesso à sede nos dias e horários de funcionamento, dispor e usar do patrimônio social disponível ao uso e fruição dos associados, como piscinas, quadras esportivas, salões de festas etc.

A isonomia deve ser observada no estatuto, pois nenhum associado pode ser impedido de exercer direito ou função a ele legitimamente conferida, de acordo com o art. 58 do Código.

Justamente porque os fins da associação não são lucrativos, a lei determina não haver reciprocidade de direitos e deveres entre um associado e outro. Por exemplo, Lucas e Matheus são associados da AABB. Ambos possuem deveres e direitos em relação à AABB, porém entre Lucas e Matheus não existe qualquer dever ou direito decorrente da condição de associados.

Nada obstante essa regra geral de igualdade de direitos e deveres dos associados, a lei civil admite exceção, no caso de categorias especiais de associados, com direitos e deveres diferenciados, quando previstas no estatuto. A lei visa abrandar essa rigidez tendo em vista que os instituidores da associação podem estabelecer no seu estatuto diferentes categorias de sócios, como sócios fundadores, sócios patrimoniais, sócios remidos etc., os quais podem ter prerrogativas especiais, nos termos do estatuto.

Na dicção do Código, *verbis*:

> *Art. 55. Os associados devem ter iguais direitos, mas o estatuto poderá instituir categorias com vantagens especiais.*

Consta, ainda, disposição legal preconizando a intransmissibilidade da condição de associado, admitindo-se, porém, disposição em contrário no estatuto da associação. De maneira que, salvo previsão expressa do estatuto, não há transmissão da qualidade de associado, seja em relação a terceiros adquirentes por ato *inter vivos*, seja por ato *post mortem* em relação aos herdeiros.

O associado adquire a condição de sócio depois de ser admitido pessoalmente, de ter o seu nome aprovado junto à associação. Nesta lógica, a transferência da condição de associado não se faz, exceto se o estatuto admitir o contrário.

É o que diz o Código:

> *Art. 56. A qualidade de associado é intransmissível, se o estatuto não dispuser o contrário.*
>
> *Parágrafo único. Se o associado for titular de quota ou fração ideal do patrimônio da associação, a transferência daquela não importará,* de per si, *na atribuição da qualidade de associado ao adquirente ou ao herdeiro, salvo disposição diversa do estatuto.*

Em todo e qualquer agrupamento humano existem pessoas que cumprem as normas e regras estabelecidas, mas também aquelas que transgridem ou violam as normas fixadas. No âmbito da associação, a lei prevê a exclusão ou o desligamento do associado que incorrer em falta grave.

O estatuto da associação dispõe sobre os direitos e deveres dos associados, e também sobre as sanções cabíveis em face de violação de dever estatutário. Existem diferentes níveis de faltas e violações, portanto também são variáveis as penalidades: advertência, censura, multa, suspensão e até a exclusão do associado. A sanção deve estar prevista expressamente no estatuto, ou, no caso de falta de previsão estatutária, deve tratar-se de comportamento reconhecidamente grave. Assim dispõe o Código Civil, *verbis*:

> *Art. 57. A exclusão do associado só é admissível havendo justa causa, obedecido o disposto no estatuto; sendo este omisso, poderá também ocorrer se for reconhecida a existência de motivos graves, em deliberação fundamentada, pela maioria absoluta dos presentes à assembléia geral especialmente convocada para esse fim.*
>
> *Parágrafo único. Da decisão do órgão que, de conformidade com o estatuto, decretar a exclusão, caberá sempre recurso à assembléia geral.*

Existe um vínculo de natureza contratual entre o associado e a associação, de modo que a falta grave que enseja a exclusão poderá ocorrer tanto em decorrência da aplicação pura e simples da pena prevista no estatuto como não. Porém, em ambas as situações, a exclusão ou desligamento se dará mediante decisão da maioria absoluta presente à assembléia, especialmente convocada. Observando-se corretamente o procedimento previsto na lei civil, o ato de desligamento do associado reveste-se da legalidade que o torna apto a produzir os efeitos desejados.

Existindo, ou não, previsão estatutária, somente a maioria absoluta presente à assembléia geral, convocada especificamente para tal fim, poderá excluir o associado faltoso. Mas ao associado faltoso e punido se assegura o direito de recurso à assembléia geral.

5.5.1 Registro

A lei exige forma escrita para o registro das associações, que pode ser público ou particular, mas dotado de estatuto escrito, nestes termos:

> *Art. 54. Sob pena de nulidade, o estatuto das associações conterá:*
>
> *I – a denominação, os fins e a sede da associação;*
> *II – os requisitos para admissão, demissão e exclusão dos associados;*
> *III – os direitos e deveres dos associados;*
> *IV – as fontes de recursos para sua manutenção;*
> *V – o modo de constituição e funcionamento dos órgãos deliberativos e administrativos;*
> *VI – as condições para a alteração das disposições estatutárias e para a dissolução.*

5.5.2 Assembléia geral, *quorum* e convocação

A assembléia geral é a instância de deliberação de maior relevância da associação. Daí por que compete a ela privativamente deliberar sobre questões como escolha e destituição de administradores, aprovação de contas e modificação de estatutos (art. 59).

Decisões relevantes, como a de destituir os administradores (art. 59, II) e alterar o estatuto (art. 59, IV) exigem a aprovação de 2/3 dos presentes à assembléia convocada especialmente para tal fim, requisito para a aprovação. A lei prevê também o *quorum* para instalação da assembléia, ou seja, o número de associados que devem estar presentes para que esta possa deliberar. Na primeira convocação, deve estar presente a maioria absoluta (metade + 1) dos associados. Nas convocações seguintes, no caso de não se alcançar o *quorum* na 1.ª convocação, exige-se o *quorum* mínimo de 1/3 dos associados presentes. Assim, a lei exige o voto de 2/3, da maioria absoluta presente na 1.ª convocação ou de pelo menos 1/3 nas demais (CC, art. 59, parágrafo único).

Todo associado tem direito à voz e ao voto na assembléia geral, observados os pressupostos estabelecidos nos estatutos, como o estar em dia com as obrigações sociais, por exemplo.

A convocação da assembléia deve ser feita conforme previsão do estatuto, mas a lei civil garante o direito dessa convocação a 1/5 dos associados. Neste último caso, trata-se de garantia legal que independe de previsão estatutária. A lei assegura o direito de promoção de assembléia a 1/5 dos associados, como dispõe o Código:

> *Art. 60. A convocação da assembléia geral far-se-á na forma do estatuto, garantido a um quinto dos associados o direito de promovê-la.*

5.5.3 Dissolução e destino patrimonial

O Código prevê algumas situações para a definição do destino patrimonial de associação dissolvida. No caso de destinação prevista no estatuto, o remanescente patrimonial ou frações ideais líquidas serão destinados à entidade também de fins não econômicos ali indicada. No caso de omissão do estatuto, os associados deliberarão sobre a destinação a entidade similar ou idêntica à associação dissolvida. Na ausência de estabelecimento idêntico ou similar no âmbito do Município, do Estado, do Distrito Federal ou do Território de sede da associação dissolvida, o destino do patrimônio líquido remanescente será a Fazenda Pública Estadual, do Distrito Federal ou da União.

Por fim, cabe ressaltar a possibilidade de restituição de contribuições dos associados, atualizada monetariamente, desde que prevista no estatuto, ou deliberada pelos associados, antes da destinação do remanescente.

Todas estas disposições estão no art. 61 do Código que não prima pela concisão e tampouco pela clareza, como se pode observar:

> *Art. 61. Dissolvida a associação, o remanescente do seu patrimônio líquido, depois de deduzidas, se for o caso, as quotas ou frações ideais referidas no parágrafo único do art. 56, será destinado à entidade de fins não econômicos designada no estatuto, ou, omisso este, por deliberação dos associados, à instituição municipal, estadual ou federal, de fins idênticos ou semelhantes.*

§ 1.º Por cláusula do estatuto ou, no seu silêncio, por deliberação dos associados, podem estes, antes da destinação do remanescente referida neste artigo, receber em restituição, atualizado o respectivo valor, as contribuições que tiverem prestado ao patrimônio da associação.

§ 2.º Não existindo no Município, no Estado, no Distrito Federal ou no Território, em que a associação tiver sede, instituição nas condições indicadas neste artigo, o que remanescer do seu patrimônio se devolverá à Fazenda do Estado, do Distrito Federal ou da União.

5.6 Sociedades

As sociedades, sob a forma de *sociedade simples* ou *empresarial*, visaram fins econômicos para os seus sócios, seja pela prestação de serviços ou exercício de atividades profissionais, seja em virtude de atividade empresarial ou mercantil.

O Código de 2002 regula o Direito de Empresa no Livro II da Parte Especial. Assim, todas as formas de sociedades que visam fins econômicos, sejam sociedades empresariais, ou não, foram albergadas no *direito de empresa.*

Neste sentido, o Código disciplina, entre outras, a *sociedade em nome coletivo* (arts. 1.039 a 1.044); a *sociedade em comandita simples* (arts. 1.045 a 1.051); a *sociedade em comandita por ações* (arts. 1.090 a 1.092); a *sociedade limitada* (arts. 1.052 a 1.087); a *sociedade anônima* (arts. 1.088 a 1.092); e também as *sociedades simples* (art. 997 a 1.038) e as *sociedades cooperativas* (arts. 1.093 a 1.096).

Em qualquer caso, porém, a constituição se dará por meio de contrato escrito, particular ou público (art. 997), devidamente inscrito no registro próprio. Em se tratando de *sociedade empresarial*, a inscrição se dará no Registro Público de Empresas Mercantis e, no caso da *sociedade simples*, assentar-se-á no Registro Civil de Pessoas Naturais.

As disposições tratadas no item anterior relativas às associações aplicam-se às sociedades em caráter subsidiário.

Tendo em vista que as sociedades são objetos da Parte Especial do Código Civil, quando do seu respectivo estudo haverá maior detalhamento da matéria.

5.7 Fundações

Pessoa jurídica bastante distinta das associações e sociedades, que se agregam a partir das pessoas naturais que as constituem, são as *fundações*, que são criadas a partir de dotação patrimonial para fim específico.

De fato, a fundação forma-se da universalidade patrimonial destinada a um fim especial declarado pelo seu instituidor. Este fim, porém, terá de ser religioso, moral, cultural ou assistencial.

Nesse sentido, preceitua o CC:

> *Art. 62. Para criar uma fundação, o seu instituidor fará, por escritura pública ou testamento, dotação especial de bens livres, especificando o fim a que se destina, e declarando, se quiser, a maneira de administrá-la.*
>
> *Parágrafo único. A fundação somente poderá constituir-se para fins religiosos, morais, culturais ou de assistência.*

Relativamente à forma de constituição da fundação, conforme o Código determina, ao instituidor faculta-se a *escritura pública* ou o *testamento*, contanto que os *bens dotados sejam livres*, isto é, legalmente disponíveis, sem gravames ou embaraços.

Diz-se dotação especial porque o patrimônio tem fim estabelecido. Para criar uma fundação a lei exige a *especificação do fim a que ela se destina.* Cabe ao instituidor determinar essa finalidade, contanto que seja moral, religiosa, científica, assistencial ou cultural.

Se o instituidor desejar especificar a forma ou maneira de administração, deve providenciar ele mesmo ou transferir o encargo a alguém mediante prazo, ou na falta de prazo, em até 180 dias para apresentação do estatuto ao Ministério Público, após os quais caberá a este o encargo da elaboração do estatuto, como também no caso de omissão do instituidor:

> *Art. 65. Aqueles a quem o instituidor cometer a aplicação do patrimônio, em tendo ciência do encargo, formularão logo, de acordo com as suas bases (art. 62), o estatuto da fundação projetada, submetendo-o, em seguida, à aprovação da autoridade competente, com recurso ao juiz.*

> *Parágrafo único. Se o estatuto não for elaborado no prazo assinado pelo instituidor, ou, não havendo prazo, em cento e oitenta dias, a incumbência caberá ao Ministério Público.*

Na hipótese de os bens dotados serem insuficientes para constituir a fundação, e não dispondo de modo diferente o seu instituidor, o destino desse patrimônio será incorporar-se noutra fundação com a mesma ou com semelhantes finalidades:

> *Art. 63. Quando insuficientes para constituir a fundação, os bens a ela destinados serão, se de outro modo não dispuser o instituidor, incorporados em outra fundação que se proponha a fim igual ou semelhante.*

O Código vigente não recepcionou a conversão dos bens dotados em títulos da dívida pública, conforme dicção do art. 25 do CC de 1916 revogado.

Afiguram-se, todavia, excrescência jurídica as disposições do art. 64. Senão vejamos:

> *Art. 64. Constituída a fundação por negócio jurídico entre vivos, o instituidor é obrigado a transferir-lhe a propriedade, ou outro direito real, sobre os bens dotados, e, se não o fizer, serão registrados, em nome dela, por mandado judicial.*

Se a criação de uma fundação depende de ato voluntário do instituidor, mediante escritura pública ou testamento, e em qualquer dos casos deve se revestir de manifestação livre da vontade, sob pena de viciar o ato, e se a fundação só se constitui depois da aprovação pelo Ministério Público do devido registro público do seu estatuto, despiciendo afirmar que o seu instituidor "é obrigado a transferir-lhe a propriedade, ou outro direito real, sobre os bens dotados". Com efeito, desde o registro público, os bens dotados à fundação já não integram a propriedade pessoal do instituidor e sim o patrimônio da fundação.

A fiscalização das fundações é incumbência do Ministério Público do Estado onde ela se localiza (art. 66). Também ao MP compete a aprovação dos estatutos (art. 65), as posteriores alterações estatutárias (art. 67, III), a promoção da incorporação do patrimônio em fundação similar e a extinção nos casos de ilicitude, inutilidade, ou vencimento de prazo de existência (art. 69). Na dicção do Código de 2002:

> *Art. 66. Velará pelas fundações o Ministério Público do Estado onde situadas.*
>
> *§ 1.º Se funcionarem no Distrito Federal, ou em Território, caberá o encargo ao Ministério Público Federal.*
> *§ 2.º Se estenderem a atividade por mais de um Estado, caberá o encargo, em cada um deles, ao respectivo Ministério Público.*

O encargo da fiscalização exercida pelo Ministério Público, obviamente, observa os limites de competência de cada órgão ministerial. Assim, se a área de atuação da fundação envolve dois ou mais Estados da Federação, a fiscalização caberá a cada um dos órgãos do Ministério dos Estados, no âmbito de suas atribuições. Mas, se a fundação se localiza no Distrito Federal ou em Território Federal, a incumbência institucional de evitar o desvirtuamento da administração da fundação, bem assim o desvio de seus fins é do Ministério Público Federal.

Quanto à reforma ou alteração do estatuto da fundação, o Código exige o *quorum* de aprovação de 2/3 dos seus administradores e representantes e que dita modificação não contrarie a finalidade da fundação, além da aprovação do Ministério Público.

É o que diz o artigo seguinte:

> *Art. 67. Para que se possa alterar o estatuto da fundação é mister que a reforma:*
>
> *I – seja deliberada por dois terços dos competentes para gerir e representar a fundação;*
> *II – não contrarie ou desvirtue o fim desta;*
> *III – seja aprovada pelo órgão do Ministério Público, e, caso este a denegue, poderá o juiz supri-la, a requerimento do interessado.*

Anote-se, porém, que a decisão do juiz de suprimir o indeferimento do Ministério Público, como qualquer decisão judicial, pode ser questionada e mesmo anulada em grau superior.

Ao Ministério Público cabe zelar pelas fundações, e isso não quer dizer administrá-las ou exercer o controle de legalidade que compete ao Judiciário, mas os atos e decisões de magistrados estão igualmente submetidos aos princípios e ao controle de legalidade.

Se a aprovação da alteração estatutária da fundação não foi unânime entre os seus representantes e administradores, a maioria vencedora deve requerer ao Ministério Público a ciência da minoria vencida a fim de permitir a impugnação no prazo de 10 dias:

> *Art. 68. Quando a alteração não houver sido aprovada por votação unânime, os administradores da fundação, ao submeterem o estatuto ao órgão do Ministério Público, requererão que se dê ciência à minoria vencida para impugná-la, se quiser, em dez dias.*

Como todos os prazos das Partes Geral ou Especial do Código Civil, com exceção dos casos elencados nos arts. 205 e 206, o decêndio legal é prazo fatal de decadência. Mas o dever de notificar a minoria vencida para fins de impugnação das alterações do estatuto com as quais discorda, obviamente, não retira do Ministério Público a atribuição de zelar pela legalidade e de impedir o desvio de finalidade da fundação, que são suas funções institucionais.

Neste sentido, o Código prescreve que, no caso de ilicitude, impossibilidade ou desvio de finalidade, cabe ao MP ou a qualquer interessado requerer, judicialmente, a extinção da fundação. Sendo extinta, o juiz designará a incorporação do patrimônio ao de outra fundação congênere, se não houver disposição expressa em sentido contrário:

> *Art. 69. Tornando-se ilícita, impossível ou inútil a finalidade a que visa a fundação, ou vencido o prazo de sua existência, o órgão do Ministério Público, ou qualquer interessado, lhe promoverá a extinção, incorporando-se o seu patrimônio, salvo disposição em contrário no ato constitutivo, ou no estatuto, em outra fundação, designada pelo juiz, que se proponha a fim igual ou semelhante.*

A extinção da fundação decorrerá de uma das hipóteses previstas na lei: ilicitude, impossibilidade, inutilidade de sua finalidade ou, ainda, término do prazo de sua duração. O acervo patrimonial da fundação extinta será destinado pelo juiz a outra fundação com mesmo fim ou assemelhado.

5.8 Entes não Personificados

A questão da capacidade processual de ente não personalizado para integrar a relação jurídica como autor ou réu encontra disciplina no Código Processual Civil e é atualizada nos tribunais.

Antes mesmo da disciplina jurídica dada pelo Código vigente às sociedades não personificadas nos arts. 986 a 990, a matéria era regida pelo art. 12 do Código de Processo Civil: "Serão representados em juízo, ativa e passivamente: (...) III – a massa falida, pelo síndico; IV – a herança jacente ou vacante, por seu curador; V – o espólio, pelo inventariante; VII – as sociedades sem personalidade jurídica, pela pessoa a quem couber a administração dos seus bens; IX – o condomínio, pelo administrador ou pelo síndico".

Com efeito, a massa falida, a herança, o espólio, as sociedades sem personalidade e o condomínio não possuem personalidade jurídica e, no entanto, possuem representantes legais, como síndico, curador, inventariante, administrador, os quais estão legitimados, ativa e passivamente, a exercer plenamente a capacidade processual dos interesses respectivos.

Nesta conformidade, o Superior Tribunal de Justiça tem assentada a seguinte jurisprudência: "Podem litigar em juízo as 'pessoas formais', as sociedades de fato, as sociedades ainda sem personalidade jurídica, ou já sem personalidade jurídica" (STJ – 4.ª Turma, REsp. 1.551-MG, Rel. Min. Athos Carneiro, j. 20/03/1990).

Também nessa direção são as decisões dos tribunais quanto à capacidade processual de consórcios, os quais não possuem, evidentemente, personalidade jurídica, o que não obsta que sejam representados em juízo nessa condição.

Os autores empregam diferentes nomes para designar os entes sem personalidade jurídica, entre outros *quase-pessoas*, *pessoas 'sui generis'* e *sociedades de fato*.

O Código Civil vigente dedica o Subtítulo I do Título I do Livro II (sobre direito de empresa) à sociedade não personificada e o Capítulo I à sociedade em comum, a fim de regular a situação da sociedade constituída de fato mas não de direito.

Com efeito, denomina de forma ampla *sociedades sem personalidade* e emprega a expressão "sociedade em comum" como subtipo de "sociedade não personificada", e a define como a sociedade constituída de fato com fim empresarial ou produtivo e cujo ato constitutivo não foi efetivado com a inscrição no registro próprio.

Na disciplina do Código Civil, os sócios dessa sociedade em comum, como sociedade de fato, somente podem provar a existência da sociedade por escrito, mas terceiros podem provar essa existência usando qualquer meio (art. 987). Segue que os bens e dívidas sociais constituem patrimônio especial do qual os sócios são titulares (art. 988) e respondem, solidária e ilimitadamente, pelas obrigações sociais (art. 990), questões que deverão ser melhor estudadas no Livro II da Parte Especial, que trata do direito empresarial.

QUADRO SINÓTICO

PESSOAS JURÍDICAS

1. **Origem:** a primeira coletividade abstrata a se atribuir personalidade foi o Estado. No período republicano de Roma afirmou-se a existência de associações de direito privado: colégios, ordens religiosas, templos e a própria herança jacente.

2. **Conceito:** coletividade de pessoas ou patrimonial à qual a ordem jurídica atribui personalidade jurídica, tornando-a susceptível de direitos e obrigações.

3. **Teorias**

   a. **Clássica:** o homem é a única pessoa que existe realmente; a pessoa jurídica existe idealmente, como *ficção legal* (SAVIGNY).

b. **Objetiva:** pessoas jurídicas são entidades com vida autônoma, estrutura, vontade e fins próprios, uma realidade objetiva e não mera criação do direito; o direito apenas confere legalidade ao que já existe (DEL VECCHIO).

4. Classificação

4.1 Direito público interno: União, Estados, Distrito Federal, Territórios, Municípios, Autarquias e Entidades de caráter público criadas por lei.

4.2 Direito público externo: Estados estrangeiros e demais pessoas regidas pelo direito internacional público.

4.3 Direito privado

a. **Associações:** finalidade não econômica, congregando pessoas com fins recreativos, culturais, pios, religiosos e científicos.

b. **Sociedades:** *sociedade simples ou empresarial* visam fins econômicos para os seus sócios. São reguladas pelo *Direito de Empresa* (Livro II da Parte Especial).

c. **Fundações:** universalidade patrimonial destinada a um fim especial declarado pelo seu instituidor. Seus fins só podem ser: religiosos, morais, culturais ou de assistência (art. 62).

5. Responsabilidade civil

5.1 Pessoa jurídica de direito público interno: teoria do risco e da responsabilidade objetiva em relação a terceiros – assegura ao ente público o direito de ação regressiva contra o servidor ou funcionário causador do dano (art. 43).

5.2 Pessoa jurídica de direito privado: teoria da culpa e da responsabilidade subjetiva – responde pelos atos ilícitos praticados pelos seus representantes.

6. Existência legal: atos constitutivos (atas, contratos) e registro.

7. **Registro da pessoa jurídica:** início de existência legal da pessoa jurídica e do começo da personalidade jurídica. Conterá: denominação, fins, sede, tempo de duração e fundo social, quando houver; nome e individualização dos fundadores ou instituidores e diretores; forma de administração e representação, responsabilidade social, condições de extinção e destino patrimonial.

8. **Autorização governamental:** quando necessária sua aprovação pelo Poder Executivo.

9. **Prazo para anulação de constituição:** decadência = 3 anos.

10. **Desconsideração da personalidade:** desconsidera-se, provisoriamente, a personalidade alcançando-se o patrimônio pessoal dos sócios em face de abuso da personalidade e desvio de finalidade, ou confusão patrimonial (art. 50).

11. **Dissolução, liquidação e cancelamento do registro da pessoa jurídica:** fases – averbação da sociedade dissolvida ou cassada, liquidação judicial e cancelamento do registro.

12. **Direitos da personalidade:** começam com a inscrição no registro próprio e terminam com o cancelamento da inscrição. São direitos da personalidade jurídica a própria denominação, a imagem, o sigilo e a honra objetiva (art. 52).

13. **Sociedades sem personalidade:** constituídas de fato com fim empresarial ou produtivo e cujos atos constitutivos previstos em lei não foram observados. Os sócios respondem solidária e ilimitadamente pelas obrigações sociais (art. 990).

capítulo 6

Domicílio

6.1 Conceito Legal

De acordo com o Código Civil:

> *Art. 70. O domicílio da pessoa natural é o lugar onde ela estabelece a sua residência com ânimo definitivo.*

Na definição encontram-se dois elementos sempre ressaltados no âmbito da doutrina: o primeiro é *objetivo*, e consiste do *lugar* onde a pessoa natural estabelece a sua residência; e o outro, *subjetivo*, refere-se ao ânimo definitivo de permanência no local.

O conceito tem o elemento material da residência no local determinado objetivamente, e o elemento de natureza psicológica do *animus manendi.*

A definição do Código vigente não alterou a do anterior, alvo de inúmeras críticas da doutrina em virtude de insuficiências conceituais e imprecisões terminológicas. Assim, manteve o equívoco de equiparar domicílio com residência. O domicílio é conceito de natureza jurídica, criação da ordem jurídica, e como tal trata-se do local de fato, ou não, onde a pessoa natural reside ou pode ser encontrada, ou ainda do local presumido para fins legais.

Residência corresponde à relação de fato e consiste no local onde a pessoa natural estabelece a sua moradia, o local de sua casa ou habitação.

Lamentável a imprecisão do emprego do termo *definitivo* como sinônimo de não passageiro, temporário ou efêmero. Nem todas as coisas – e aí se inclui o domicílio – não temporárias, não passageiras e não efêmeras são definitivas.

Segue ser a residência da pessoa natural um tipo de domicílio entre outros, em face do sistema plural de domicílios adotado no País. Inclusive no caso de a pessoa natural viver em mais de uma residência, de forma alternada:

> *Art. 71. Se, porém, a pessoa natural tiver diversas residências, onde, alternadamente, viva, considerar-se-á domicílio seu qualquer delas.*

Aqui melhor se define a sede jurídica de pessoas naturais ou jurídicas onde possam ser encontradas para os fins de direito. De fato, a noção de domicílio importa aos mais diversos campos do direito: ao direito *fiscal*, em matéria tributária; ao direito *eleitoral*, na determinação da zona eleitoral e do local de exercício da cidadania da pessoa natural; ao direito privado internacional, pois a lei do país em que for domiciliada a pessoa determina a regra sobre o começo e o fim da personalidade, o nome, a capacidade e os direitos de família; e à sucessão e à ausência, pois "obedece à lei em que estava domiciliado o defunto ou o desaparecido" (arts. 7.º e 10 da LICC); ao direito processual, com os critérios para fixação do foro competente para a ação (art. 94 do CPC: "A ação fundada em direito pessoal e a ação fundada em direito real sobre bens móveis serão propostas, em regra, no foro do domicílio do réu"). Ainda no âmbito do direito processual, na indicação do domicílio do autor e do réu, que devem constar da petição inicial (art. 282, II, do CPC).

Na disciplina do próprio Código Civil também é domicílio o local onde a pessoa natural exerce a sua profissão, ou mais de um local de exercício profissional, se for o caso:

Art. 72. É também domicílio da pessoa natural, quanto às relações concernentes à profissão, o lugar onde esta é exercida.

Parágrafo único. Se a pessoa exercitar profissão em lugares diversos, cada um deles constituirá domicílio para as relações que lhe corresponderem.

6.2 Classificação

Sem compactuar com as doutas opiniões em contrário, vislumbramos apenas dois tipos ou espécies de domicílio: *domicílio voluntário* e *domicílio necessário*.

Incluímos na categoria *voluntário* todos os tipos e espécies de domicílio previstos no Código Civil que a pessoa natural detenha a faculdade, prerrogativa ou possibilidade jurídica de escolher ou definir, pela própria vontade. Neste sentido, inclui-se nessa categoria a residência da pessoa natural plenamente capaz e o domicílio das pessoas jurídicas de direito privado, já que os instituidores dessas pessoas estipulam o domicílio no registro do estatuto ou ato constitutivo. O mesmo raciocínio aplica-se ao chamado *foro de eleição*, estabelecido nos contratos para o cumprimento das obrigações ali pactuadas, por muitos chamados *domicílio de eleição*.

Outrossim, temos como domicílio *necessário* todos os tipos ou espécies em que as pessoas naturais, em face de determinadas condições, não possuem liberdade para escolher ou determinar o local do domicílio, que se encontra determinado por força de lei.

Nesse sentido incluem-se os domicílios das pessoas jurídicas de direito público, do incapaz, do servidor público, do militar da ativa, do marítimo e do preso.

Ao adotarmos a classificação dualista, deixamos de acolher algumas classificações consagradas, que admitem também o *domicílio legal* e o *domicílio de eleição* como espécies autônomas.

Obtemperamos que todo tipo de domicílio regulado no Código Civil (Lei 10.406/2002) é legal. E se as partes contratantes decidem livremente o local para cumprimento das obrigações, o domicílio é voluntário. Qualquer classificação doutrinária é arbitrária, inclusive a que adotamos. Por exemplo, o domicílio do agente diplomático é ao mesmo tempo voluntário – a lei faculta ao diplomata indicar o local para a citação – e necessário, se não o indica, o local será o Distrito Federal ou o último local onde esteve no país. De maneira que se afigura excessivo buscar filigranas para separar classes domiciliares quando em última análise a principal diferença reside na capacidade, ou não, de a pessoa escolher o local do domicílio: se a própria pessoa tem a capacidade jurídica de definir o local do domicílio, este será o domicílio voluntário; caso contrário, se a pessoa não dispõe dessa faculdade de agir porque o domicílio já se encontra definido pela lei, trata-se do domicílio necessário.

6.3 Unidade e Pluralidade

O sistema domiciliar adotado no Brasil, conforme assinalado anteriormente, é o da pluralidade. Com efeito, estendem-se a mais de uma residência da pessoa natural, ou aos locais de trabalho ou de exercício profissional e também aos diversos lugares de estabelecimentos de pessoas jurídicas de direito privado para os atos neles praticados.

Todavia, no direito comparado é possível identificar duas orientações quanto à fixação de domicílio: esta da pluralidade adotada no Brasil, idêntica à de Portugal e da Alemanha, mas também o sistema do domicílio único, adotado na França, Inglaterra e Estados Unidos da América.

Originário do direito romano, estendeu-se a Portugal e chegou ao Brasil o sistema da pluralidade de domicílio, o qual pode ser representado tanto pelo local da residência da pessoa natural quanto pelo centro de ocupação laboral.

Se a pessoa natural possuir mais de uma residência e mais de um centro de ocupação, considera-se domicílio qualquer das residências ou dos locais de trabalho.

Situação bastante distinta de quem pode ser encontrado em mais de uma residência habitual ou mais de um local de trabalho é a das pessoas que não possuem residência fixa e tampouco possuem local de trabalho determinado.

Não são poucas as pessoas que vivem e trabalham em constantes viagens, a exemplo dos grupos circenses, de alguns mascates e motoristas profissionais, entre outros. A solução, aliás, já conhecida do Código de 1916, foi disciplinada também no Código vigente:

> *Art. 73. Ter-se-á por domicílio da pessoa natural, que não tenha residência habitual, o lugar onde for encontrada.*

Relativamente à mudança de domicílio, o Código Civil brasileiro do século XXI mantém a pérola do Código de 1916:

> *Art. 74. Muda-se o domicílio, transferindo a residência, com a intenção manifesta de o mudar.*
>
> *Parágrafo único. A prova da intenção resultará do que declarar a pessoa às municipalidades dos lugares, que deixa, e para onde vai, ou, se tais declarações não fizer, da própria mudança, com as circunstâncias que a acompanharem.*

Transcreve o dispositivo legal de 1916 – sem a escusa deste de ser do início do século passado – regra que se afigura pleonástica e inútil. Pura tautologia dizer "muda-se o domicílio transferindo a residência", algo como dizer: "muda-se com a mudança".

Também sem aplicação prática quando fala em comunicação às municipalidades de origem e de destino como prova da intenção de mudança. Ademais, para fins de comprovação de domicílio, são legalmente válidos documentos públicos ou particulares, contratos de locação, escritura de imóvel, declaração de imposto de renda, contas de água, luz, gás, telefone etc. Na dinâmica do mundo atual, esperar da pessoa natural uma comunicação às autoridades do local que deixa e igual comunicação às autoridades do local para onde se desloca não parece razoável. O *animus* de mudar comprova-se com a própria mudança.

6.4 Domicílio das Pessoas Jurídicas

O domicílio da pessoa jurídica é a sede para fins de direito onde pode ser demandada e responder pelos atos em seu nome praticados. Sendo evidente que as pessoas jurídicas não possuem residência, seu domicílio passa a ser o lugar onde atua a sede do seu governo e da sua administração.

Como as pessoas jurídicas podem ser de direito público e de direito privado e essa distinção tem diversas repercussões no âmbito do direito, também esses reflexos diversos são aplicados na definição do domicílio da pessoa jurídica.

Neste sentido, as pessoas jurídicas de direito público têm por domicílios as sedes dos governos, os locais onde funcionam as respectivas administrações. Já as pessoas jurídicas de direito privado têm por domicílio o local de funcionamento da sua administração ou diretoria, bem assim o local onde elegerem domicílio especial no estatuto ou ato constitutivo.

O Código Civil regula a matéria:

> *Art. 75. Quanto às pessoas jurídicas, o domicílio é:*
>
> *I – da União, o Distrito Federal;*
> *II – dos Estados e Territórios, as respectivas capitais;*
> *III – do Município, o lugar onde funcione a administração municipal;*
> *IV – das demais pessoas jurídicas, o lugar onde funcionarem as respectivas diretorias e administrações, ou onde elegerem domicílio especial no seu estatuto ou atos constitutivos.*
>
> *§ 1.º Tendo a pessoa jurídica diversos estabelecimentos em lugares diferentes, cada um deles será considerado domicílio para os atos nele praticados.*
> *§ 2.º Se a administração, ou diretoria, tiver a sede no estrangeiro, haver-se-á por domicílio da pessoa jurídica, no tocante às obrigações contraídas por cada uma das suas agências, o lugar do estabelecimento, sito no Brasil, a que ela corresponder.*

O domicílio da União é o Distrito Federal, mas por representar a Federação tem jurisdição em todo território nacional, podendo demandar e ser demandada no domicílio do autor ou no local da ocorrência do fato que originou a demanda, a teor do art. 109 da Constituição Federal: "Aos juízes federais compete processar e julgar: (...) § 1.º As causas em que a União for autora serão aforadas na seção judiciária onde tiver domicílio a outra parte. § 2.º As causas intentadas contra a União poderão ser aforadas na seção judiciária em que for domiciliado o autor, naquela onde houver ocorrido o ato ou fato que deu origem à demanda ou onde esteja situada a coisa, ou, ainda, no Distrito Federal".

Quanto às pessoas jurídicas de direito privado, como se pode observar, o Código busca assegurar aos responsáveis pela sua constituição total liberdade de escolha quanto à definição do domicílio. Têm as pessoas naturais que criam a pessoa jurídica plena autonomia de estabelecer nos contratos e atos constitutivos o domicílio da coletividade jurídica. O domicílio da pessoa jurídica é a sede da sua administração, da respectiva diretoria ou onde elegerem no estatuto ou contrato.

Não raramente a pessoa jurídica tem vários estabelecimentos fixados em diferentes praças ou localidades. Cada uma destas localidades é considerada domicílio da pessoa jurídica de direito privado relativamente aos atos ali praticados. Tratando-se de pessoa jurídica com sede no estrangeiro, com filiais ou representações no Brasil, no que diz respeito às obrigações contraídas em território brasileiro, o domicílio será o do lugar do estabelecimento no Brasil que corresponder às referidas obrigações.

O domicílio é necessário quando, em face da situação jurídica da pessoa, esta não tem a possibilidade jurídica de escolher, voluntariamente, o próprio domicílio, estando por essa razão o domicílio definido na própria lei. O Código Civil declara:

> *Art. 76. Têm domicílio necessário o incapaz, o servidor público, o militar, o marítimo e o preso.*
>
> *Parágrafo único. O domicílio do incapaz é o do seu representante ou assistente; o do servidor público, o lugar em que exercer permanentemente suas funções; o do militar, onde servir, e, sendo da Marinha ou da Aeronáutica, a sede do comando a que se*

encontrar imediatamente subordinado; o do marítimo, onde o navio estiver matriculado; e o do preso, o lugar em que cumprir a sentença.

Seguindo a orientação do Código anterior, o atual se ocupou de matéria processual e também de direito internacional público ao reger a citação de agente diplomático no exterior.

Manteve o óbice à jurisdição civil do diplomata a serviço do Brasil no estrangeiro a fim de compatibilizar a regência do domicílio civil do diplomata com outras regras de imunidade que visam à garantia da independência do alto funcionário do governo brasileiro que exerce suas funções no exterior. A norma do art. 77 não exclui, como aliás não poderia, o diplomata de demandas judiciais, mas remete àquelas autoridades a definição do local para a demanda. Assim, se julgar indevido responder no estrangeiro, alegará a extraterritorialidade e a ação correrá em território brasileiro, em domicílio indicado, ou, em caso de omissão, na sede do Distrito Federal ou ainda no último lugar onde esteve do território brasileiro:

> *Art. 77. O agente diplomático do Brasil, que, citado no estrangeiro, alegar extraterritorialidade sem designar onde tem, no país, o seu domicílio, poderá ser demandado no Distrito Federal ou no último ponto do território brasileiro onde o teve.*

O Código regula o que a doutrina recorrentemente chama de *domicílio de eleição* ou *contratual*, que é o que as partes contratantes manifestam expressamente e por escrito como sendo o local de cumprimento das obrigações avençadas. Neste sentido:

> *Art. 78. Nos contratos escritos, poderão os contratantes especificar domicílio onde se exercitem e cumpram os direitos e obrigações deles resultantes.*

A nosso ver, nada mais é do que espécie de domicílio voluntário, tendo em vista que a livre vontade dos pactuantes é requisito de validade da avença.

Quadro Sinótico

Domicílio

1. **Conceito:** da pessoa natural é o lugar onde ela estabelece a sua residência com ânimo definitivo ou exerce as suas atividades profissionais (arts. 70 e 72). Das pessoas jurídicas é a sede de suas atividades ou da administração de governo.

2. **Classificação**

   2.1 **Voluntário:** se a pessoa tem a faculdade de escolher e definir livremente o local de seu domicílio, inclusive o fixado nos contratos pelos contratantes, o qual se costuma chamar "de eleição".

   2.2 **Necessário:** determinadas condições obstam a liberdade de escolha e assim o local do domicílio é determinado pela lei. Exemplos: pessoas jurídicas de direito público, incapazes, servidor público, militar da ativa, marítimo e preso.

3. **Pluralidade:** sistema adotado no Brasil, que considera domicílio uma ou mais residências onde alternadamente se viva (art. 71) ou, no que concerne à profissão, o local de trabalho (art. 72) e também os diferentes lugares estabelecidos pelas pessoas jurídicas de direito privado (art. 75, IV e § 1.º).

4. **Pessoa sem residência habitual:** o local onde for encontrada (art. 73).

5. **Mudança:** ocorre quando se transfere a residência (art. 74: tautológico). Prova: declaração da pessoa às municipalidades dos lugares que deixa, e para onde vai, ou a própria mudança.

6. **Diplomata a serviço do Brasil:** se entender indevido responder a ações no estrangeiro, pode alegar extraterri-

torialidade, devendo indicar o local da citação. Não indicando o local, ter-se-á como domicílio a sede do Distrito Federal ou o último lugar onde o agente diplomático esteve no Brasil (art. 77).

capítulo 7

Bens

7.1 Bens e Coisas

No âmbito doutrinário, costuma-se estudar os bens como *objeto* de relações jurídicas. Neste sentido, alguns autores confundem objeto de relação jurídica com bens jurídicos (DINIZ, 1999, p. 187). No entanto, se é certo que os bens são objeto de relações jurídicas, o campo dessas relações jurídicas é mais amplo que o dos bens, haja vista o direito familiar, o das obrigações, os direitos personalíssimos, entre outros.

Neste sentido, ARNOLD WALD (1995, p. 155) leciona que a noção de bem jurídico abrange um campo mais amplo do que o de coisas: "a noção de bem era mais ampla do que a de coisa, abrangendo todos os valores materiais ou imateriais que possam ser objeto de uma relação jurídica. O bem jurídico seria, assim, todo interesse protegido pela lei, abrangendo para alguns autores, tanto as coisas como as obrigações e sendo incluído no rol dos bens os próprios direitos da personalidade, ou seja, o direito à liberdade, ao nome, à honra".

Em contrário, outros lecionam ser a *coisa* gênero do qual o *bem* é espécie, entendendo que o bem jurídico abrange a coisa, mas que nem toda coisa constitui bem jurídico. Nesse conceito de *coisa* em sentido ampliado compreende-se tudo o que existe na natureza fora da pessoa humana, e o conceito de *bem jurídico* restringe-se apenas às coisas susceptíveis de apropriação e de utilização, coisas que tenham valor econômico.

As coisas que existem na natureza e não são apropriáveis, ou não são utilizáveis com fins econômicos não constituem bens jurídicos, a exemplo da luz do Sol, das águas do mar oceânico e do ar. Todavia, doutrina DE RUGGIERO (1999, p. 339), se alguma fração de águas do mar, do ar atmosférico ou da luz solar for passível de apropriação, ou utilização econômica, ou para comodidade de uma determinada pessoa natural ou jurídica, essa fração subtraída da natureza que perdeu a condição de inapropriável e de inutilizável passa a ter valor econômico, constituindo-se em bem jurídico para o direito privado.

Nessa noção de bem jurídico para o direito privado ressaltam-se os elementos subjacentes do conceito: *apropriação*, *utilização* e *valor econômico*.

A delimitação do *objeto de relação jurídica* não se define pela condição natural deste objeto ou pelas propriedades intrínsecas da coisa em si, uma vez que não são as qualidades ontológicas do objeto que definem esta sua condição nas relações de direito. O direito enquanto construção humana, quando distingue o *bem* de seu titular, o faz historicamente. Neste sentido, a pessoa humana, havida como titular de direitos, nem sempre tem esta condição jurídica, bastando lembrar o instituto da escravidão e o comércio de escravos. Dessa maneira, apenas uma visão idealista do homem e do direito pode falar de forma absoluta no homem como sujeito de direito e nas coisas como objeto de direito.

No entanto, no que diz respeito ao bem de direito privado, a apropriação, a utilidade e o valor econômico são aspectos relevantes para a constituição do bem jurídico, como de sorte assinalado fartamente na doutrina.

Segundo SÍLVIO MARCONDES MACHADO "bens são coisas que, por serem úteis e raras, são susceptíveis de apropriação e contêm valor econômico" (*apud* RODRIGUES, 1998, p. 110).

Para AGOSTINHO ALVIM "são as coisas materiais ou imateriais que têm valor econômico e que podem servir de objeto de uma relação jurídica (*apud* DINIZ, 1999, p. 187).

WASHINGTON DE BARROS MONTEIRO (1989, p. 133) diz que "bens são valores materiais ou imateriais, que podem ser objeto de uma relação de direito".

Para ROBERTO DE RUGGIERO (1999, p. 400) "é tudo quanto possa ser objeto de direito e, assim, qualquer parte do mundo externo capaz de se sujeitar ao nosso poder e susceptível de produzir uma utilidade econômica".[8]

E, por fim, segundo ABIB NETO (1995, p. 71): "Restritivamente ao Código Civil, bens são as coisas que formam ou podem vir a formar patrimônio da pessoa natural ou jurídica".

7.2 Disciplina do Código Civil

O Livro II da Parte Geral do Código Civil sistematiza os bens em três capítulos. O primeiro capítulo rege os *bens considerados em si mesmos:* bens imóveis e móveis, bens fungíveis e consumíveis, bens divisíveis, bens singulares e coletivos. O capítulo segundo regula os *bens reciprocamente considerados*: bem principal e acessório, pertenças e benfeitorias. O terceiro capítulo trata dos bens públicos do domínio nacional pertencentes às pessoas jurídicas de direito público interno e dos bens particulares.

Vale ressaltar que o Código de 2002, diferentemente do seu predecessor, não emprega a expressão "coisa" a par da palavra "bens". Entretanto, apegados à lei civil anterior, alguns autores insistem no emprego da palavra "coisa", o que se afigura equívoco, uma vez que as noções de coisa e de bem agitam a doutrina, e tendo o legislador optado pela uniformização da nomenclatura, não cabe ao intérprete da lei criar ou recriar o que na lei examinada não mais existe.

Na classificação do Código, considera-se relevante saber se os bens existem por si mesmos, independentes de outros, ou se existem em relação a outros bens, e também a natureza jurídica da pessoa titular do bem: se de direito público, ou de direito privado.

[8] DE RUGGIERO, ob. cit., p. 400.

7.2.1 Bens considerados em si mesmos

Na classe de bens *considerados em si mesmos* estão compreendidos os bens *imóveis* (arts. 79, 80, I e II, e 81, I e II); os bens *móveis* (arts. 82, 83, I a III, e 84); os bens *fungíveis* (arts. 85 e 86); os bens *divisíveis* (arts. 87 e 88); e encerrando o capítulo, na Seção V, os *bens singulares* e *coletivos* (arts. 89 a 91).

7.2.1.1 Imóveis

Na definição do bem imóvel ressalta-se a impropriedade desses bens para a locomoção, a mobilidade, a remoção, posto que em tais circunstâncias o imóvel perde a sua substância, sofre destruição ou diminui o seu valor.

Neste sentido, diz o Código:

> *Art. 79. São bens imóveis o solo e tudo quanto se lhe incorporar natural ou artificialmente.*

Tanto o solo, que não se pode transportar de um lugar para o outro, denominado *imóvel por natureza*, como o nome diz, possui imobilidade determinada pela sua natureza fixa de solo, como também tudo que se incorporar ao solo, natural ou artificialmente. Imóvel por *acessão* é *tudo que se incorpora permanentemente ao solo*, de modo que a sua posterior retirada importa em destruição ou dano. A acessão pode ser *natural*, se constituída de acessórios naturais do solo, como as árvores, subsolo e espaço aéreo, e *física*, se for artificial como as construções e tudo quanto o homem incorporar permanentemente à terra.

Constam, também os *imóveis para efeitos legais*, que têm a finalidade de garantir a segurança das relações jurídicas:

> *Art. 80. Consideram-se imóveis para os efeitos legais:*
>
> *I – os direitos reais sobre imóveis e as ações que os asseguram;*
> *II – o direito à sucessão aberta.*

Os direitos reais sobre imóveis, como o direito à propriedade, ao uso, ao usufruto, à superfície, ao penhor agrícola e todos os demais previstos no Código Civil, bem assim o direito de ação que assegura o direito real respectivo, como a ação de reintegração de posse, a ação possessória, a ação hipotecária etc. são direitos incorpóreos, abstratos. A lei civil torna esses bens imóveis visando à maior segurança da tutela jurídica conferida aos bens e aos negócios jurídicos envolvendo os imóveis. Pela mesma razão, isto se aplica à sucessão. Da morte do *de cujus* segue-se a abertura da sucessão. Os herdeiros habilitados na sucessão disporão, na forma da lei civil, dos bens havidos na herança, qualquer que seja a sua natureza, como imóveis. Na aquisição dos imóveis, a lei exige maior formalidade, como na transmissão, que não se dá por tradição mas por meio de escritura pública.

Os imóveis por acessão artificial podem adquirir a qualquer tempo a condição de móveis. No entanto, eles *não perdem o caráter de bens imóveis* quando, provisoriamente separadas as acessões, voltam a ser reempregadas nos mesmos prédios, e também quando as edificações, separadas do solo e removidas para outro local, conservam a sua unidade (art. 81, I e II). Assim, se a edificação removida não implicar a destruição, mantendo-se a conservação da unidade, permanece como imóvel. Se, porém, ocorrer a destruição, demolição do edifício, esse material perde a condição jurídica de imóvel e passa à condição de móvel. No entanto, se a retirada do material é provisória, para fins de conservação ou reutilização, como a retirada de telhado, portas, janelas, como serão reempregadas no mesmo imóvel permanecem como imóveis.

Neste sentido, diz o Código:

> *Art. 81. Não perdem o caráter de imóveis:*
>
> *I – as edificações que, separadas do solo, mas conservando a sua unidade, forem removidas para outro local;*
> *II – os materiais provisoriamente separados de um prédio, para nele se reempregarem.*

Entre os requisitos de maior formalidade dos atos relativos a bens imóveis, com o escopo de conferir maior segurança jurídica aos negócios, resumidamente, podemos destacar:

1. a alienação de bens imóveis deverá ser feita por meio de *escritura pública*, porquanto a propriedade imobiliária se adquire com a transcrição do registro de propriedade no Cartório de Registro de Imóveis;
2. exige-se a outorga uxória na alienação de bens imóveis;
3. os imóveis geram tributos próprios, como o imposto territorial, predial e de transmissão de imóveis;
4. no âmbito do direito internacional privado, a matéria relativa ao imóvel regula-se pela lei do país em que o imóvel está situado.

7.2.1.2 Móveis

Os bens *móveis* são os que possuem movimento próprio, a exemplo dos semoventes, ou que podem ser transportados por meio de força alheia de um local para o outro sem destruição, sem perda de sua substância ou de destinação econômica. Na disciplina do Código Civil:

> *Art. 82. São móveis os bens suscetíveis de movimento próprio, ou de remoção por força alheia, sem alteração da substância ou da destinação econômico-social.*

Irrelevante, juridicamente, a caracterização do bem imóvel se a mobilidade decorre de força própria, como os animais *semoventes* ou se movidos por outrem, como mercadorias, objetos etc.

Segue que em relação aos bens móveis, a fim de dar coerência ao sistema, o Código Civil considera móveis para efeitos legais os direitos reais sobre móveis e as ações respectivas, direitos pessoais patrimoniais e respectivas ações e as energias com valor econômico como a elétrica:

> *Art 83. Consideram-se móveis para os efeitos legais:*
>
> *I – as energias que tenham valor econômico;*
> *II – os direitos reais sobre objetos móveis e as ações correspondentes;*
> *III – os direitos pessoais de caráter patrimonial e respectivas ações.*

Dessa forma, o Código confere efeito legal de bens móveis aos direitos reais sobre os móveis e às respectivas ações, aos direitos obrigacionais e às ações respectivas, aos direitos autorais e às energias com valor econômico.

A seção de bens móveis é finalizada com os materiais destinados à construção, enquanto não utilizados na obra, os quais permanecem móveis, pois só adquirem a condição de imóveis depois de empregados na construção. Se, porém, a construção sofrer demolição, o material readquire a condição de móvel:

> *Art. 84. Os materiais destinados a alguma construção, enquanto não forem empregados, conservam sua qualidade de móveis; readquirem essa qualidade os provenientes da demolição de algum prédio.*

Visando melhor distinção em relação aos bens imóveis, alguns efeitos jurídicos decorrentes dos bens móveis devem ser destacados:

1. os bens móveis adquirem-se pela simples tradição ou entrega;
2. os bens móveis prescindem da outorga uxória nos atos de alienação;
3. os bens móveis geram tributação específica, como o imposto sobre circulação de mercadorias e sobre produtos industrializados;
4. para fins de aforamento da ação, aplica-se, como regra, a lei de domicílio do proprietário do bem móvel.

7.2.1.3 Fungíveis e infungíveis

Fungíveis são os bens móveis que, qualificando-se pelo peso, número e medida, são suscetíveis de substituição por outros da mesma espécie, qualidade e quantidade. A fungibilidade é própria dos bens móveis e consiste na possibilidade de substituição do bem por outro da mesma espécie, quantidade e qualidade. Por exemplo: dinheiro, açúcar, cimento etc.

> *Art 85. São fungíveis os móveis que podem substituir-se por outros da mesma espécie, qualidade e quantidade.*

Por seu turno, os bens *infungíveis* são aqueles que por sua natureza ou qualidades individuais são insubstituíveis. Por exemplo: certos bens móveis como obras de arte e todos os bens imóveis, posto ser a fungibilidade própria de bens móveis.

7.2.1.4 Consumíveis e inconsumíveis

São consumíveis os bens móveis que perdem a sua substância com o uso e também os destinados à alienação. Nesta conformidade, a consumibilidade dos bens é de duas espécies: *natural* – quando o uso do bem importa a destruição "imediata" de sua própria substância; e *jurídica* – quando os bens não são consumíveis naturalmente, mas, destinados à alienação, adquirem essa condição pela vontade da lei. A palavra "imediata" deve ser entendida na medida do uso. Por exemplo: a gasolina do avião que irá atravessar o Atlântico. É o que reza o Código Civil:

> *Art. 86. São consumíveis os bens móveis cujo uso importa destruição imediata da própria substância, sendo também considerados tais os destinados à alienação.*

Outrossim, *inconsumíveis* são os bens que podem ser utilizados repetidas vezes, sem que o uso represente a imediata destruição de sua substância ou de sua integridade, como também aqueles bens que não estão dispostos à alienação.

7.2.1.5 Divisíveis e indivisíveis

A questão jurídica da possibilidade de fracionamento dos bens não se resume à natureza física indivisível desses bens. Segue que os bens, embora divisíveis naturalmente, podem se tornar indivisíveis juridicamente, em face de disposição legal ou vontade das partes.

Na definição legal, são divisíveis os bens que podem ser fracionados em partes reais sem alteração da sua substância, conservando cada parcela a condição de um todo perfeito, de modo que cada fração conserva o valor econômico, pois cada porção mantém a utilidade a que se destina:

> *Art. 87. Bens divisíveis são os que se podem fracionar sem alteração na sua substância, diminuição considerável de valor, ou prejuízo do uso a que se destinam.*

No entanto, a divisibilidade física não se confunde com a jurídica e por essa razão:

> *Art. 88. Os bens naturalmente divisíveis podem tornar-se indivisíveis por determinação da lei ou por vontade das partes.*

Exemplifica a indivisibilidade determinada pela lei a servidão predial, que subsiste inclusive no caso de divisão dos imóveis (CC, art. 1.386). No caso do condomínio, é lícita a divisão da coisa comum, respondendo cada condômino pela sua parte (art. 1.320), mas pela regra do parágrafo único os condôminos podem acordar que a coisa fique indivisa por até cinco anos.

Resumidamente, são indivisíveis os bens que não podem ser divididos sem alteração de sua substância e os que, embora naturalmente divisíveis, são juridicamente indivisíveis, por expressa determinação da lei, ou convenção entre as partes.

7.2.1.6 Singulares e coletivos

Os bens ou são *singulares* ou são *universais*. A doutrina costuma subdividir os bens singulares em simples e compostos (VENOSA, 2003, p. 332), mas a matéria tem difícil sustentação, haja vista a inevitável confusão entre a chamada heterogeneidade do bem singular composto e a relação de reciprocidade entre o bem principal e o acessório.

É singular o bem considerado na sua individualidade, independentemente de estar agregado ao conjunto de outros bens:

> *Art. 89. São singulares os bens que, embora reunidos, se consideram* de per si, *independentemente dos demais.*

Os bens *coletivos* ou *universais* expressam-se em conjuntos de bens singulares, formando um todo de fato que pertence a uma mesma pessoa e que tem destinação única, como biblioteca, boiada etc. ou um complexo de relações jurídicas com valor econômico como o patrimônio e a herança.

O Código Civil faz a distinção entre *universalidade de fato*, pluralidade de bens singulares e corpóreos, e *universalidade de direito*:

> *Art. 90. Constitui universalidade de fato a pluralidade de bens singulares que, pertinentes à mesma pessoa, tenham destinação unitária.*
>
> *Parágrafo único. Os bens que formam essa universalidade podem ser objeto de relações jurídicas próprias.*

Decorre da vontade humana agregar bens materiais ou corpóreos, a fim de formar um bem que representa o conjunto dos bens singulares, nada obstando que cada individualidade seja objeto de direito.

Já a universalidade de direito é abstrata e constitui-se de relações jurídicas da pessoa dotada de valor econômico, como o *patrimônio*, a *herança* e a *massa falida*. O Código assim a define:

> *Art. 91. Constitui universalidade de direito o complexo de relações jurídicas, de uma pessoa, dotadas de valor econômico.*

Na sistemática da lei civil vigente, algumas regras com previsão expressa no Código de 1916 não aparecem, como a regra do art. 55, segundo a qual a coletividade se extingue quando reduzida a um único indivíduo, e a do art. 56, que diz que na coletividade fica sub-rogado ao indivíduo o respectivo valor e vice-versa.

7.2.2 Bens reciprocamente considerados

7.2.2.1 Principal e acessório

O Capítulo II regula os bens reciprocamente considerados, disciplinados no Código Civil da seguinte forma:

> *Art. 92. Principal é o bem que existe sobre si, abstrata ou concretamente; acessório, aquele cuja existência supõe a do principal.*

Na distinção entre bem principal e acessório faz-se uma operação eliminatória dos bens, de maneira que, subsistindo o bem independente do outro, isto é, se ao excluir o outro bem da relação de reciprocidade aquele permanece com suas funções e finalidades, tratar-se-á do bem principal; do contrário, se a exclusão do bem implicar o desaparecimento ou perda da função ou finalidade do bem é porque trata-se de bem acessório. O bem principal existe por si só, enquanto o bem acessório pressupõe a existência do principal.

Nesta conformidade, o solo é bem principal de que são acessórios os produtos orgânicos da superfície, os minerais do subsolo, bem assim as obras de aderência permanente realizadas sob ou sobre a superfície.

Na disciplina do Código de 1916 adotava-se a regra do *accessorium sequitur principale*: "Salvo disposição especial em contrário, a coisa acessória segue a principal" (art. 59). No Código vigente a regra sofreu profunda alteração em relação às pertenças. Com efeito, se antes a regra aplicável era de o acessório seguir o principal e a exceção resultar da lei ou da vontade das partes, pela norma vigente, como regra, o negócio relativo ao bem principal não envolve o acessório. Trata-se, como se pode observar, de mudança diametral, contraditória, inclusive, com a sistemática do próprio Código, que adota o princípio de que o principal alcança o acessório, como dispõe no art. 233 sobre a obrigação de dar coisa certa. Mas, até então, a não aplicação às pertenças não mereceu explicação dos especialistas, nem dos comentaristas do *Código Civil comentado*, nem do relator do projeto (FIUZA, 2002).

Na dicção do art. 60 do Código de 1916, entravam na classe dos acessórios os frutos, os produtos e os rendimentos.

O Código de 2003 não cuidou de conceituar *frutos e produtos*, apesar de sua relevância jurídica, de os mencionar no art. 95 e da recorrência com que aparecem na Parte Especial: nos arts. 1.215 (quando se reputam percebidos os produtos industriais); 1.232 (quando pertencem ao proprietário); 1.248 (da árvore de vizinho); 878 (dados em pagamento indevido); 1.669 (sobre sua incomunicabilidade); 2.020 (na herança e partilha); entre outras referências da lei civil.

Resumidamente, *fruto* é tudo que pode ser retirado periodicamente do bem principal e cuja utilização não importa em extinção do bem principal, a exemplo dos frutos naturais das árvores. Quanto ao *produto*, embora igualmente retirado de um bem principal, não possui periodicidade e renovação, logo a utilização reiterada pode levar ao esgotamento, a exemplo dos minerais existentes no subsolo, como petróleo, ouro ou gás natural. Relativamente ao *rendimento*, a doutrina o aponta como fruto civil, não sendo, portanto, uma espécie autônoma, qual leciona RODRIGUES (1998, p. 135).

Os frutos e produtos, na disciplina do novo Código, apesar de não separados do bem principal, podem ser objeto de negócio jurídico, conforme se verá adiante.

7.2.2.2 Pertenças

De acordo com o Código de 2002, as *pertenças* são bens acessórios, porquanto se destinam ao uso, ao serviço ou ao aformoseamento de outro bem:

> *Art. 93. São pertenças os bens que, não constituindo partes integrantes, se destinam, de modo duradouro, ao uso, ao serviço, ou ao aformoseamento de outro.*

Nesse conceito legal, ressalte-se a expressão "não constituindo partes integrantes", que enfatiza a autonomia e a individualidade das pertenças em relação ao bem principal. O vínculo jurídico entre o acessório e o principal tem natureza de acessão intelectual, conquanto as pertenças se "destinam, de modo duradouro (...)". São exemplos de pertenças as molduras de obras de arte, lustres e espelhos afixados no imóvel, acessórios dos automóveis etc.

O negócio jurídico pertinente ao bem principal só envolve as pertenças se lei o determinar ou se as partes assim acordarem. Do contrário, as pertenças não acompanham o principal, por exemplo a compra do apartamento não inclui as luminárias e as respectivas lâmpadas:

> *Art. 94. Os negócios jurídicos que dizem respeito ao bem principal não abrangem as pertenças, salvo se o contrário resultar da lei, da manifestação de vontade, ou das circunstâncias do caso.*

É inequívoca a intenção do legislador de ampliar a autonomia dos bens acessórios em relação ao principal, decerto visando facilitar a realização dos negócios jurídicos e privilegiar a manifestação de vontade das partes. Tanto assim que expressamente a lei prevê o ato negocial de bem acessório ainda não separado do bem principal:

> *Art. 95. Apesar de ainda não separados do bem principal, os frutos e produtos podem ser objeto de negócio jurídico.*

7.2.2.3 Benfeitorias

As benfeitorias são melhoramentos feitos pelas pessoas nos bens a fim de conservá-los, melhorá-los ou embelezá-los. Nesta conformidade, as melhorias ou o aumento de valor do bem decorrentes de fatores da natureza, como a acessão natural – aluvião, avulsão, formação de ilhas, desvio do álveo – para a qual não concorrem com capital ou indústria o proprietário, possuidor ou detentor, não se consideram benfeitorias. O Código classifica três espécies de benfeitorias, a saber: voluptuárias, úteis e necessárias.

> *Art. 96. As benfeitorias podem ser voluptuárias, úteis ou necessárias.*
>
> *§ 1.º São voluptuárias as de mero deleite ou recreio, que não aumentam o uso habitual do bem, ainda que o tornem mais agradável ou sejam de elevado valor.*
> *§ 2.º São úteis as que aumentam ou facilitam o uso do bem.*
> *§ 3.º São necessárias as que têm por fim conservar o bem ou evitar que se deteriore.*

De acordo com a definição, esculturas e adornos suntuosos como fontes, cachoeiras artificiais, piscina térmica numa residência particular, embora tornem mais agradável o bem ou aumentem o seu valor, mas que tenham por fim o mero deleite ou recreação do proprietário, possuidor ou detentor, são benfeitorias *voluptuárias*.

Relativamente às benfeitorias *úteis*, nada obstante prescindíveis, elas aumentam ou facilitam o uso do bem, como exemplo da construção de uma garagem, a ampliação de um compartimento etc.

No caso da benfeitoria *necessária*, a melhoria é indispensável à conservação do bem, sob risco de perecimento ou destruição. São exemplos as reformas em telhados e paredes de prédios em estado precário ou ameaçados de desabamento.

A caracterização da espécie de benfeitoria tem relevância jurídica. Com efeito, nas benfeitorias *necessárias* cabe a indenização independentemente de boa-fé do possuidor ou detentor que as realiza. Nas benfeitorias *úteis* cabe indenização civil apenas ao possuidor ou detentor de boa-fé. Legalmente, o proprietário do bem não está obrigado a indenizar as benfeitorias *voluptuárias* a quem quer que as tenha realizado, salvo se resultar de contrato entre as partes.

7.2.2.4 Bens públicos e particulares

Ressalte-se a natureza pública das pessoas jurídicas titulares do domínio do bem, assim: *bens públicos* são os do domínio nacional, como União, Estados, Territórios, Distrito Federal e Municípios, sendo *bens particulares* todos os outros bens, qualquer que seja a pessoa a que pertençam. Ora, o titular do bem ou é uma pessoa jurídica de direito público ou, necessariamente, uma pessoa de direito privado, particular, pessoa natural jurídica. Na dicção do Código Civil:

> *Art. 98. São públicos os bens do domínio nacional pertencentes às pessoas jurídicas de direito público interno; todos os outros são particulares, seja qual for a pessoa a que pertencerem.*

Os bens públicos são classificados em de uso comum do povo, de uso especial e de uso dominical. Os dois primeiros, enquanto conservarem a qualificação originária, são inalienáveis. Já os bens públicos dominicais, na forma prevista na lei, são passíveis de alienação.

Os *bens de uso comum do povo*, embora pertençam à pessoa jurídica de direito público interno, são utilizados e franqueados a todas as pessoas, de forma graciosa ou onerosa, com pedágios e impostos. São exemplos os mares, rios, lagos, ruas e praças.

Os *bens de uso especial* são destinados especialmente aos serviços públicos. Dessa forma, a pessoa de direito público interno titular do bem utiliza o bem em função ou serviço da Administração Pública Federal, Estadual, Municipal ou Distrital. Por exemplo, prédios destinados às escolas, hospitais, tribunais, delegacias e sedes de órgãos da Administração.

Os *bens dominicais* são os que fazem parte do patrimônio das pessoas públicas – União, Estados e Municípios –, como objeto de direito pessoal ou real dessas pessoas. São exemplos os terrenos da Marinha e seus acrescidos, as terras indígenas, os sítios arqueológicos, as jazidas, os títulos da dívida pública, os rios navegáveis e o mar territorial. Ao teor do Código:

> *Art. 101. Os bens públicos dominicais podem ser alienados, observadas as exigências da lei.*

Tem relevância jurídica no âmbito civil a natureza pública do bem, porquanto tais bens são impenhoráveis, inalienáveis e imprescritíveis. Em relação aos bens públicos não ocorre a chamada prescrição aquisitiva ou usucapião. Taxativamente, o Código Civil diz:

> *Art. 102. Os bens públicos não estão sujeitos à usucapião.*

Repete, assim, o parágrafo único do art. 191 da Constituição Federal de 1988: "Os imóveis públicos não serão adquiridos por usucapião".

Opiniões respeitáveis, das quais divergimos, admitem usucapião de terras devolutas, ou seja, de bem imóvel dominical pertencente ao domínio nacional. Matéria controvertida, tanto assim que a própria lei civil admite a alienação destes bens.

O Código de 2002 não se manifesta expressamente sobre os bens fora do comércio, que pela dicção do art. 69 do antigo Digesto "são (...) as insusceptíveis de apropriação, e as legalmente inalienáveis".

Nesse sentido, a exclusão do bem do comércio decorre de sua natureza inapropriável, como a luz solar, as estrelas etc. São também os bens que pela determinação da lei tornam-se indisponíveis à alienação, a exemplo do *bem de família*, único imóvel residencial da unidade familiar, enquanto preservar tal condição.

A doutrina, ordinariamente, costumava fustigar a localização do bem de família na Parte Geral, nos arts. 70 a 73 do Código de 1916. De fato, melhor sistematizado, o Código vigente situa o instituto no Livro IV da Parte Especial, que regula o direito de família. O tema, corretamente retirado da Parte Geral, é melhor analisado pelo autor nas suas *Notas sobre bem de família* (SARMENTO, 2001, pp. 172-196) e no *Roteiro sistemático de direito civil* (2002, pp. 124-126).

O Livro II da Parte Geral encerra com a questão da onerosidade ou gratuidade dos bens públicos. Tratando-se de bens públicos, a regra consiste na graciosidade do uso desses bens, mas a lei admite retribuição para a entidade pública a que pertencem, como os pedágios para utilização de rodovias, por exemplo:

> *Art. 103. O uso comum dos bens públicos pode ser gratuito ou retribuído, conforme for estabelecido legalmente pela entidade a cuja administração pertencerem.*

Quadro Sinótico

Bens

1. **Conceito:** todos os valores materiais ou não que possam ser objeto de relação jurídica.

2. **Classificação**

2.1 Bens considerados em si mesmos

a. **Imóveis:** o solo e tudo quanto se lhe incorporar natural ou artificialmente (arts. 79 a 81). Exemplos: um terreno, uma casa.

b. **Móveis:** possuem movimento próprio ou podem ser transportados por meio de força alheia sem destruição, sem perder sua substância ou destinação econômica (arts. 82, 83, I, II e III, e 84). Exemplos: um livro, um animal.

c. **Fungíveis:** suscetíveis de substituição por outros da mesma espécie, qualidade e quantidade (art. 85). Exemplos: café, dinheiro, cimento etc.

d. **Consumíveis:** aqueles cujo uso importa sua destruição ou que se destinam à alienação (art. 86). Exemplos: alimentos, combustíveis e bens no comércio.

e. **Divisíveis:** que podem ser fracionados sem alteração de sua substância (art. 87) ou em face da lei ou vontade das partes (art. 88).
f. **Singulares:** os que, mesmo reunidos, são considerados como unidades independentes dos demais (art. 89).
g. **Coletivos:** formam uma universalidade que pode ser objeto de relações jurídicas próprias (arts. 90 e 91). Exemplos: biblioteca, frota etc.

2.2 Bens reciprocamente considerados

2.2.1 Principal: existe sobre si, abstrata ou concretamente. Exemplo: solo.

2.2.2 Acessório: aquele cuja existência supõe a do bem principal. Exemplo: plantação.

2.2.3 Pertenças: não são parte integrante do outro bem mas se destinam a servir ou embelezar esse bem de forma duradoura (art. 93).

2.2.4 Benfeitorias: melhoramentos feitos pelas pessoas no bem a fim de conservá-lo, melhorá-lo ou embelezá-lo.

a. **Voluptuárias:** as para mero deleite ou recreio.
b. **Úteis:** as que aumentam ou facilitam o uso do bem.
c. **Necessárias:** as que conservam ou evitam a deterioração do bem.

2.2.5 Bens públicos e particulares

a. **Públicos:** pertencem ao domínio nacional: União, Estados, Territórios, Distrito Federal, Municípios e demais pessoas de direito público interno.

- **de uso comum do povo:** ruas, mares, estradas etc.
- **de uso especial:** destinados ao serviço da administração. Exemplos: edifícios, veículos etc.
- **de uso dominical:** objetos de direito pessoal ou real das pessoas jurídicas. Exemplos: os terrenos da Marinha e seus acrescidos, as terras indígenas, os sítios arqueológicos, as jazidas, os títulos da dívida pública etc.

b. **Particulares:** todos os demais bens, seja qual for a pessoa a que pertencerem (art. 98).

2.2.6 Alienação de bens públicos: os bens de uso comum e os de uso especial, enquanto conservarem esta qualificação, são inalienáveis. Mas os bens dominicais são passíveis de alienação, observadas as exigências legais (art. 101).

2.2.7 Usucapião: bens públicos não estão sujeitos (art. 102).

2.2.8 Uso comum gratuito ou retribuído: conforme estabelecido pela administração (art. 103).

capítulo 8

Fatos, Atos e Negócios Jurídicos

8.1 Disposições Gerais

O Código atual manteve a expressão "fatos jurídicos" com a qual o Digesto precedente denominava o Livro III da Parte Geral. Mas parcela da doutrina costuma fustigar o emprego da expressão em virtude de sua abrangência incluir os fatos naturais e entende como de melhor técnica a denominação "atos jurídicos", donde derivam os "negócios jurídicos".

Segue que a expressão "fato jurídico" pode ser empregada em dois sentidos: amplo ou restrito. No sentido lato significa qualquer acontecimento com repercussão no mundo jurídico, decorrendo, ou não, de vontade humana, a exemplo de fatores naturais com reflexos jurídicos. Assim, esse sentido amplo compreende "todo acontecimento, dependente, ou não, da vontade humana, a que o direito atribui eficácia". No sentido restrito, o "ato jurídico" é a "manifestação de vontade que provoca efeitos jurídicos, nomeadamente negócio jurídico" (GOMES, 2001, p. 237).

Na lição clássica de SAVIGNY (SAVIGNY, III, § 103 *apud* PEREIRA, 2004, p. 458) fato jurídico é o "acontecimento em virtude do qual se constitui ou se extingue a relação jurídica". Sem prejuízo do conteúdo, o conceito tem sido aprimorado nos dias atuais para "todo acontecimento em virtude do qual se constitui, modifica ou se extingue a relação jurídica".

A doutrina moderna lembra que a existência do direito não compreende apenas os momentos inicial de aquisição e o final de sua extinção, havendo entre os dois momentos modificações ou alterações na relação jurídica, quer mudanças relativas ao objeto, quer em relação ao titular, decorrentes, ou não, de vontade humana.

Com efeito, um fato da natureza pode ter reflexos, ou não, no âmbito do direito. Uma tempestade, um maremoto, um terremoto, em si, necessariamente não repercutem no mundo jurídico. Mas se produzem danos materiais ou pessoais, apesar de serem fenômenos físicos naturais, repercutirão, juridicamente, criando, modificando e extinguindo direitos. Se, após a tempestade, não restarem danos ou vítimas, o fato natural não teve relevância jurídica, pois os seus efeitos não trouxeram conseqüências para o mundo do direito. Se, porém, em sentido contrário, o fenômeno natural causar danos ou violar qualquer bem protegido juridicamente, tem-se um fato jurídico, pois há repercussão na esfera do direito. É neste sentido que se explicam fatos jurídicos em sentido amplo como decorrentes, ou não, da manifestação de vontade humana.

Os acontecimentos decorrentes da ação humana ou *atos jurídicos* costumam receber diversas classificações na doutrina. Ordinariamente, subdividem-se em: atos jurídicos em sentido lato e em sentido restrito, incluindo-se no primeiro grupo os *atos ilícitos* e no segundo os *negócios jurídicos*.

Assim, ato jurídico em sentido lato "abrange as ações humanas, tanto aquelas que são meramente obedientes à ordem constituída, determinantes de conseqüências jurídicas *ex lege*, independentemente de serem ou não queridas, como aquelas outras declarações de vontade, polarizadas no sentido de uma finalidade, hábeis a produzir efeitos jurídicos queridos (PEREIRA, 2004, p. 475).

No tocante aos *negócios jurídicos*, estes se formam por meio de manifestação de vontade dirigida à obtenção de determinados fins, ou seja, o agente pretende o efeito jurídico alcançado pelo ato. O legislador atual regulamenta os *negócios jurídicos* no Título I do livro em exame, empregando a expressão retirada da moderna doutrina alemã. A vontade humana constitui o fundamento e o efeito do negócio jurídico, não qualquer vontade, mas aquela adequada à ordem legal (PEREIRA, 2004, p. 477).

Os negócios jurídicos resultam da declaração de vontade do agente de que os efeitos jurídicos são os desejados. Podem ser atos unilaterais, como os testamentos, ou bilaterais, como os contratos.

No entanto, a vontade humana, esse elemento básico diferencial entre fatos e atos jurídicos, nem sempre produz o efeito pretendido pelo agente ou pela ordem legal. Trata-se então do *ato ilícito*, que é o praticado contra a ordem jurídica, contra a moral ou os costumes. Neste caso, independentemente da vontade do agente que o praticou, à ação ou omissão ilícita corresponderá um efeito jurídico determinado pela ordem legal. Assim, ao causador de um dano civil a ordem impõe o dever de indenizar a vítima, como efeito jurídico do ato ilícito, mesmo que o agente não tenha pretendido ou desejado esse fim.

8.1.1 Aquisição, modificação e extinção de direitos

Na noção de relação jurídica subjaz a de ordem jurídica, que disciplina direitos e deveres de determinada sociedade. À ordem jurídica importam as normas de direito que regem toda a sociedade, estabelecendo relações jurídicas porque ditas relações decorrem exatamente dessas normas de direito. Segue que o direito tem diferentes momentos, tais como o momento da aquisição, da alteração e da extinção.

O Código de 1916 definia *ato jurídico* no art. 81 como "todo ato lícito, que tenha por fim imediato adquirir, resguardar, transferir, modificar ou extinguir direitos". Esta definição correspondia ao sentido amplo, conforme se pode observar pela explicação dada anteriormente.

DANTAS (2001, p. 212) observa que a definição dada pela lei ao ato expressa as suas conseqüências, mas não diz quais são os atos que produzem determinados efeitos, ou seja, ressalta o autor a generalidade e imprecisão do Código de 1916.

O legislador do Código de 2002 não procurou definir ato jurídico, tampouco as formas de aquisição de direito. Começa o título a partir de requisitos de validade jurídica do negócio. A omissão, provavelmente, se deve à compreensão de ausência de relevância jurídica prática na definição de ato e de formas de aquisição de direito, posição no mínimo discutível. De qualquer modo, temos que reconhecer que o Código de 2002 evitou uma rota perigosa, um *cabo Horn*.

A lembrar o naufrágio do majestoso *Titanic*, o Código de 1916 colide no art. 74 quando trata das formas de aquisição de direitos: "I – adquirem-se os direitos mediante ato do adquirente ou por intermédio de outrem; II – pode uma pessoa adquiri-los para si ou para terceiros; III – dizem-se atuais os direitos completamente adquiridos, e futuros os cuja aquisição não se acabou de operar".

Trata-se de definição insuficiente e errônea. Com efeito, entre as formas de *aquisição de direitos* existem aquelas que independem de atos do adquirente ou de terceiros, como é o caso de aluvião, avulsão, desvio do álveo e formação de ilhas. O inciso II do artigo em exame é redundante; apenas repete o inciso primeiro com outras palavras, porquanto *ato do adquirente* é o mesmo que *adquirir para si* e a aquisição *por intermédio de outrem* é o mesmo que aquisição para terceiros.

No que diz respeito ao conceito de *direito atual*, como aquele que pode ser exercido, desde logo, também afloram falhas técnicas. Segue não haver direito senão atual, pois se foi revogado e deixou de ser direito não há mais direito; e se é projetado para o futuro, também não. Na definição de direito adquirido do art. 6.º da LICC, fala-se em direitos subordinados a condições e termos. Mas direitos condicionais são direitos que não se confundem com a "expectativa de direito", que é a possibilidade de adquirir determinado direito, não sendo, portanto, direito e muito menos direito adquirido. A herança do pai vivo não é direito, mas uma expectativa de direito, pois apenas com a morte se dará a abertura da sucessão e o herdeiro terá o seu direito.

Resumidamente, na aquisição do direito tem-se em conta o momento a partir do qual o direito passa a integrar o patrimônio de seu titular.

Quanto à *modificação do direito*, a doutrina ressalta duas formas: uma subjetiva e outra objetiva. Na modificação subjetiva a mudança alcança uma das partes da relação jurídica, por exemplo a morte ou interdição do contratante ou do contratado; a mudança objetiva envolve o objeto do direito ou da obrigação, por exemplo a obrigação de pagamento em dinheiro em que as partes acordam o cumprimento por meio de mercadorias.

Sobre a *extinção* do objeto do direito, o art. 78 do Código de 1916 previa a perda de qualidades essenciais ou de valor econômico, a confusão, de modo que não se possa distinguir, e ainda o caso da impossibilidade de retirar o objeto do lugar de onde se encontra. Uma pessoa que tenha guardado durante anos dinheiro em papel-moeda que tenha saído de circulação. A confusão no açúcar misturado com farinha, da água no vinho pela impossibilidade de separar os bens sólidos ou líquidos do exemplo dado. Também a impossibilidade de retirada do objeto por inacessibilidade do local, como um relógio no fundo do mar.

8.2 Requisitos de Validade do Negócio Jurídico

O Código prescreve os elementos essenciais de validade do negócio jurídico:

> *Art. 104. A validade do negócio jurídico requer:*
>
> *I – agente capaz;*
> *II – objeto lícito, possível, determinado ou determinável;*
> *III – forma prescrita ou não defesa em lei.*

Os três incisos tratam dos *requisitos essenciais* do ato jurídico, assim chamados por fazerem parte da substância e serem indispensáveis à validade do negócio jurídico. Assim, o negócio jurídico deve contar com agente capaz a fim de praticar o ato negocial; o negócio deve ter por objeto um bem ou uma obrigação, a qual deve ser possível física e juridicamente; e, finalmente, o negócio se materializa mediante certa forma, a prevista na lei, quando se tratar de ato formal, ou não defesa, quando se tratar de ato informal, caso em que basta que o ato se realize de forma idônea. A conjugação desses requisitos é essencial à validade do *negócio jurídico*, a fim de que este possa produzir os efeitos jurídicos desejados pelas partes. Outrossim, a falta de quaisquer dos três requisitos vicia ou deforma o ato negocial, obstando o efeito jurídico desejado, pois inquina o ato de nulidade absoluta.

8.2.1 Agente capaz

O negócio jurídico pressupõe uma manifestação de vontade capaz e livre, pois o elemento subjetivo de obter determinado fim desejado no ato é imprescindível. Em capítulo próprio estudou-se a capacidade civil e destacou-se a capacidade de direito e a de exercício do direito. Como sabemos, existem pessoas incapazes absoluta ou relativamente para o exercício de atos da vida civil, determinando a lei que os primeiros devem ser representados e os últimos assistidos no que se refere ao exercício dos direitos.

Ressalte-se que a capacidade para a prática de ato negocial recebe a regulamentação de normas gerais e específicas. Em certos casos, uma pessoa é plenamente capaz para a prática de atos da vida civil, mas é legalmente impedida da prática desses atos, como o tutor, que não pode adquirir os bens do pupilo sob sua tutela, ou pessoas capazes de casar mas impedidas entre si, em face de impedimento pelo grau de parentesco.

8.2.2 Objeto lícito, possível, determinado ou determinável

O objeto do negócio deve ser lícito, o que significa que deve estar em conformidade com a lei e não contrariar a moral, a ordem e os costumes. A lei não poderia validar um negócio jurídico cujo objeto violasse as regras determinadas pela própria ordem legal, ou afrontasse a moral pública e os bons costumes. Além de lícito, o objeto deve ser determinado e determinável, de maneira que a realização do ato torne-se possível física e juridicamente. Não tem validade o ato negocial: pela impossibilidade do objeto, como o negócio envolvendo os anéis de Saturno; se o objeto não é determinado, não é especificado, nem tampouco passível de determinação, quanto ao gênero ou a quantidade. Tanto é nulo o ato relativo a objeto ilícito, quanto o da compra e venda de produto como simplesmente "um creme", ou o negócio cujo objeto não é determinado e sequer é possível projetar a determinação futura. Um agricultor pode fazer um empréstimo bancário dando como garantia parte da colheita de algodão da Fazenda Bela Vista do ano tal, mas não terá validade uma garantia hipotecária de algo não determinável, como uma colheita não se sabe de que, nem quando ou onde.

8.2.3 Forma prescrita ou não defesa em lei

A forma do ato jurídico é a configuração exterior pela qual se manifesta a vontade do agente. Existem atos formais e atos informais, porém, como regra, os atos negociais de declaração de vontade não dependem de forma especial. Com efeito, a grande maioria dos atos civis não possui previsão legal quanto à forma; conseqüentemente, existe a liberalidade. Assim, contanto que a forma manifesta no ato não seja defesa em lei, o ato será validado pela ordem legal.

Se, porém, a lei prescreve uma determinada forma para o ato negocial, esta forma especial da lei deve ser observada integralmente, pois é imprescindível para validar o negócio jurídico. Para a compra e venda de imóveis a lei exige *escritura pública* do registro no Cartório de Imóveis; no casamento civil a lei exige determinadas formalidades. Assim, estes atos só têm validade se a forma prescrita na lei for observada. Todavia, inúmeros negócios podem ser efetuados, validamente, sem determinação formal de lei, como todos os negócios envolvendo bens móveis, a compra e venda, doação etc. Por exemplo a compra de um livro, um telefone, um semovente, e assim por diante.

O princípio adotado como regra para a declaração de vontade é o da informalidade; o da formalidade reserva-se aos casos especiais. Assim, a maior parte dos negócios não depende de forma especial, e os casos com forma determinada pela lei são especiais. É a dicção do Código:

> *Art. 107. A validade da declaração de vontade não dependerá de forma especial, senão quando a lei expressamente a exigir.*

Assim, a realização do negócio pode ser livre, ou pode ser especial se prevista em lei, conforme a natureza do ato. Na forma livre, como o próprio nome indica, a vontade jurídica pode ser expressa a critério da própria pessoa, livremente, desde que observe as normas gerais de direito, ou seja, bastando não ser ilícita. Quando se tratar de ato formal, porém, a lei determina a forma que o agente deverá observar a fim de produzir o efeito jurídico por ele desejado. Os atos formais explicam-se como formalidade legal a fim de assegurar a manifestação de vontade da pessoa e maior segurança jurídica ao negócio. Neste caso, se praticada de acordo com a forma prescrita, a forma do ato é sua substância e também prova material de sua realização (DE PLÁCIDO E SILVA, 2000, p. 366).

Adotar a forma livre como regra é lógico e seria mesmo impensável imaginar a vida social tendo como regra para os atos negociais formas previstas em lei. Não seria razoável que a compra e a venda ou a doação de objetos de reduzido valor econômico, como um lápis, uma camisa, dependesse de previsão legal específica.

Mas, em se tratando de atos formais, assim entendidos os atos para os quais a lei expressamente exige forma especial, o negócio será inválido se deixar de se revestir da forma nele exigida, segundo o princípio *forma legis omissa corruit actus.*

A questão da incapacidade relativa de uma das partes no ato negocial é exceção pessoal, e como tal só pode ser suscitada pelo menor ou seu representante legal:

> *Art. 105. A incapacidade relativa de uma das partes não pode ser invocada pela outra em benefício próprio, nem aproveita os co-interessados capazes, salvo se, neste caso, for indivisível o objeto do direito ou da obrigação comum.*

O objetivo é proteger os interesses dos incapazes nos atos negociais. Apenas os incapazes e seus representantes poderão invocar esse vício para invalidar o efeito jurídico do ato. Mas se o objeto do direito ou da obrigação for indivisível, diante dessa impossibilidade de separação do objeto do direito ou da obrigação, os co-interessados maiores eventualmente presentes no negócio seriam beneficiados pela anulação do ato.

Coerente com o primado da manifestação de vontade, e a fim de dar eficácia jurídica aos atos sempre que juridicamente possível atender à vontade das partes, o Código procurou remover obstáculos superáveis, isto é, ultrapassou a impossibilidade relativa do objeto. De maneira que, em se tratando de objeto ou obrigação impossível anteriormente, mas que se tornou possível, o mesmo se aplicando à condição que subordina a realização do ato a evento futuro e incerto, no caso de cessar antes de realizado, não se invalida o negócio jurídico. O Código Civil dispõe sobre a validade do negócio jurídico em face de impossibilidade relativa do objeto, ou de cessação da impossibilidade antes da realização da condição, com o escopo de convalidar a manifestação de vontade:

> *Art. 106. A impossibilidade inicial do objeto não invalida o negócio jurídico se for relativa, ou se cessar antes de realizada a condição a que ele estiver subordinado.*

Nos atos negociais de imóveis com valor acima de 30 salários mínimos a lei exige escritura pública. Logo, a inscrição do registro no cartório de registro de imóveis é condição de validade para atos de transferência, modificação e de renúncia de direitos reais sobre bens imóveis. Diz o Código:

> *Art. 108. Não dispondo a lei em contrário, a escritura pública é essencial à validade dos negócios jurídicos que visem à constituição, transferência, modificação ou renúncia de direitos reais sobre imóveis de valor superior a trinta vezes o maior salário mínimo vigente no País.*

O dispositivo implica a adoção de escritura pública como forma exclusiva para efetivação dos atos negociais de bens imóveis no País.

Com o escopo de atender à vontade das partes a lei faculta aos contraentes estipular cláusulas dotando o ato negocial de formalidade não exigida em lei. Mas a recíproca é verdadeira, ou seja, se a lei estabelecer a escritura pública como exigência para a efetivação do ato, a parte não poderá dispor em sentido contrário. A inteligência legal visa possibilitar às partes a estipulação de instrumento público, se assim desejarem, para maior segurança do negócio jurídico, mesmo que a lei não o exija. Na dicção do Código Civil:

> *Art. 109. No negócio jurídico celebrado com a cláusula de não valer sem instrumento público, este é da substância do ato.*

Desta forma, se os contratantes estipulam no contrato a cláusula de escrituração pública, em negócio jurídico para o qual essa forma especial não era exigida, a cláusula avençada passa a ser da substância do ato e como tal requisito de sua validade.

Se uma das partes emite intencionalmente declaração não desejada a fim de iludir a outra parte, cuida-se de *reserva mental,* a qual poderá, ou não, anular o ato negocial. A lei civil entende que o escopo da reserva mental é levar a parte a erro; assim, se a parte passível de engano tem conhecimento desse fato, o vício que inquinaria o ato deixa de existir. Assim reza o Código Civil:

> *Art. 110. A manifestação de vontade subsiste ainda que o seu autor haja feito a reserva mental de não querer o que manifestou, salvo se dela o destinatário tinha conhecimento.*

O negócio jurídico pode ser realizado e produzir os seus efeitos quando a parte silencia, se este comportamento importar em concordância no caso de a lei não exigir declaração de vontade expressa. Obviamente, não será todo e qualquer silêncio. É preciso, primeiro, que a lei não obrigue a parte a declarar expressamente sua vontade; segundo, que os costumes locais ou as circunstâncias em que o negócio se realiza o autorizem, ou seja, desde que seja lícito entender o silêncio como anuência da parte.

A consagração legal do popular "quem cala consente" encontra-se no Código:

> *Art. 111. O silêncio importa anuência, quando as circunstâncias ou os usos o autorizarem, e não for necessária a declaração de vontade expressa.*

Conseqüentemente, não se considera anuência da parte se as circunstâncias e usos locais não permitem essa inferência ou se a lei exigir declaração expressa para a efetivação do ato.

Relevante para o direito a indicação de regras para a interpretação dos atos negociais a fim de obter o sentido desejado na declaração de vontade, a essência do negócio jurídico. Nesse sentido, o Código Civil aponta princípios tais como o do primado da intenção sobre a forma, o da boa-fé da parte, o do uso do lugar e o da restrição a negócios benéficos.

Assim, a lei civil considera mais relevante a intenção do agente na declaração de vontade do que a literalidade ou o sentido gramatical da declaração:

Art. 112. Nas declarações de vontade se atenderá mais à intenção nelas consubstanciada do que ao sentido literal da linguagem.

Sendo a declaração o meio de expressão da vontade e esta o fim do ato negocial, o que se deve observar é a adequação entre a declaração e a intenção da parte, devendo o intérprete primar pelo fim ou conteúdo e não pelo meio ou forma. Isto não implica irrelevância da declaração e absoluta supremacia da subjetividade do agente, senão a lei não exigiria a forma escrita para certos atos. A regra é aplicada às redações ambíguas e lacunosas, não se aplicando quando a declaração é inequívoca, clara e precisa.

Com efeito, o Código de 2002, relevando mais o social que o individual, mais o sentido do justo do que a formalidade do direito, procura proteger a parte que age de boa-fé. Neste sentido, expressamente, diz:

Art. 113. Os negócios jurídicos devem ser interpretados conforme a boa-fé e os usos do lugar de sua celebração.

Não deixa, portanto, dúvida quanto ao primado jurídico da lealdade das partes e do interesse social nos atos negociais.

Segue que nos negócios jurídicos benéficos e na renúncia não pode o intérprete dar um sentido ampliado à declaração de vontade. Assim, o juiz deve-se ater aos termos da declaração:

Art. 114. Os negócios jurídicos benéficos e a renúncia interpretam-se estritamente.

8.3 Representação

Os atos da vida civil podem ser praticados diretamente pelo interessado ou por interposta pessoa, ou seja, por um representante. O ato efetivado pelo representante produz em relação ao representado os mesmos efeitos, como se este o praticasse diretamente.

Há duas espécies de representação: a voluntária e a definida em lei. Na representação voluntária o representante dispõe, em geral, de mandato, escrito ou tácito, a fim de agir em nome do representado, e no qual estão fixados os limites dos poderes da representação. Na representação definida em lei, os poderes da representação decorrem de previsão da ordem legal, a exemplo da representação e assistência familiar em relação aos filhos menores, da representação dos tutelados e dos curatelados, da massa falida, e assim por diante.

Na representação voluntária, como o próprio nome indica, o representado outorga, voluntariamente, os poderes ao representante para que este aja em seu nome. Ordinariamente, tem-se a representação voluntária por meio de instrumento de procuração, no qual o representado outorga poderes ao seu procurador para representá-lo em juízo ou fora dele. Nesta conformidade, na dicção do artigo que abre o Capítulo II referente ao instituto da representação:

> *Art. 115. Os poderes de representação conferem-se por lei ou pelo interessado.*

Se o representante realiza o ato jurídico nos termos determinados pelo representado, a vontade manifestada não foi a sua mas sim a do representado; conseqüentemente, os efeitos jurídicos do ato, ou seja, os direitos, deveres e obrigações decorrentes desse ato, se incorporam ao patrimônio do representado, pois em relação a este é que produzirão efeitos, como reza o Código:

> *Art. 116. A manifestação de vontade pelo representante, nos limites de seus poderes, produz efeitos em relação ao representado.*

À vista do interesse social na lisura dos negócios jurídicos, a lei procura coibir práticas oblíquas que importem confusão ou colisão de interesses entre representante e representado, prevendo a anulação do negócio jurídico celebrado pelo representante consigo mesmo, exceto nos casos especiais de permissão legal ou autorização do representado. Assim:

> *Art. 117. Salvo se o permitir a lei ou o representado, é anulável o negócio jurídico que o representante, no seu interesse ou por conta de outrem, celebrar consigo mesmo.*

De acordo com a regência do artigo, se não houver permissão legal, ou se o representado não o autorizar, o negócio celebrado pelo representante consigo mesmo é anulável, sendo irrelevante se a sua ação se dá por conta própria, ou de terceiros. No caso de conflito de interesses entre o representante e o representado conhecido pela parte, o negócio é igualmente anulável. Mas o Código Civil, tendo em vista a segurança dos negócios jurídicos, estabelece o prazo decadencial de 180 dias para anulação:

> *Art. 119. É anulável o negócio concluído pelo representante em conflito de interesses com o representado, se tal fato era ou devia ser do conhecimento de quem com aquele tratou.*
>
> *Parágrafo único. É de cento e oitenta dias, a contar da conclusão do negócio ou da cessação da incapacidade, o prazo de decadência para pleitear-se a anulação prevista neste artigo.*

A representação necessita de comprovação, tanto para provar a condição de representante, quanto para demonstrar a extensão dos poderes a este conferidos pelo representado. Agindo em nome do representado, não se dispensa o representante de fazer prova dessa qualidade. Ademais, com o escopo de balizar a extensão dos atos a serem praticados, faz-se também necessária a comprovação da extensão dos poderes conferidos na representação, sob pena de responder o representante, no caso de omissão, pelos atos excedentes. Assim rege o Código de 2002:

> *Art. 118. O representante é obrigado a provar às pessoas, com quem tratar em nome do representado, a sua qualidade e a extensão de seus poderes, sob pena de, não o fazendo, responder pelos atos que a estes excederem.*

Já se disse anteriormente que a representação pode ser legal ou voluntária. Conseqüentemente, os requisitos e os efeitos jurídicos recebem a regência de normas relativas a cada uma das espécies. Destarte, os efeitos da representação voluntária são previstos na Parte Especial do Código, quando cuida do *mandato*, nos arts. 653 e seg., e os da representação legal em normas respectivas, a exemplo da representação e assistência decorrente de exercício do poder familiar (art. 1.634, V), da incumbência dos tutores em relação aos menores sob tutela (art. 1.740), das disposições concernentes à curatela (art. 1.774), nos termos do artigo que encerra o capítulo da representação:

> *Art. 120. Os requisitos e os efeitos da representação legal são os estabelecidos nas normas respectivas; os da representação voluntária são os da Parte Especial deste Código.*

8.4 CONDIÇÃO, TERMO E ENCARGO

8.4.1 Disposições gerais

O Código de 2002 não trata da condição, do termo e do encargo como modalidades de atos jurídicos, como fazia o antecessor de 1916. No âmbito da doutrina, percebe-se certa oscilação quanto à denominação, que ora os trata como *elementos acidentais dos atos jurídicos*, ora como *modalidades dos atos jurídicos,* ou ainda como ambos, como é o caso de CAIO MÁRIO DA SILVA PEREIRA (2004, p. 553) e SÍLVIO DE SALVO VENOSA (2003, p. 517). O novo Código inicia o capítulo terceiro conceituando a condição como cláusula voluntária das partes que subordina o efeito do negócio jurídico a evento futuro e incerto (art. 121).

O negócio jurídico supõe agente capaz, objeto lícito e forma legal ou não defesa em lei, conforme já tratado quando do estudo dos *elementos essenciais*, assim denominados por integrarem a própria constituição do ato. Acontece, porém, que ao lado dos elementos essenciais e imprescindíveis ao negócio jurídico, a lei faculta às partes incluir outros elementos. Tendo em vista que tais elementos – chamados *acidentais* – podem, abstratamente ou não, integrar o negócio, pois a sua inclusão depende da vontade exclusiva das partes, em tese o negócio poderia produzir os efeitos desejados sem a sua presença. Porém, uma vez presentes no negócio jurídico em face de deliberação das partes, ou seja, se as partes estipulam condição, termo ou encargo para a efetivação do ato, esses elementos devem seguir o ato, do qual passam a ser indissociáveis.

8.4.2 Condição

O conceito de condição é dado pela lei civil:

> *Art. 121. Considera-se condição a cláusula que, derivando exclusivamente da vontade das partes, subordina o efeito do negócio jurídico a evento futuro e incerto.*

Nesse conceito destacamos a voluntariedade da parte e a subordinação do efeito jurídico a algo futuro e incerto. A cláusula condicional decorrerá exclusivamente da vontade das partes, não advindo de determinação da ordem legal; evento futuro diz respeito ao devir, o que virá, excluindo-se, logicamente, fatos do pretérito, e a incerteza diz respeito à ocorrência, ou não, do evento futuro.

Em que pesem as diferentes classificações apresentadas na doutrina, o Código Civil faz uma distinção dualista, referindo-se apenas às condições *suspensivas* e às *resolutivas*.

Na *condição suspensiva,* os efeitos do negócio jurídico ficam suspensos até a realização da condição estipulada pelas partes. Assim, as partes postergam a eficácia do negócio até a realização de um evento futuro e incerto. Segue que, uma vez realizado o evento futuro e incerto, tem-se por satisfeita a condição e por realizado o negócio, cujos efeitos serão retroativos à data de sua celebração *ex tunc.* O negócio aperfeiçoado e completo pela satisfação da condição produzirá os efeitos desde o momento inicial da manifestação de vontade das partes. Por exemplo: Francisco Sarmento compromete-se por meio de promessa escrita a vender a Rogério Porto uma motocicleta com a cláusula subordinando o negócio à produção pela fábrica de novo modelo mais possante. Ora, o efeito jurídico da compra e venda fica suspenso até que a fábrica produza um modelo mais possante, eventualidade futura e incerta, pois a fábrica pode fechar, ou deixar de produzir motos, ou simplesmente não produzir modelos mais possantes. Se ocorre o evento da condição, levanta-se a cláusula suspensiva e realiza-se a venda. Caso contrário, sem a ocorrência da condição, o negócio permanece com os seus efeitos suspensos, até o dia em que a condição se realize.

Os efeitos jurídicos do ato negocial sob *condição resolutiva* são produzidos desde logo, pois nesse caso não será a eficácia, mas a *inefi-*

cácia do negócio, que dependerá da realização do evento futuro e incerto. O negócio jurídico é eficaz desde então e resolve-se com o advento da condição quando, então, se opera a ineficácia. A partir da declaração de vontade das partes, os efeitos jurídicos do negócio integram o patrimônio do adquirente. Por exemplo: José Presciliano celebra contrato de comodato com o Pastor Elias para que este disponha de imóvel seu graciosamente até a conclusão do Curso Superior de Ensino Bíblico. Neste caso, o Pastor Elias goza e frui dos efeitos jurídicos do comodato desde logo, até o dia de sua formatura superior de Ensino Bíblico, se esse evento futuro e incerto algum dia ocorrer.

O novo Código define as condições *lícitas* e fixa os parâmetros das condições *defesas*. A nosso ver, a definição dada, de senso comum, afigura-se desnecessária:

> *Art. 122. São lícitas, em geral, todas as condições não contrárias à lei, à ordem pública ou aos bons costumes; entre as condições defesas se incluem as que privarem de todo efeito o negócio jurídico, ou o sujeitarem ao puro arbítrio de uma das partes.*

De estranhar se a lei civil dispusesse em sentido contrário, ou seja, se considerasse lícita a cláusula contrária à lei, à ordem pública e aos bons costumes. Quanto às condições defesas, coerentemente, o Código expressamente proíbe a inclusão de cláusulas que impeçam a produção do efeito do negócio, como, por exemplo, a venda de uma usina de açúcar, desde que ela pare de produzir açúcar, e também as estipulações unilaterais, que a doutrina chama *potestativas*, a exemplo de cláusula que autorize de forma unilateral o locador a rescindir o contrato de locação quando "entender oportuno" (quando quiser; quando decidir; quando puder etc.) que a locação deva ser encerrada.

No que diz respeito às condições que invalidam o negócio jurídico, o Código vigente utiliza técnica mais apropriada que o precedente:

> *Art. 123. Invalidam os negócios jurídicos que lhes são subordinados:*
>
> *I – as condições física ou juridicamente impossíveis, quando suspensivas;*

II – as condições ilícitas, ou de fazer coisa ilícita;
III – as condições incompreensíveis ou contraditórias.

A primeira questão a ser examinada é a impossibilidade física ou jurídica de realizar a condição a que se subordina a eficácia do ato. A condição fisicamente impossível atenta contra a ordem de natureza física e por este motivo não poderá ser realizada. Exemplo: venderei o terreno a você quando o mar secar (quando o sol brilhar à noite, a galinha criar dentes, o bode der leite, e assim por diante). Condição juridicamente impossível é condição ilegal, atentatória à ordem jurídica e invalida o ato, uma vez que o direito não pode amparar a ilegalidade. Exemplo: venderei a propriedade fundiária quando estiver rico sem justa causa ou à custa de outrem. Mas tanto as condições físicas quanto as juridicamente impossíveis só invalidam os efeitos do ato em se tratando de condição *suspensiva*, pela razão de que a condição *resolutiva* produz desde o início a eficácia jurídica do ato, tornando-se ineficaz quando da ocorrência do evento futuro e incerto.

Reputam-se condições ilícitas aquelas que atentem contra a lei, a ordem social, os costumes. Exemplo: o colar de pérola será teu quando te tornares minha amante; ou abdicares da fidelidade conjugal; ou fizeres *trottoir* na Praça da Independência, quando mudares de sexo etc. Assim, ante a ilicitude de tais condições, os atos negociais subordinados à realização de tais eventos, à míngua de idoneidade, são inválidos. Finalmente o art. 123, III, trata das condições incompreensíveis e contraditórias. A cláusula condicional deve ser clara a fim de que a parte possa compreender o que tem de realizar a fim de efetivar o negócio. Deve, também, guardar coerência entre o elemento acidental e os elementos essenciais do ato, a fim de não tornar o negócio inócuo, desprovido de sentido. Exemplo: alugarei o imóvel residencial, mas você não poderá ali estabelecer a sua residência ou de terceiros, pois o local é minha residência.

Na *condição resolutiva*, a aquisição do direito se dá no próprio ato negocial, desde logo. A condição é resolutiva porque a cláusula condicional *resolve*, isto é, faz cessar o efeito jurídico dado inicialmente ao ato. Se a condição estipulada no negócio for impossível de ser realizada, ou impossível de não se realizar, é tida como cláusula inexistente.

Sendo inexistente, os efeitos jurídicos desde então produzidos, direitos provisórios até a resolução, perdem este caráter de provisoriedade ante a inexistência de condição. O negócio jurídico subsiste como se não existisse condição. Assim:

> *Art. 124. Têm-se por inexistentes as condições impossíveis, quando resolutivas, e as de não fazer coisa impossível.*

> *Art. 125. Subordinando-se a eficácia do negócio jurídico à condição suspensiva, enquanto esta se não verificar, não se terá adquirido o direito, a que ele visa.*

Assim, o nascimento do direito visado no negócio jurídico fica suspenso, e o agente somente adquire o direito pretendido mediante a realização do evento futuro e incerto, antes do qual tem apenas expectativa de direito. Exemplo: farei a doação do automóvel no dia em que você me apresentar o diploma de médico. Logo, enquanto não concluir o curso de medicina, o agente não terá direitos sobre o automóvel da promessa de doação exemplificada.

Sobre a introdução de novas condições no ato negocial sob condição suspensiva, a regência legal é no sentido de admitir novas disposições se a condição anterior ainda está pendente, isto é, não foi satisfeita. Novas disposições condicionais não terão valor jurídico se a condição anterior já tiver sido realizada, e ainda se a nova cláusula for incompatível com a anterior. Na dicção do Código:

> *Art. 126. Se alguém dispuser de uma coisa sob condição suspensiva, e, pendente esta, fizer quanto àquela novas disposições, estas não terão valor, realizada a condição, se com ela forem incompatíveis.*

A respeito do efeito jurídico do negócio sob condição resolutiva, dispõe o Código:

> *Art. 127. Se for resolutiva a condição, enquanto esta não se realizar, vigorará o negócio jurídico, podendo exercer-se desde a conclusão deste o direito por ele estabelecido.*

Já assinalamos que a condição resolutiva subordina a resolução ou ineficácia do direito ao evento futuro e incerto. Assim, até a realização da condição, o negócio tem vigência plena.

Numa redação de difícil compreensão, o art. 128 trata da realização de condição resolutiva em atos negociais periódicos ou continuados. A lei quer dizer que a eficácia da condição resolutiva se aplica aos atos ainda não praticados, não sendo aplicável aos atos já realizados, pela óbvia razão de sua eficácia de plano. Mas, *data venia*, a redação dada não facilita o entendimento:

> *Art. 128. Sobrevindo a condição resolutiva, extingue-se, para todos os efeitos, o direito a que ela se opõe; mas, se aposta a um negócio de execução continuada ou periódica, a sua realização, salvo disposição em contrário, não tem eficácia quanto aos atos já praticados, desde que compatíveis com a natureza da condição pendente e conforme aos ditames de boa-fé.*

Ora, o negócio sob condição resolutiva vigora enquanto a condição não advier. Realizada a condição, extingue-se o direito a ela submetido. Se o negócio jurídico contiver realização continuada, não pode a resolução retroagir à eficácia de atos anteriores, salvo se as partes de boa-fé avençarem em sentido contrário. Mas o que se afigura relevante na previsão é, de um lado, resguardar o direito do titular sujeito à condição e, de outro, acatar a retroatividade quando compatível com a condição e estipulada de boa-fé pelos contratantes.

Se por um lado o agente de boa-fé recebe a proteção da lei, em sentido contrário a ordem jurídica procura punir o agente malicioso, de má-fé. Nesse sentido, o negócio jurídico é passível de ineficácia e se procura impedir o proveito da malícia dando-se por verificada a condição obstada pelo agente. Assim:

> *Art. 129. Reputa-se verificada, quanto aos efeitos jurídicos, a condição cujo implemento for maliciosamente obstado pela parte a quem desfavorecer, considerando-se, ao contrário, não verificada a condição maliciosamente levada a efeito por aquele a quem aproveita o seu implemento.*

A má-fé pode consistir de ação indevida visando impedir a outra parte de realizar a condição ou de ação indevida para realizar a condição. Em qualquer dos casos, da ação maliciosa e indevida não aproveitará quem as praticar. Dos efeitos jurídicos do negócio apenas aproveita a parte movida pela boa-fé, protegida pela ordem jurídica.

A derradeira questão tratada no Código com respeito às condições suspensiva e resolutiva cuida da permissão legal para a prática de atos de conservação, pelo titular do futuro direito, a fim de satisfazer a cláusula condicional. Na dicção do Código:

> *Art. 130. Ao titular do direito eventual, nos casos de condição suspensiva ou resolutiva, é permitido praticar os atos destinados a conservá-lo.*

A defesa de direitos é uma garantia constitucional. Se o titular do direito sujeito à condição não pudesse praticar atos de conservação a fim de satisfazer a condição estipulada no negócio, a aquisição do direito estaria bastante dificultada. Assim, a previsão da lei civil alcança todos os atos de conservação visando à realização da condição, suspensiva ou resolutiva, obviamente, se os atos praticados forem revestidos de legalidade e licitude. Exemplo: a compra e venda de um imóvel cujo negócio fica condicionado a que durante dois anos o comprador demonstre zelo e conservação em relação ao bem objeto do negócio. Será lícito que o comprador tome todas as medidas necessárias para atender a condição a fim de efetivar o negócio desejado.

8.4.3 Termo

No termo está presente também um evento futuro, porém, diferentemente da condição, o acontecimento futuro é certo. Os efeitos jurídicos do ato negocial podem ser fixados no tempo. Assim, as partes podem estipular o início da eficácia, ou o seu término.

Neste sentido, será inicial o termo *dies a quo* e final *dies ad quem*, conforme o efeito do ato seja *suspensivo* ou *resolutivo*, respectivamente. Assim, a eficácia do negócio sujeito a termo inicial fica suspensa até a ocorrência do termo, apesar de o direito já ter sido adquirido, pois o termo suspende o exercício do direito e não a sua aquisição. Na dicção do Código de 2002:

> *Art. 131. O termo inicial suspende o exercício, mas não a aquisição do direito.*

Tratando-se de termo final, determina-se a cessação dos efeitos do negócio.

Tendo em vista que o termo indica o momento inicial ou final do exercício e não da aquisição do direito decorrente de negócio jurídico, a doutrina costuma mencionar a existência de termos: *convencionais*, quando fixados pelas partes; *legais,* quando previstos na lei; e *judiciais*, quando fixados pelo juízo.

A doutrina costuma distinguir *termo* de *prazo*, afirmando, a nosso ver sem razão, não haver como confundir o lapso de tempo compreendido entre a manifestação do agente e a realização do evento superveniente. Não possibilita confusão, a nosso ver, apenas nos negócios dotados de termo inicial e final, situação que evidencia o prazo como o período entre o termo *dies a quo* e o *dies ad quem.* Mas, se o termo representa o marco para início e para o fim de exercício de direito, e este também é determinável no tempo, ou seja, tem prazo para início ou para extinção, não vemos, destarte, a clara distinção lecionada. Decerto, pode haver negócio sem termo, mas não sem prazo, mas a recíproca não é verdadeira, pois todo negócio a termo terá prazo, inicial ou final, ou ambos.

O novo Código, indiferente à agitação doutrinal, regula a contagem de prazos:

> *Art. 132. Salvo disposição legal ou convencional em contrário, computam-se os prazos, excluído o dia do começo, e incluído o do vencimento.*
>
> *§ 1.º Se o dia do vencimento cair em feriado, considerar-se-á prorrogado o prazo até o seguinte dia útil.*
>
> *§ 2.º Meado considera-se, em qualquer mês, o seu décimo quinto dia.*

§ 3.º Os prazos de meses e anos expiram no dia de igual número do de início, ou no imediato, se faltar exata correspondência.
§ 4.º Os prazos fixados por hora contar-se-ão de minuto a minuto.

A contagem dos prazos estipulados pelas partes ou pela lei deve seguir as regras definidas claramente no artigo *supra.* Anote-se, porém, que em caso de prazo com vencimento no sábado ou em local de pagamento (banco, por exemplo) que não funcionar normalmente nesse dia, prorroga-se o prazo para o primeiro dia útil, sem cobrança de qualquer sanção ou multa. Não se adotou o critério de mês de 30 dias, o prazo mensal expirando no dia correspondente, ou o seguinte, em sua falta, do mês seguinte e, se o vencimento ocorrer em meados do mês, o prazo expira no décimo quinto dia, sendo irrelevante se o mês tem 28 ou 31 dias. O ano compreende o período de 12 meses contados do dia do início ao dia e ao mês correspondentes do ano seguinte. Mês é o período de tempo contado do dia do início ao dia correspondente do mês seguinte. Não existindo correspondência no ano ou no mês do dia do vencimento, o prazo expira-se no primeiro dia subseqüente (Lei 810/49).

O Código estabelece regras de prazos preferenciais nos testamentos e nos contratos; assim, este presume-se em favor do herdeiro em detrimento do legatário e do devedor em relação ao credor, nos contratos, qual dispõe o Código:

> *Art. 133. Nos testamentos, presume-se o prazo em favor do herdeiro, e, nos contratos, em proveito do devedor, salvo, quanto a esses, se do teor do instrumento, ou das circunstâncias, resultar que se estabeleceu a benefício do credor, ou de ambos os contratantes.*

Esse barbosismo jurídico pode ser resumido: a lei presume que o devedor pode pagar o débito antes do vencimento, mas o credor não pode exigir-lhe o pagamento antes do prazo de vencimento do contrato; idem para o herdeiro em relação ao prazo de entrega ou de pagamento de legado.

Adota-se uma regra branda à execução imediata de atos *inter vivos* sem prazos determinados. A regra consiste na execução imediata de tais negócios, mas a lei pondera circunstâncias de tempo e de espaço. Neste sentido é o Artigo seguinte do Código Civil:

> *Art. 134. Os negócios jurídicos entre vivos, sem prazo, são exeqüíveis desde logo, salvo se a execução tiver de ser feita em lugar diverso ou depender de tempo.*

Aplica-se no caso o princípio da *razoabilidade jurídica*. Não é razoável executar imediatamente o fornecedor de cana-de-açúcar, em relação a contrato de compra de cana, antes do corte da cana, antes da colheita; idem em relação ao cumprimento de uma entrega de mercadoria em local distante, e assim por diante.

O Código estabelece que ao termo aplicam-se as disposições relativas à condição, quando cabíveis, entendendo-se como tais os efeitos jurídicos da suspensão e da resolução decorrente da cláusula. Reza o Código:

> *Art. 135. Ao termo inicial e final aplicam-se, no que couber, as disposições relativas à condição suspensiva e resolutiva.*

8.4.4 Encargo

Modo ou encargo é a cláusula estipulada pelo disponente opondo obrigações ou ônus às pessoas contempladas ou beneficiárias no negócio jurídico. Por exemplo, numa doação, se o doador de um bem imóvel fixar no contrato que a pessoa beneficiária se obriga a doar 30 cestas básicas durante certo tempo ou exigir que o imóvel doado se destine a determinada finalidade (escola, hospital, creche etc.), naturalmente a pessoa beneficiada com o imóvel não está obrigada a aceitar a doação; afinal, trata-se de um contrato de negócio jurídico bilateral. Porém, se a parte beneficiária concordar com a doação a despeito do encargo, terá de cumprir a obrigação ou arcar com o ônus estipulado no contrato, sob pena de rescisão do ato negocial. Com efeito, o doador tem o direito de ação contra o donatário tanto no sentido de resolver a doação como no de obrigá-lo a realizar a obrigação estipulada.

Como regra, o encargo não suspende a aquisição nem tampouco o exercício do direito, apenas importa em obrigação ou ônus a serem adimplidos pela pessoa. Mas a lei faculta ao disponente estipular expressamente a condição suspensiva. Neste caso, como exceção legalmente prevista, expressamente, a aquisição ou o exercício do direito podem ficar suspensos até a realização do encargo estipulado pelo disponente:

> *Art. 136. O encargo não suspende a aquisição, nem o exercício do direito, salvo quando expressamente imposto no negócio jurídico, pelo disponente, como condição suspensiva.*

A ilicitude ou a impossibilidade física ou jurídica do encargo importa em não considerá-lo escrito, isto é, o negócio jurídico subsiste, validamente, livre da obrigação ou do ônus imposto pelo disponente ao ato. Mas o negócio jurídico estará viciado se a ilicitude ou a impossibilidade for o motivo determinante da disposição – testamento ou doação –, caso em que se dará a invalidade do negócio e conseqüentemente não produzirá a eficácia pretendida.

> *Art. 137. Considera-se não escrito o encargo ilícito ou impossível, salvo se constituir o motivo determinante da liberalidade, caso em que se invalida o negócio jurídico.*

Segue que a lei busca convalidar o negócio jurídico, não o fazendo apenas no caso de o defeito ou vício macular a própria determinação do ato de liberalidade. Na doação de bem alheio, a ilicitude ou a impossibilidade jurídica é determinante do ato de liberalidade.

8.5 Defeitos do Negócio Jurídico

Quando o ato ou negócio jurídico se apresenta de *forma perfeita*, assim entendida a forma regular, sem vício que o macule, recebe a proteção da lei e produz os efeitos jurídicos desejados por quem os pratica.

Contrariamente, se o ato ou negócio jurídico apresenta irregularidade ou defeito, a ordem legal impõe sanções conforme a extensão do defeito que macula o ato.

A teoria da ineficácia dos atos jurídicos não é pacífica, e cada autor apresenta e explica a classificação que adota. Na classificação do

Código Civil, expressamente, os defeitos dos negócios os tornam *anuláveis* ou *nulos*, conforme o grau. Alguns autores apresentam a divisão tripartida, com a inclusão dos atos *inexistentes*. Assim denominados em face do excessivo grau do defeito, sequer chegam a existir para a ordem jurídica (VENOSA, 2003, p. 568). Outros autores ressaltam que o Código Civil não cogitou dos atos inexistentes, mesmo reconhecendo a controvérsia doutrinária sobre o assunto (PEREIRA, 2004, p. 630). A nosso ver, em que pesem as doutas opiniões em contrário, a classificação dualista do Código adota melhor técnica. A uma, porque não se afigura razoável a lei prever uma espécie de ato ou negócio sem existência, sem produzir efeitos jurídicos; a duas porque os atos efetivados, se não são válidos, tornam-se sem eficácia absoluta, sendo nulos, ou relativamente nulos, como é o caso dos anuláveis.

A vontade do agente é pressuposto essencial do *ato jurídico*, devendo ser plena de capacidade, a fim de que ele possa exercer, pessoalmente, os atos civis. Com efeito, esse requisito de validade do negócio jurídico materializa-se nos negócios jurídicos, criando, modificando ou extinguindo direitos.

Neste sentido, a *incapacidade* do agente vicia o negócio jurídico. O incapaz não pode exercer pessoalmente os atos da vida civil, devendo fazê-lo por meio da representação, ou da assistência, conforme seu grau de incapacidade seja respectivamente absoluto ou relativo.

A *vontade do agente*, assim, afigura-se como o fundamento ou *razão de ser* do negócio jurídico, qual leciona WASHINGTON DE BARROS MONTEIRO: "a vontade é a alma do negócio jurídico" (1987, p. 184). Segue que o negócio jurídico válido e apto a produzir todos os efeitos jurídicos desejados não pode conter vícios quanto à vontade dos agentes, quanto à licitude do objeto e quanto à forma ou modo a realizá-lo.

Diversas circunstâncias, porém, permanentes ou transitórias, podem incidir nos negócios jurídicos, desvirtuando a declaração de vontade das partes. Ditas circunstâncias podem tornar o ato ineficaz, de forma absoluta ou relativa, conforme importe na ausência do elemento essencial de formação do negócio jurídico ou em algum defeito susceptível de correção. O novo Código amplia o rol dos defeitos jurídicos, aditando ao *erro ou ignorância*, *dolo*, *coação*, *fraude contra credores* dois outros: *estado de perigo* e *lesão,* retirando, porém, indevidamente, a *simulação* da relação dos negócios anuláveis e remetendo-a para o campo dos negócios *nulos*.

8.5.1 Erro ou ignorância

Considera-se erro a noção falsa ou incorreta do objeto do negócio, de maneira que o agente não manifestaria a sua vontade na forma realizada se tivesse o exato conhecimento das reais qualidades, natureza ou condições do objeto do ato. Em vernáculo *erro* significa *falsa noção* do real. Não é o mesmo que *ignorância*, que significa desconhecimento. Mas os Códigos, tanto o revogado quanto o vigente, adotam para o erro e para a ignorância a mesma conseqüência jurídica. Assim:

> *Art. 138. São anuláveis os negócios jurídicos, quando as declarações de vontade emanarem de erro substancial que poderia ser percebido por pessoa de diligência normal, em face das circunstâncias do negócio.*

Importa fazer a distinção entre *erro substancial* e *erro acidental*. O próprio Código especifica o erro substancial:

> *Art. 139. O erro é substancial quando:*
>
> *I – interessa à natureza do negócio, ao objeto principal da declaração, ou a alguma das qualidades a ele essenciais;*
> *II – concerne à identidade ou à qualidade essencial da pessoa a quem se refira a declaração de vontade, desde que tenha influído nesta de modo relevante;*
> *III – sendo de direito e não implicando recusa à aplicação da lei, for motivo único ou principal do negócio jurídico.*

O primeiro inciso apresenta três casos: 1.º) erro quanto à natureza do negócio; 2.º) erro quanto ao objeto principal do negócio; e 3.º) erro sobre alguma qualidade essencial do objeto negocial.

Os exemplos a seguir podem melhor elucidar as espécies de erro. Se Dione imagina haver recebido uma casa em doação, quando na verdade o negócio jurídico foi um comodato, trata-se do caso de erro substancial quanto à natureza do negócio. Na doação, a propriedade do imóvel passa ao domínio do donatário; já o comodato é um empréstimo gratuito. Se Dionary comprou uma biblioteca imaginando estar adquirindo um acervo raro e na verdade comprou um amontoado de publicações sem importância, como listas telefônicas antigas, agendas, livros escolares de fácil aquisição, cometeu erro substancial em relação ao objeto principal; a declaração de vontade, pois, não corresponde ao objeto pretendido no negócio jurídico. Se Maria José pensa ter adquirido uma pulseira de ouro quando na realidade comprou uma de bronze, cometeu erro substancial sobre a qualidade do objeto.

O segundo inciso diz respeito ao erro quanto à identidade da pessoa. Se Maria contraiu casamento com João, mas o nubente era outra pessoa, Pedro, também é erro de identidade o que diz respeito à honra e à boa fama da pessoa. Se Maria casou com João pensando tratar-se de comerciante respeitado, quando na verdade não passava de traficante de drogas ilícitas, incidiu em erro quanto à qualidade essencial da pessoa.

O inciso terceiro cuida do erro de direito. Como foi examinado, o erro de fato incide sobre aspectos essenciais do objeto ou da pessoa. O erro de *direito* decorre de ignorância ou de interpretação inexata da norma jurídica, quando o agente pensa que a declaração de vontade está de acordo com a lei e não é o caso. Trata-se de abrandamento do princípio previsto no art. 3.º da Lei de Introdução, segundo o qual "ninguém se escusa de cumprir a lei, alegando que não a conhece". O Código de 2002, expressamente, reconhece o erro de direito como erro substancial, em se tratando de motivo único ou principal do negócio jurídico. Mas a fim de preservar a segurança da ordem jurídica, o *erro de direito* só deve ser admissível quando o agente comprovar que não realizaria o negócio jurídico no caso de conhecimento exato da norma que o regula. Por exemplo: o comerciante contrata a compra de determinada mercadoria sem conhecer a proibição de sua circulação. Se as circunstâncias do negócio o permitirem, pode-se argumentar ocorrência de erro de direito, pois não havia a intenção de violar a lei, como bem demonstra o contrato escrito assinado pela parte de boa-fé. Neste sentido, ganha adeptos a teoria do erro de direito, qual leciona CAIO MÁRIO DA SILVA PEREIRA (2004, p. 525): "No estado atual da ciência jurídica, ganhou terreno aceitação do erro de direito, como causa de anulação do negócio jurídico". Isso no caso de a declaração ser determinante do negócio, quando então o agente não realizaria o ato se conhecesse a norma que o vicia, pois a indicação de recusa de cumprir a norma afasta a escusa do erro de direito.

Segue não ter relevância se o agente cometeu erro quanto aos motivos do negócio se a falsa compreensão não era razão determinante do negócio jurídico. Por exemplo: Kátia doa uma casa para Carolina em razão de uma viagem que, afinal, não ocorreu. Embora arrependida, ela não tem amparo legal para desfazer o negócio. Diferentemente ocorre se o contrato do referido negócio contiver, expressamente, que a razão determinante da doação do imóvel é a viagem. Neste caso, a viagem é o motivo ou razão de ser da doação, expresso na declaração de vontade, e como não se realizou, a lei prevê a anulação do negócio:

> *Art. 140. O falso motivo só vicia a declaração de vontade quando expresso como razão determinante.*

É irrelevante para fins de anulação se a erronia da declaração de vontade decorreu de meios diretos (causados pela própria pessoa) ou indiretos (eletrônicos, telefônicos, radiofônicos, telegráficos). O relevante quanto à declaração de vontade dos atos de negócio é a transmissão correta da vontade e não os meios pelos quais o agente manifesta essa vontade:

> *Art. 141. A transmissão errônea de vontade por meios interpostos é anulável nos mesmos casos em que o é a declaração direta.*

Não impede a efetivação do negócio o erro acidental, ou seja, o que diz respeito a qualidades secundárias da pessoa ou do objeto em relação ao negócio. Somente vicia a declaração de vontade o falso motivo, que é determinante para a manifestação errônea da vontade. A teor do Código Civil:

Art. 142. O erro de indicação da pessoa ou da coisa, a que se referir a declaração de vontade, não viciará o negócio quando, por seu contexto e pelas circunstâncias, se puder identificar a coisa ou pessoa cogitada.

Alguém faz uma doação a título de incentivo ao artista que fez determinada obra mas se enganou quanto à pessoa. Uma vez identificado o autor da obra, o erro contra a pessoa indicada anteriormente, que não diz respeito à qualidade essencial do negócio, não anulará a doação. Assim, a vontade manifesta do doador de beneficiar com doação o artista será realizada corretamente com a correção do erro, ou seja, com a indicação do autor verdadeiro.

O critério de aproveitamento do negócio jurídico diz que, se o erro é acidental, e se a falsa noção incidir sobre pesos ou medidas, não se invalida o ato, bastando retificá-lo. No caso, não se verificou vício no consentimento do agente, apenas erro quanto à diferença de cálculo, o que autoriza a retificação da declaração de vontade para validar o negócio. Assim:

Art. 143. O erro de cálculo apenas autoriza a retificação da declaração de vontade.

É fundamental na declaração a adequação da vontade do agente, ou seja, a conformidade do elemento subjetivo como resultado do negócio jurídico não prejudica a validade do ato se o erro da declaração não alterar a vontade da parte de realizar assim mesmo o negócio. Diz o Código:

Art. 144. O erro não prejudica a validade do negócio quando a pessoa, a quem a manifestação de vontade se dirige, se oferecer para executá-la na conformidade da vontade real do manifestante.

Com efeito, releva a subsistência, ou não, do negócio, a conformidade da declaração de vontade, que se materializa na execução do negócio pela parte. Mesmo sendo um erro substancial quanto ao objeto, se as partes manifestam seu consentimento e executam o negócio, este prevalece. Exemplo: se Mariana imagina fazer negócio com uma motocicleta pensando ser da fábrica Honda® mas na verdade a moto é da Yamaha®, e se ela aceitar a outra entendendo que não houve prejuízo, o negócio é válido, nada obstante o erro dizer respeito a aspecto não acessório do negócio jurídico.

8.5.2 Dolo

O Código Civil não se ocupou na definição do dolo, muito embora o apresente nominalmente como defeito capaz de motivar a anulação dos negócios jurídicos quando o dito negócio se realizou porque houve o dolo:

> *Art. 145. São os negócios jurídicos anuláveis por dolo, quando este for a sua causa.*

Trata-se de artifício utilizado com intenção de levar alguém à prática de ato prejudicial em face do desvio de sua correta noção provocado pelo ardil.

Note-se a diferença entre dolo e erro: neste, a errônea declaração de vontade é decorrente de falsa noção interna do próprio agente. No dolo, a ação de terceiros induz o agente a praticar negócio jurídico que não praticaria se a sua vontade não fosse deturpada pela parte que agiu dolosamente.

O dolo pode ser *essencial* ou *acidental*, mas apenas o dolo essencial dá causa à anulação do negócio jurídico. Com efeito, o dolo acidental só obriga a reparação das perdas e danos. Na caracterização do dolo essencial deve-se comprovar a má intenção do agente, o emprego de artifício ou ardil e o resultado obtido, e que a vítima do ludíbrio não realizaria o negócio de modo algum, nem mesmo de outro modo. Já o dolo acidental, conforme o Código:

> *Art. 146. O dolo acidental só obriga à satisfação das perdas e danos, e é acidental quando, a seu despeito, o negócio seria realizado, embora por outro modo.*

Assim, o agente admite efetivar o negócio em outras bases, deduzindo-se o seu prejuízo, daí por que não anula o negócio embora obrigue quem agiu dolosamente a satisfazer as perdas e os danos da parte prejudicada pelo seu artifício. Nos negócios comerciais são comuns os excessos publicitários sobre a qualidade do produto, que induzem o consumidor ao erro. A expressão paradoxal *dolus bonus* usada por parte da doutrina se aplica ao *dolo acidental*, se o consumidor não desiste do produto, porém, por não corresponder ao anunciado na propaganda, reclama a satisfação de perdas e danos pelas qualidades a menor do produto.

Nos negócios jurídicos bilaterais, o dolo pode decorrer de uma ação ou de uma omissão ardilosa do agente, inclusive do silêncio de uma das partes. O relevante, juridicamente, para anular o negócio é identificar se o dolo é essencial e não se o agente agiu ou deixou de agir dolosamente:

> *Art. 147. Nos negócios jurídicos bilaterais, o silêncio intencional de uma das partes a respeito de fato ou qualidade que a outra parte haja ignorado, constitui omissão dolosa, provando-se que sem ela o negócio não se teria celebrado.*

O silêncio doloso decorre da intenção do agente de celebrar o negócio, e consiste na omissão de uma declaração a respeito do fato ou da qualidade do objeto do negócio que, se conhecida pela outra parte, teria ocasionado a não realização do negócio.

Também pode ser anulado o negócio jurídico por dolo de terceiro no caso de conluio entre o contratante que pratica o dolo indiretamente e o terceiro que emprega diretamente a manobra dolosa. No caso de o contratante desconhecer o dolo de terceiro, não se anula o negócio. Mas se o negócio jurídico subsistir, o terceiro que agiu dolosamente deve satisfazer todas as perdas e danos da parte lograda:

> *Art. 148. Pode também ser anulado o negócio jurídico por dolo de terceiro, se a parte a quem aproveite dele tivesse ou devesse ter conhecimento; em caso contrário, ainda que subsista o negócio jurídico, o terceiro responderá por todas as perdas e danos da parte a quem ludibriou.*

No caso de dolo praticado pelo *representante legal*, tendo em vista que, juridicamente, não se trata de terceiro, mas de alguém que exerce direitos ou pratica atos jurídicos em nome de outro, por determinação da lei, ou convenção das partes, a responsabilidade civil do representante é distinta, conforme o caso. Tratando-se de representação legal, a obrigação do representado só vai até o limite do que aproveitou. No caso de dolo praticado pelo representante convencional, a responsabilidade civil do representado é solidária. Assim:

> *Art. 149. O dolo do representante legal de uma das partes só obriga o representado a responder civilmente até a importância do proveito que teve; se, porém, o dolo for do representante convencional, o representado responderá solidariamente com ele por perdas e danos.*

Não se devem confundir as duas espécies. Na representação legal a responsabilidade do representado limita-se a ressarcir até o limite da vantagem por ele aferida no negócio. Na representação convencional, ademais, responderá pelas eventuais perdas e danos.

Nos procedimentos dolosos recíprocos, assim entendidos aqueles em que ambos os contraentes agem *dolosamente,* nenhum deles pode alegar o dolo do outro a fim de anular o negócio, ou pedir indenização. Se o negócio foi realizado e ambas as partes do negócio agem dolosamente, ter-se-á como válido, não cabendo invalidá-lo nem a reparação civil, como se as manobras reciprocamente se compensassem:

> *Art. 150. Se ambas as partes procederem com dolo, nenhuma pode alegá-lo para anular o negócio, ou reclamar indenização.*

8.5.3 Coação

A coação consiste de violência física ou moral capaz de incutir no agente temor de monta a obrigá-lo a agir de modo diverso do que faria livremente. A pessoa coacta se vê forçada à prática de determinado ato, o qual não deseja. Diferente do erro e do dolo, nos quais a vontade do agente é defeituosa, na coação a vontade não existe, em se tratando de *vis* absoluta.

Mas, para viciar o ato jurídico, deve a coação causar no agente *fundado temor*, portanto não se trata de um temor sem fundamento, um temor qualquer. A ameaça de dano deve ser iminente à sua pessoa, aos membros de sua família ou aos seus bens. A coação deve: a uma ser apta a incutir no paciente temor fundamentado; a outra, consistir em ameaça de dano iminente. A gravidade do dano deve ser proporcional ao que se pretende extorquir e presente, pois descaracteriza a coação a ameaça banal e futura na qual a vítima possa tomar outras medidas de proteção. O temor fundado – ameaça de morte, tortura, prisão, estupro, destruição, escândalo etc. – pode dizer respeito à própria pessoa, à família e aos bens, e também a terceiros, neste último caso devendo-se apurar, judicialmente, a ocorrência da coação pelas circunstâncias. Na regência do Código:

> *Art. 151. A coação, para viciar a declaração da vontade, há de ser tal que incuta ao paciente fundado temor de dano iminente e considerável à sua pessoa, à sua família, ou aos seus bens.*
>
> *Parágrafo único. Se disser respeito a pessoa não pertencente à família do paciente, o juiz, com base nas circunstâncias, decidirá se houve coação.*

Na apreciação judicial da coação, o juízo deve considerar todas as circunstâncias que possam ter influído na declaração de vontade do coacto, especialmente sua idade, sexo, temperamento e estado de saúde. Devem ser apreciadas todas as circunstâncias pessoais e sociais que contribuíram para agravar a coação do agente:

> *Art. 152. No apreciar a coação, ter-se-ão em conta o sexo, a idade, a condição, a saúde, o temperamento do paciente e todas as demais circunstâncias que possam influir na gravidade dela.*

No entanto, não se considera coação um simples temor reverencial nem a ameaça de exercício regular de direito. A lei não considera motivo idôneo para anular um negócio jurídico a alegação de temor ou constrangimento em face do dever de obediência como o dos filhos em relação aos pais, ou dos liderados aos superiores hierárquicos, ou de cobrador que ameaça recorrer às vias judiciais a fim de receber dívida vencida.

> *Art. 153. Não se considera coação a ameaça do exercício normal de um direito, nem o simples temor reverencial.*

A coação pode ser exercida por terceiro se interposta pessoa incutir no paciente fundado temor de dano iminente. Neste caso, deve-se examinar o grau de participação da parte que aproveita do ato involuntário do paciente. No caso de conhecer ou dever conhecer da coação em vez da vantagem, além da anulação do negócio, responde solidariamente com o coator pelas perdas e danos do coato.

> *Art. 154. Vicia o negócio jurídico a coação exercida por terceiro, se dela tivesse ou devesse ter conhecimento a parte a que aproveite, e esta responderá solidariamente com aquele por perdas e danos.*

Se, porém, a coação foi exercida por terceiro e a parte a quem aproveita desconhecer esse fato, ou não tiver conhecimento ou ciência da coação, o negócio jurídico valerá, porém o agente causador da coação responderá pelas perdas e danos do coacto. É o que diz o Código:

> *Art. 155. Subsistirá o negócio jurídico, se a coação decorrer de terceiro, sem que a parte a que aproveite dela tivesse ou devesse ter conhecimento; mas o autor da coação responderá por todas as perdas e danos que houver causado ao coacto.*

A regra se afigura esdrúxula e decerto deve ser entendida de forma ampla, quando for o caso. Ora, se o coacto não emite a sua vontade no negócio jurídico e, coagido, realizou determinado ato que livremente e espontaneamente não realizaria, o negócio é anulável. Dizer que "subsiste" se a coação for praticada por terceiro se a parte beneficiada desconhecia a coação, mediante a dedução de perdas e danos pelo autor da coação, destoa da coerência do sistema, além de ser profundamente injusto. E se o coacto não tiver qualquer interesse na subsistência do negócio, mesmo assim valida-se o negócio? Subsiste ele como preconiza o artigo em comento? Bastará o coator indenizar e tudo estará resolvido? A intenção do legislador parece ter sido no sentido de punir exclusivamente o coator quando a coação for de sua exclusiva responsabilidade, sem conhecimento da parte que se beneficia do negócio, e excluir esta parte sem envolvimento na coação de qualquer responsabilidade civil. Isto é coerente e justo. Mas dizer que o negócio decorrente de uma coação subsiste parece atropelar o bom senso.

8.5.4 Estado de perigo

O Código de 2002 regula esta modalidade de defeitos dos negócios jurídicos:

> *Art. 156. Configura-se o estado de perigo quando alguém, premido da necessidade de salvar-se, ou a pessoa de sua família, de grave dano conhecido pela outra parte, assume obrigação excessivamente onerosa.*
>
> *Parágrafo único. Tratando-se de pessoa não pertencente à família do declarante, o juiz decidirá segundo as circunstâncias.*

Como se pode observar, no *estado de perigo* alguém sofre um temor fundado ante a ameaça de grave dano e por esta razão assume compromissos ou faz declarações exorbitantes de vontade. O risco representado pelo perigo de não salvar a si mesmo, ou a algum familiar ou não familiar, observada a ressalva do parágrafo único, é a causa determinante do negócio jurídico, em que a pessoa se obriga a contratos draconianos. A fim de escapar do perigo – e a ordem legal não exige esse tipo de sacrifício das pessoas –, o agente celebra um acordo excessivamente oneroso. Não fosse a circunstância do *estado de perigo*, ou seja, o risco de não conseguir se salvar ou de salvar alguém da família, decerto o contratante não pactuaria; em suma, o contrato não representa uma vontade livre da parte. Exemplo: avença do náufrago em pagar uma recompensa excessivamente alta com alguém para retirá-lo do perigo em que se encontra.

8.5.5 Lesão

A lesão figura como vício de consentimento no Código Civil de 2002. Para caracterizar a lesão, o pacto negocial deve ser fruto de premente necessidade ou inexperiência de uma das partes, de maneira que estas circunstâncias hajam sido determinantes para a parte fragilizada assumir prestações desproporcionais. O fundamento da lesão é o risco de sério dano na esfera patrimonial; logo, não deve ser confundido com o estado de perigo, cujo risco é o dano pessoal. Tem relevância jurídica a lesão se o compromisso desproporcional foi fruto de premente necessidade ou de inexperiência. A verificação judicial da desproporção deve ser mensurada na data da celebração do contrato, portanto não caracteriza lesão se os valores se tornarem desproporcionais no futuro. Exemplo: devedor insolvente que se desfaz de patrimônio a preço vil premido pela necessidade. Segundo o Código:

> *Art. 157. Ocorre a lesão quando uma pessoa, sob premente necessidade, ou por inexperiência, se obriga a prestação manifestamente desproporcional ao valor da prestação oposta.*
>
> *§ 1.º Aprecia-se a desproporção das prestações segundo os valores vigentes ao tempo em que foi celebrado o negócio jurídico.*
> *§ 2.º Não se decretará a anulação do negócio, se for oferecido suplemento suficiente, ou se a parte favorecida concordar com a redução do proveito.*

Como se observa, não ensejará a anulação se as partes avençarem no sentido de erradicar a desproporcionalidade da prestação, seja pela oferta de suprimento, seja pela redução da vantagem.

8.5.6 Fraude contra credores

A fraude contra credores consiste de atos do devedor insolvente ou prestes à insolvência, de desfalque ou dissipação do patrimônio, com doações ou remissão de dívida, a fim de subtrair esses bens do pagamento de dívidas dos credores sem garantia, ou com garantias insuficientes. Verifica-se, portanto, o ato objetivo de desfalque patrimonial e a intenção subjetiva de fraudar os credores. Nesta conformidade, a lei procura proteger esses credores, tornando revogáveis ou anuláveis os atos fraudulentos.

No entanto, somente as pessoas credoras ao tempo dos atos estarão legitimadas a pleitear a anulação dos negócios de transmissão gratuita. Chama-se de *ação revocatória* ou *ação pauliana* a destinada à anulação dos atos fraudulentos contra credores. Podem promover a ação os credores anteriores ao ato, os *quirografários* – sem garantia real – e também aqueles com garantias mas insuficientes:

> *Art. 158. Os negócios de transmissão gratuita de bens ou remissão de dívida, se os praticar o devedor já insolvente, ou por ele reduzido à insolvência, ainda quando o ignore, poderão ser anulados pelos credores quirografários, como lesivos dos seus direitos.*
>
> *§ 1.º Igual direito assiste aos credores cuja garantia se tornar insuficiente.*
> *§ 2.º Só os credores que já o eram ao tempo daqueles atos podem pleitear a anulação deles.*

Considera-se devedor insolvente aquele cujos débitos superam o patrimônio em termos de valores econômicos.

Os contratos onerosos celebrados pelo devedor insolvente, se a insolvência é notória, ou for do conhecimento da outra parte, são igualmente anuláveis. Para o contrato ser passível de anulação pelo credor, o estado de insolvência deve ser de conhecimento público, de domínio comum, ou de conhecimento do outro contratante. Note-se que o artigo não trata de transmissão gratuita, mas de negócio oneroso. Exemplo: o devedor insolvente contrata a venda de certo bem; esse fato permite que os credores requeiram judicialmente a anulação do contrato de venda, a fim de não ficarem sem garantia do recebimento da dívida. Dispõe o Código:

> *Art. 159. Serão igualmente anuláveis os contratos onerosos do devedor insolvente, quando a insolvência for notória, ou houver motivo para ser conhecida do outro contratante.*

O escopo da lei civil é proteger os credores e não impedir a realização do negócio jurídico. Tanto assim que se o adquirente, em vez de pagar o preço real do bem ao vendedor insolvente, efetivar o depósito judicial da quantia respectiva e citar por edital os credores, estes perderão a legitimidade ativa da *ação pauliana*. Se o fim dessa ação anulatória é a garantia do crédito, com o depósito judicial da garantia há perda de objeto. Na dicção do Código:

> *Art. 160. Se o adquirente dos bens do devedor insolvente ainda não tiver pago o preço e este for, aproximadamente, o corrente, desobrigar-se-á depositando-o em juízo, com a citação de todos os interessados.*
>
> *Parágrafo único. Se inferior, o adquirente, para conservar os bens, poderá depositar o preço que lhes corresponda ao valor real.*

A finalidade do artigo é proteger os credores do devedor insolvente mas também amparar o adquirente de boa-fé, possibilitando que este conserve o bem e valide o contrato. Assim, ou deposita o valor real do bem adquirido em juízo, ou, mesmo que não tenha pago o valor real, deposita tal valor em juízo.

A boa-fé dos contratantes recebe o amparo da ordem jurídica, inclusive para validar negócios onerosos contraídos com devedor insolvente, observando-se as ressalvas da lei. A mesma ordem legal procura combater e punir a má-fé das partes por meio de sanções como a invalidação do negócio e a reparação civil por perdas e danos.

Na fraude contra credores, agem ou podem agir de má-fé: em primeiro lugar, o devedor insolvente, desfalcando o patrimônio de forma ilícita, a fim de burlar os credores; em seguida, os contratantes dos negócios de transmissão gratuita; e, quando for o caso, terceiros adquirentes. Devedor insolvente, contratante e adquirente de má-fé qualquer deles pode responder à demanda judicial dos credores, de acordo com a lei. Mas a posição assentada na jurisprudência é no sentido da formação de *litisconsórcio obrigatório na ação pauliana* (RT 447/147 *apud* DINIZ, 2004, p. 162). Na regência expressa do Código, a legitimidade passiva da ação pauliana alcança o devedor insolvente, o contratante e o adquirente de má-fé:

> *Art. 161. A ação, nos casos dos arts. 158 e 159, poderá ser intentada contra o devedor insolvente, a pessoa que com ele celebrou*

a estipulação considerada fraudulenta, ou terceiros adquirentes que hajam procedido de má-fé.

No caso de o credor quirografário receber do devedor insolvente pagamento de dívida ainda não vencida, antecipadamente, a lei o obriga a repor esse valor recebido ao acervo do concurso de credores. Com efeito, todos os credores, proponentes ou não da ação, podem habilitar-se ao concurso de credores da *ação pauliana*. Se alguém dentre os credores é beneficiado com pagamento antes do vencimento, e não devolve o que recebeu ao concurso, viola direitos dos demais credores. Conseqüentemente, os credores quirografários prejudicados pelo credor beneficiado podem anular o pagamento antecipado. É o que determina o novo Código:

Art 162. O credor quirografário, que receber do devedor insolvente o pagamento da dívida ainda não vencida, ficará obrigado a repor, em proveito do acervo sobre que se tenha de efetuar o concurso de credores, aquilo que recebeu.

No mesmo sentido é a fraude presumida da garantia dada a algum dos credores quirografários em detrimento dos demais. Pela mesma razão do pagamento antecipado, a garantia real conferida pelo devedor insolvente a algum credor viola o direito dos demais e enseja a anulabilidade do ato:

Art 163. Presumem-se fraudatórias dos direitos dos outros credores as garantias de dívidas que o devedor insolvente tiver dado a algum credor.

Trata-se de presunção de má-fé que, nada obstante presumida, legitima os credores prejudicados à ação anulatória da garantia.

Em sentido contrário, presume-se a boa-fé do devedor insolvente nos negócios onerosos porém indispensáveis para conservar e manter estabelecimento comercial, rural ou industrial ou sustentar a família do devedor. Consideram-se dívidas necessárias somente as que evitam a paralisação da atividade do estabelecimento, o que decerto torna mais difícil ao devedor insolvente retornar ao seu estado de solvência, que é o fim esperado pela ordem jurídica e também social. Com efeito, não se pode negar ao insolvente a possibilidade de sua recuperação econômica, tampouco a subsistência juntamente com a família. Na inteligência do Código:

> *Art. 164. Presumem-se, porém, de boa-fé e valem os negócios ordinários indispensáveis à manutenção de estabelecimento mercantil, rural, ou industrial, ou à subsistência do devedor e de sua família.*

Assim sendo, novas dívidas podem ser assumidas pelo devedor insolvente, ou seja, as *dívidas necessárias* especificadas neste artigo, as quais não legitimam os credores à promoção da ação pauliana para anular os respectivos negócios:

> *Art. 165. Anulados os negócios fraudulentos, a vantagem resultante reverterá em proveito do acervo sobre que se tenha de efetuar o concurso de credores.*
>
> *Parágrafo único. Se esses negócios tinham por único objeto atribuir direitos preferenciais, mediante hipoteca, penhor ou anticrese, sua invalidade importará somente na anulação da preferência ajustada.*

Segue que a *ação pauliana* visa à anulação de negócios fraudulentos de direitos de credores quirografários, para fins de devolver o patrimônio ou a garantia real – hipoteca, penhor, ou anticrese – ao acervo de credores. Desse concurso de credores participam todos credores habilitados. Se o negócio tinha por fim favorecer determinado credor, ou estabelecer preferência por meio de garantia dada indevidamente, a revogação deste negócio só alcança o que excede ao direito, ou seja, aquilo que lesa o direito dos outros credores. Neste sentido, retira o privilégio descabido do credor "preferido" pelo devedor, sem o impedir, porém, da habilitação em igualdade de condição com os demais credores no concurso.

8.6 Invalidade do Negócio Jurídico

8.6.1 Disposições gerais

No direito civil positivo, os defeitos dos negócios tornam os atos nulos ou anuláveis, não havendo qualquer menção aos chamados *atos inexistentes*, tão reclamados pela doutrina. Negócio *nulo* ou de *nulidade absoluta* é inquinado de vício insanável por ofensa a preceito de ordem pública, e por esta razão a lei impõe sanção mais severa, impedindo que o negócio produza qualquer efeito jurídico. No negócio jurídico nulo afrontam-se elementos essenciais do ato negocial, objetivam-se fins ilícitos, pretere-se forma exigida pela lei, ou a própria lei taxativamente os declara nulos:

> *Art. 166. É nulo o negócio jurídico quando:*
>
> *I – celebrado por pessoa absolutamente incapaz;*
> *II – for ilícito, impossível ou indeterminável o seu objeto;*
> *III – o motivo determinante, comum a ambas as partes, for ilícito;*
> *IV – não revestir a forma prescrita em lei;*
> *V – for preterida alguma solenidade que a lei considere essencial para a sua validade;*
> *VI – tiver por objetivo fraudar lei imperativa;*
> *VII – a lei taxativamente o declarar nulo, ou proibir-lhe a prática, sem cominar sanção.*

Declarada a nulidade, essa decisão torna sem efeito o negócio jurídico, como se jamais tivesse existido, porquanto produz efeito *ex tunc*, matéria que se encontra sumulada no STF (Súmula 346).

8.6.2 Simulação e nulidade

Inova o Código de 2002 com o tratamento dispensado à simulação. O Código anterior, coerentemente, situava a simulação entre os defeitos susceptíveis de anulação do ato jurídico. Mas o novel Digesto desloca a simulação para o âmbito da nulidade. E erra. Não observa a boa técnica nem a lógica. O negócio jurídico que é nulo não se aproveita, mas, contraditoriamente, o novo Código declara nulo o negócio simulado, nada obstante admitir a sua subsistência *se for válido na substância e na forma*. A disposição legal prima pela incoerência e contradição, não apenas em relação à *teoria da ineficácia* como em relação ao próprio art. 167. Na sistemática adotada pelo próprio Código, o negócio jurídico será válido ou inválido; sendo inválido poderá ser nulo ou anulável.

Na simulação existe uma declaração falsa de vontade, porquanto o agente oculta a verdadeira finalidade do negócio desejado e declara intencionalmente outro, lesando terceiros. A vontade emitida não corresponde à vontade almejada pelo agente, que visa com isso lograr terceiros. Conseqüentemente, no negócio simulado o efeito jurídico realmente produzido pelo ato não condiz com a declaração de vontade, e por isso o ato é passível de anulação. Considera-se a simulação relativa ou absoluta, conforme algum negócio se realize ou não. Exemplo: Teresa, em vias do divórcio, emite títulos de crédito para pagamento de negócios inexistentes. O intento é dividir um patrimônio desfalcado com o ex-cônjuge. No caso, as falsas emissões de títulos não passam de simulacros, negócio algum foi realizado pela emitente. Trata-se neste caso de simulação *absoluta*. Já no caso da simulação *relativa*, as partes chegam a realizar o negócio, mas com declaração de vontade distinta do negócio de fato desejado. Daniel assina recibo de venda com valor a menor do que o preço efetivamente pago pelo comprador. O negócio jurídico da compra e venda se realizou, mas não nas bases declaradas pelos agentes.

A doutrina aborda outros aspectos nas classificações de negócio simulado, como a que ressalta o efeito do negócio simulado. Neste sentido, identificam uma simulação *maliciosa* e outra *inocente*, conforme o simulacro prejudique, ou não, a terceiros. No caso da *simulação inocente*, a declaração de vontade não prejudica terceiros e não contraria preceito legal, logo não vicia o negócio. Exemplo: Lourival, solteiro, faz doação de bem à concubina, mas dissimulando o negócio como se fosse uma venda. Se essa doação não traz prejuízos a direito de terceiros, nem viola disposição legal, será válido. Diferentemente da *simulação maliciosa*, que importa em prejuízo a terceiros. Exemplo: Bisneto, casado, faz doação de bem à concubina simulando uma compra e venda. Neste caso, a doação viola direito do cônjuge. Nada obstante a clara distinção entre os dois negócios simulados, a terminologia "simulação inocente" não é pacífica.

Na nova disciplina do Código a simulação recebeu a seguinte redação:

> *Art. 167. É nulo o negócio jurídico simulado, mas subsistirá o que se dissimulou, se válido for na substância e na forma.*
>
> *§ 1.º Haverá simulação nos negócios jurídicos quando:*
>
> *I – aparentarem conferir ou transmitir direitos a pessoas diversas daquelas às quais realmente se conferem, ou transmitem;*
> *II – contiverem declaração, confissão, condição ou cláusula não verdadeira;*
> *III – os instrumentos particulares forem antedatados ou pós-datados.*
>
> *§ 2.º Ressalvam-se os direitos de terceiros de boa-fé em face dos contraentes do negócio jurídico simulado.*

Como se pode observar, a simulação pode incidir sob aparência de transmissão de direito a pessoa diversa da pretendida, nas declarações ou cláusulas não verdadeiras e também em relação a datas de documentos particulares.

No âmbito da doutrina, ordinariamente, pelo menos até o advento deste Código, classificava-se a simulação em *absoluta* ou *relativa*, mas ambas como defeitos passíveis de anulação. Diante da nova disciplina legal, terão que refazer seus conceitos ou fustigar a nova disciplina legal. Neste caso, entendendo que o legislador obrou mal, ressaltamos a incongruência normativa em face da teoria das nulidades, mas com a advertência de que a nova disciplina legal declara o negócio jurídico simulado nulo.

Neste sentido, situado no Código Civil o negócio jurídico simulado no rol das nulidades, sanção mais grave que, em geral, diz respeito a interesses públicos, a nulidade pode ser alegada não apenas pelo interessado como também pelo Ministério Público. Segue que o juiz de ofício pode pronunciar a nulidade, porém não lhe cabe supri-la, mesmo que a requerimento da parte. Na dicção do Código:

> *Art. 168. As nulidades dos artigos antecedentes podem ser alegadas por qualquer interessado, ou pelo Ministério Público, quando lhe couber intervir.*
>
> *Parágrafo único. As nulidades devem ser pronunciadas pelo juiz, quando conhecer do negócio jurídico ou dos seus efeitos e as encontrar provadas, não lhes sendo permitido supri-las, ainda que a requerimento das partes.*

Afigura-se excrescência dizer que o Ministério Público pode requerer a nulidade quando ao órgão couber intervir, como se fosse possível requerer quando não lhe fosse possível essa intervenção. Debite-se, talvez, à incongruência de deslocar o negócio simulado entre particulares, ato jurídico da esfera privada para a esfera de interesse público, a fim de justificar a nulidade decidida pelo legislador.

Os negócios jurídicos nulos não são alcançados pela prescrição, pois não são passíveis de confirmação, nem convalescem com o passar do tempo. A aplicação da regra consubstanciada no Código afigura-se problemática, o que decerto forçará no futuro ajustes no âmbito jurisprudencial. Atenta contra a razoabilidade jurídica dizer que o negócio realizado entre particulares, nada obstante viciado pela simulação, é nulo e, conseqüentemente, imprescritível. Mais coerente com o sistema seria afirmar que negócios jurídicos nulos não se confirmam, e tampouco convalescem pelo decurso do tempo. Mais uma razão para não tratar a simulação como ato nulo. O teor do art. 169 cuida desse efeito do negócio nulo:

> *Art. 169. O negócio jurídico nulo não é suscetível de confirmação, nem convalesce pelo decurso do tempo.*

Tendo em vista que não se confirma nem convalesce, a ação apropriada é a declaratória de nulidade.

Na esteira das inovações, o legislador de 2002 volta e meia desdiz-se, pois nem bem acaba de declarar que os atos nulos não se confirmam nem se convalescem, e passa à admissão de confirmação e convalidação do negócio nulo pela conversão em outro de natureza diversa não defeso taxativamente na lei. A conversão do negócio jurídico nulo deve sujeitar-se à subsistência de elementos de negócio jurídico noutro e à intenção das partes de validar o negócio na forma legal, se conhecessem a nulidade. A lei procura aproveitar a seqüela de legalidade existente no negócio a fim de validar a vontade das partes. Assim:

> *Art. 170. Se, porém, o negócio jurídico nulo contiver os requisitos de outro, subsistirá este quando o fim a que visavam as partes permitir supor que o teriam querido, se houvessem previsto a nulidade.*

8.6.3 Negócios anuláveis

Os negócios são anuláveis quando a lei expressamente os declara, quando praticados por agente relativamente incapaz e quando eivados por quaisquer dos vícios decorrentes de erro, dolo, coação, estado de perigo, lesão ou fraude contra credores.

A despeito de defeituosos, os negócios jurídicos anuláveis são susceptíveis de correção, podendo os vícios serem eliminados e a validade ser restabelecida. Ademais, tendo em vista a natureza relativa dessa invalidade do ato negocial, a ordem legal admite a convalidação pelo efeito do decurso do tempo: corre a prescrição contra as ações de anulação. Como é possível observar, a imperfeição, vício ou defeito do negócio anulável é relativa, juridicamente menos grave do que os defeitos de nulidade absoluta. A respeito do negócio jurídico anulável, diz o Código Civil:

> *Art. 171. Além dos casos expressamente declarados na lei, é anulável o negócio jurídico:*
>
> *I – por incapacidade relativa do agente;*
> *II – por vício resultante de erro, dolo, coação, estado de perigo, lesão ou fraude contra credores.*

O negócio anulável pode ser confirmado expressa ou tacitamente pelas partes, desde que assegure o direito de terceiros. As partes contratantes podem se manifestar no sentido de confirmar o negócio jurídico e assim retirar o vício que inquinava o ato de invalidade. Exemplo: Vera compra determinado veículo de uma concessionária, mas a fábrica lhe envia outro diferente. Sem querer esperar mais e aprovando a alteração, decide aceitar a troca. O negócio poderia se anulado; afinal, não era o objeto determinado no contrato. Se o carro novo não era pedido de terceiro, conseqüentemente não há violação de direito de outrem no caso de comprador e vendedor confirmarem o negócio. Se era pedido de terceiro, este tem a sua precedência afrontada e portanto faz jus à reparação civil, se for o caso. Diz o Código:

> *Art. 172. O negócio anulável pode ser confirmado pelas partes, salvo direito de terceiro.*

Mas a declaração de vontade confirmando o negócio anulável deve ser clara e inequívoca a fim de não deixar margem a dúvidas quanto à intenção dos pactuantes tornarem válido algo susceptível de invalidez. Para evitar dúvidas, omissões e contradições, dispõe a seguir:

> *Art. 173. O ato de confirmação deve conter a substância do negócio celebrado e a vontade expressa de mantê-lo.*

O ato de confirmação deve se revestir da mesma forma do ato principal: no contrato escrito, deve ter forma escrita também, e como regra deve ser expresso. A confirmação expressa só é dispensável quando a parte pratica atos que confirmam tacitamente o negócio:

> *Art. 174. É escusada a confirmação expressa, quando o negócio já foi cumprido em parte pelo devedor, ciente do vício que o inquinava.*

Segue que tanto a confirmação expressa quanto a tácita decorrente de execução voluntária de parte do negócio obstam todas as ações e exceções judiciais contra o negócio. Logicamente, afigura-se contra-senso a parte ao mesmo tempo confirmar o negócio e demandar a sua anulação. A teor do Código:

> *Art. 175. A confirmação expressa, ou a execução voluntária de negócio anulável, nos termos dos arts. 172 a 174, importa a extinção de todas as ações, ou exceções, de que contra ele dispusesse o devedor.*

No caso de o defeito do ato decorrer da ausência de autorização de terceiro, se esta é suprida em data posterior, o ato se convalida. Exemplo: o comerciante faz pedido ao fornecedor de mercadoria não autorizada pelo comprador, ciente de que este não a recusará. Se o comprador confirmar a compra, mesmo assinando o pedido com data posterior, o negócio será válido. Mas se o defeito da falta de autorização permanece, isto é, a autorização não foi dada nem antes nem depois, *ato negocial* não houve, logo não há o que confirmar. Mas, suprida a falta, desaparece a causa que inquinava o negócio de vício e o ato torna-se válido. Assim:

> *Art. 176. Quando a anulabilidade do ato resultar da falta de autorização de terceiro, será validado se este a der posteriormente.*

Diferentemente da nulidade absoluta, a anulabilidade relativa não é retroativa à data da realização do negócio. Na anulabilidade o efeito é *ex tunc*; assim, o negócio só é ineficaz depois da sentença que o anula, produz e opera os efeitos contidos no negócio desde a data da celebração até a data da decisão judicial anulatória do negócio.

Também ao contrário da nulidade absoluta, a anulabilidade relativa não se declara de ofício pelo juiz. Na nulidade, conhecendo da sua existência, o juiz deve declarar o ato nulo independentemente de requerida, ou não, pela parte. Mas na anulabilidade, somente os interessados podem alegá-la. E somente quem alega pode aproveitar dessa declaração, salvo no caso de indivisibilidade ou solidariedade, física ou jurídica. Diz o Código:

> *Art. 177. A anulabilidade não tem efeito antes de julgada por sentença, nem se pronuncia de ofício; só os interessados a podem*

alegar, e aproveita exclusivamente aos que a alegarem, salvo o caso de solidariedade ou indivisibilidade.

O direito de pleitear a anulação de negócio jurídico susceptível de anulação decai em quatro anos, em face de expressa determinação legal:

Art. 178. É de quatro anos o prazo de decadência para pleitear-se a anulação do negócio jurídico, contando:

I – no caso de coação, do dia em que ela cessar;
II – no de erro, dolo, fraude contra credores, estado de perigo ou lesão, do dia em que se realizou o negócio jurídico;
III – no de atos de incapazes, do dia em que cessar a incapacidade.

Observe-se que a norma fixa o prazo comum de decadência para se requerer a anulação do negócio jurídico, mas estabelece diferentes critérios para o início da contagem do prazo decadencial, tendo em vista a natureza diversa dos vícios de vontade. Logicamente não se poderia iniciar a contagem do prazo para anular o ato deturpado pela coação antes de esta condição cessar, antes de o coacto estar apto para agir livremente. A mesma lógica deve ser usada em relação ao incapaz, pois somente após adquirir a capacidade civil estará apto para agir pessoalmente na defesa dos próprios direitos. Diferentemente ocorre com os vícios nos casos de erro, dolo, fraude contra credores, estado de perigo ou lesão, os quais não possuem obstáculos intransponíveis para agir a partir do dia da realização do negócio jurídico.

Contudo, esse prazo de decadência de quatro anos é excepcionado para dois anos no caso de anulabilidade do ato por determinação de lei omissa quanto ao prazo de anulação do ato:

Art. 179. Quando a lei dispuser que determinado ato é anulável, sem estabelecer prazo para pleitear-se a anulação, será este de dois anos, a contar da data da conclusão do ato.

Assim, somente quando a lei declarar que determinado ato é anulável e deixar de declarar o prazo para a proposição da respectiva anulação, o prazo decadencial será de dois anos a contar da data da conclusão do negócio. Nos demais casos, a contagem segue a regra do quatriênio.

A proteção dada pela ordem legal aos menores não pode servir de pálio para eximir o menor relativamente capaz de obrigações assumidas quando este intencionalmente oculta ou omite sua condição de menor. Neste sentido declara o Código:

> *Art. 180. O menor, entre dezesseis e dezoito anos, não pode, para eximir-se de uma obrigação, invocar a sua idade se dolosamente a ocultou quando inquirido pela outra parte, ou se, no ato de obrigar-se, declarou-se maior.*

O direito não protege a má-fé e juridicamente é irrelevante se o dolo do menor foi comissivo, declarando-se maior sem o ser, ou omissivo, ocultando a condição de menor quando inquirido, importando que o menor não pode se aproveitar de sua condição a fim de levar vantagem eximindo-se de obrigação assumida.

No caso de anulação do negócio jurídico em face de incapacidade do agente para celebrar o ato, compete à outra parte comprovar que reverteu em favor do incapaz a importância paga quando reclamada judicialmente. Não compete ao incapaz o ônus da prova do não recebimento da importância que ao incapaz se alega ter revertido:

> *Art. 181. Ninguém pode reclamar o que, por uma obrigação anulada, pagou a um incapaz, se não provar que reverteu em proveito dele a importância paga.*

Anulado o negócio, das duas uma: no caso de comprovação do pagamento em proveito do menor, o seu representante legal restituirá a quantia paga, ou não provando o pagamento em favor do incapaz, por esta condição de incapaz não se obriga a devolver o pagamento alegado. Não quer dizer, portanto, como aduzem alguns, precipitadamente, que não se pode reclamar a devolução da importância paga ao incapaz nos negócios.

Com efeito, o escopo da lei não é favorecer qualquer das partes com a anulação do negócio jurídico, mas sim evitar exatamente que alguma das partes leve vantagem indevida, pela sua condição, experiência, má-fé ou outra circunstância. Neste sentido, deve-se buscar o restabelecimento do estado anterior das partes alterado pela celebração do negócio jurídico inválido. Devolver as partes às condições em que se encontravam anteriormente ao negócio. Não sendo possível restituir as condições pré-negociais, será o caso de a parte que motivou a anulação indenizar de forma equivalente a parte lesada no negócio. Na dicção do Código:

> *Art. 182. Anulado o negócio jurídico, restituir-se-ão as partes ao estado em que antes dele se achavam, e, não sendo possível restituí-las, serão indenizadas com o equivalente.*

A intenção da lei é aproveitar o negócio jurídico que representa a manifestação de vontade das partes que agem de boa-fé. Nessa direção, aproveita-se o negócio jurídico que produzirá eficazmente os seus efeitos, mesmo que o instrumento indutor do negócio seja inválido, contanto que se prove a idoneidade da declaração de vontade por outro meio. Diz o Código:

> *Art. 183. A invalidade do instrumento não induz a do negócio jurídico sempre que este puder provar-se por outro meio.*

Tanto prevalece o respeito à intenção das partes no negócio que, mesmo nos negócios parcialmente prejudicados por algum vício ou defeito, se for possível física e juridicamente separar a parte válida da inválida, a primeira subsistirá. A parte inválida só tem o condão de macular a parte válida se o objeto do ato negocial for indivisível, ou no caso de obrigações principais em face das acessórias, mas não o contrário. A anulação da obrigação principal alcança a obrigação acessória, porém a invalidez das obrigações acessórias não implica a anulação da obrigação principal. É o teor do artigo seguinte:

> *Art. 184. Respeitada a intenção das partes, a invalidade parcial de um negócio jurídico não o prejudicará na parte válida, se*

esta for separável; a invalidade da obrigação principal implica a das obrigações acessórias, mas a destas não induz a da obrigação principal.

Quadro Sinótico

Fatos, Atos e Negócios Jurídicos

1. Conceito

a. **Amplo:** qualquer acontecimento com repercussão no mundo jurídico que decorra, ou não, da vontade humana.
b. **Restrito:** manifestação de vontade que provoca efeitos jurídicos ou nomeadamente negócio jurídico.

2. Doutrina: todo acontecimento em virtude do qual se constitui, se modifica ou se extingue a relação jurídica.

a. **Ato jurídico em sentido lato:** ações humanas lícitas e ilícitas.
b. **Negócios jurídicos:** manifestação de vontade dirigida à obtenção de determinados fins: os efeitos jurídicos são os desejados.

3. Requisitos de validade do negócio jurídico (art. 104)

a. Agente capaz.
b. Objeto lícito, possível, determinado ou determinável.
c. Forma prescrita ou não defesa em lei.

4. Incapacidade relativa de uma das partes: não pode ser invocada pela outra em benefício próprio (art. 105).

5. Impossibilidade inicial do objeto: não invalida o ato se for relativa ou cessar antes de realizada a condição subordinativa (art. 106).

6. **Forma especial:** para a validade da declaração a forma livre é a regra. A forma especial somente será utilizada quando a lei expressamente o exigir (art. 107).

7. **Escritura pública:** a escritura pública é essencial à validade dos negócios jurídicos que visem a constituição, transferência, modificação ou renúncia de direitos reais sobre imóveis com valor superior a trinta vezes o maior salário mínimo vigente no País (art. 108). Mas se o negócio tem cláusula de não valer sem instrumento público, este é substancial do ato (art. 109).

8. **Reserva mental:** a manifestação de vontade subsiste mesmo que o autor negue desejar o que manifestou (art. 110).

9. **Silêncio:** importa em anuência se as circunstâncias o autorizam e se prescindir de forma expressa (art. 111).

10. **Interpretação dos negócios jurídicos**

    a. Primado da intenção sobre a literalidade (art. 112).
    b. Prevalência da boa-fé e dos usos do local (art. 113).
    c. Estritamente nos negócios benéficos e na renúncia (art. 114).

11. **Representação:** os atos da vida civil podem ser praticados diretamente pelo interessado ou por meio de representante.

    11.1 Espécies de representação: voluntária ou definida pela lei (art. 115).

    a. **Voluntária:** o representante dispõe de mandato escrito ou tácito com os limites de poderes a fim de agir em nome do representado. Exemplo: instrumento particular de procuração.
    b. **Definida em lei:** os poderes da representação decorrem de previsão da ordem legal. Seus limites estão definidos na Parte Especial do CC. Exem-

plos: poder familiar em relação aos filhos menores, tutela e curatela.

11.2 **Efeitos e limites:** nos limites dos poderes conferidos, produz efeitos em relação ao representado (art. 116).

11.3 **Negócio consigo mesmo:** anulável, exceto se permitido pela lei ou pelo representado (art. 117).

11.4 **Conflito de interesses:** entre representante e representado anula o negócio (art. 119).

11.5 **Prova da representação:** comprova a condição de representante e demonstra a extensão dos poderes conferidos pelo representado (art. 118).

12. **Condição, termo e encargo:** elementos acidentais do negócio jurídico.

12.1 **Condição:** cláusula definida pelas partes que subordina o efeito do negócio jurídico a evento futuro e incerto (arts. 121 a 130).

a. **Suspensiva:** os efeitos do negócio jurídico ficam suspensos até a realização da cláusula estipulada pelas partes.

b. **Resolutiva:** os efeitos são produzidos desde logo, a *ineficácia do negócio* depende da realização do evento futuro e incerto.

c. **Lícita:** são todas, desde que observem a legalidade, a ordem pública e os bons costumes.

d. **De invalidade do negócio:** condições físicas ou juridicamente impossíveis, incompreensíveis ou contraditórias, ilegais ou ilícitas, se privarem todo efeito do negócio jurídico ou sujeitarem arbitrariamente uma das partes.

e. **Tida como inexistente:** a cláusula impossível de fazer ou de não fazer (art. 124).

12.2 **Termo:** importa acontecimento futuro e certo.

a. **Inicial (*a dies a quo*):** é suspensivo, ou seja, a eficácia do negócio fica suspensa até a sua ocorrência; adquire-se o direito, porém se suspende o exercício desse direito (art. 131).

b. **Final (*a dies ad quem*):** é resolutivo, ou seja, cessam os efeitos do negócio até a sua realização.

12.3 Prazos: estabelecidos pela lei ou pelas partes (art. 132).

12.3.1 Contagem: exclui-se o dia do começo e inclui-se o do vencimento; sendo feriado, prorroga-se ao primeiro dia útil.

a. **Meses e anos:** meado de mês é o décimo quinto dia. O prazo expira no dia de igual número ao do início ou o sucessivo, se lhe faltar correspondente.

b. **Horas:** contam-se minuto a minuto.

c. **Falta de prazo:** negócios entre vivos realiza-se de imediato, salvo se a execução for em outro local ou depender de tempo (art. 134).

12.4 Modo ou encargo: cláusula de obrigação ou ônus a ser realizada pela pessoa no negócio jurídico. Não suspende a aquisição nem o exercício do direito, como regra (art. 136) e não se considera escrito o encargo ilícito ou impossível (art. 137).

13. Defeitos do negócio jurídico: viciam o ato, tornando o negócio anulável ou nulo.

13.1 Erro ou ignorância: noção falsa ou incorreta que só torna anulável o negócio quando é essencial.

a. **Erro substancial:** incide sobre a natureza do negócio, o objeto principal ou qualidades a ele essenciais, identidade ou qualidade essencial da pessoa (art. 139).

b. **Erro acidental:** não vicia o ato se pode ser retificado – identificação de pessoa (art. 142), retificação de cálculo (art. 143) ou se a pessoa a quem se dirige a declaração errônea se dispõe a executar o ato (art. 144).

13.2 Dolo: presença de artifício a fim de desviar a correta noção do negócio e induzir alguém a praticar negócio jurídico o qual não seria realizado se a pessoa lograda tivesse exata compreensão do ato.

a. **Essencial:** é causa de anulação do negócio jurídico (art. 145).

b. **Acidental:** apenas obriga a satisfazer as perdas e danos (art. 146).

13.3 Coação: violência física ou moral capaz de incutir no agente fundado temor de dano iminente a sua pessoa, familiares ou bens (art. 151).

a. **Circunstâncias consideradas:** todas que possam influir na coação, além de sexo, idade, temperamento, estado de saúde etc. (art. 152).

b. **Temor infundado:** não se considera coação o temor reverencial e a ameaça de exercício regular de direito (art. 153).

c. **Coação exercida por terceiros:** vicia o negócio jurídico (art. 154), porém subsiste o negócio jurídico se a parte a quem aproveite disso não tiver conhecimento, respondendo o autor da coação por todas as perdas e danos (art. 155).

13.4 Estado de perigo: ocorre quando a pessoa, premida pela necessidade de salvar-se ou salvar alguém da sua família de grave dano, assume obrigação excessivamente onerosa (art. 156). Caso a pessoa não pertença à família, o juiz decide analisando as circunstâncias.

13.5 Lesão: a pessoa sob premente necessidade, ou por inexperiência, assume prestação claramente desproporcional ao valor da contraprestação (art. 157).

13.6 Fraude contra credores: o devedor insolvente ou prestes à insolvência, desfalca ou dissipa o patrimônio, com doações ou remissão de dívida, a fim de subtrair esses bens do pagamento de dívidas dos credores sem garantia, ou com garantias insuficientes.

- **Ação pauliana:** destina-se à anulação de atos fraudulentos contra os credores quirografários (sem garantia real).

13.7 Invalidade do negócio jurídico: ato *nulo* (*nulidade absoluta*) é o inquinado de vício insanável por ofensa à lei ou a preceito de ordem pública (art. 166), e tem as seguintes características:

- pessoa absolutamente incapaz o celebra;
- objeto ilícito, impossível ou indeterminável;
- motivo determinante das partes for ilícito;
- inobservância da forma prescrita em lei;
- preterição de solenidade legal considerada essencial;
- objetivar fraude de lei imperativa;
- taxativamente a lei o declarar nulo.

a. **Efeitos da nulidade:** *ex tunc* – Súmula 346 do STF – não se confirmam, nem convalescem pelo decurso do tempo (art. 169).

b. **Simulação:** declaração falsa da vontade, na qual o agente oculta a verdadeira finalidade do negócio desejado visando lesar terceiros. Inova o Código de 2002 considerando-a causa de nulidade (art. 167).

13.8 Negócios anuláveis

a. **Nulidade relativa:** quando a lei expressamente o declara ou é praticado por agente relativamente incapaz ou resultante de vícios: erro, dolo, coação, estado de perigo, lesão, fraude contra credores (art. 171).

b. **Convalidação de negócio anulável:** confirmado expressa ou tacitamente pelas partes, assegurado o direito de terceiros (art. 172).

c. **Efeito *ex tunc*:** o negócio opera os efeitos nele contidos até a data da sentença anulatória.

d. **Não se declara de ofício pelo juiz**: somente os interessados podem alegar a anulabilidade e dela se aproveitar (art. 177).

e. **Decadência:** os prazos para pleitear-se a anulação do negócio jurídico (4 anos, art. 178; e 2 anos, art. 179).

capítulo 9

Atos Lícitos e Ilícitos

9.1 Disposições Gerais

Causa espécie a desproporção do Título II do Livro III do Código, que reserva aos *atos jurídicos* único e conciso artigo sobre matéria deveras controvertida, a distinção, aliás sem finalidade prática legal entre ato jurídico e negócio jurídico. Diz o artigo, que inicia e termina o título:

> *Art. 185. Aos atos jurídicos lícitos, que não sejam negócios jurídicos, aplicam-se, no que couber, as disposições do Título anterior.*

A nosso ver, o Código adota o entendimento segundo o qual o negócio jurídico é gênero do qual o ato jurídico é espécie. Mas esse entendimento não é pacífico, inclusive, somente nos parece cabível, mesmo porque não acolhemos o entendimento admitido, quando se trata de *ato jurídico* no *sentido estrito*, o que não está expresso na lei. Acontece, porém, que, em *sentido amplo*, o *ato jurídico* é gênero do qual o *negócio jurídico* é espécie, portanto com premissas lógicas diametralmente opostas à do Código. De qualquer forma, essa controvérsia teórica não se exaure no

Código, e muito menos nas presentes anotações. Mas, a fim de explicar o sentido adotado pelo Código, passemos à comparação entre o ato jurídico em sentido estrito e o negócio jurídico.

Conforme assinalamos anteriormente, nos *negócios jurídicos* o que prevalece é a autonomia da vontade das partes. Assim, as partes só passam a contrair obrigações depois de realizar o negócio; antes do ato negocial, não existe obrigação legal ou contratual que obrigue ou vincule as partes. Com efeito, as partes do negócio jurídico voluntariamente declaram a sua vontade e isto irá determinar os efeitos jurídicos desejados – claro que em se tratando de negócios lícitos –, caso em que cabe à ordem legal, apenas, reconhecer os negócios e dar eficácia aos efeitos jurídicos produzidos pelo ato. No entanto, relativamente ao *ato jurídico em sentido restrito* as coisas não se passam exatamente dessa maneira. No ato jurídico o agente pratica o ato, mas, diferentemente, os seus efeitos já se encontram determinados na lei. Conseqüentemente, o agente não define os efeitos desejados como no negócio jurídico. Daí dizer-se que os feitos produzidos pelos atos jurídicos em sentido estrito decorrem *ex lege* e não *ex voluntate,* enquanto os efeitos produzidos pelos negócios jurídicos são *ex voluntate* e também *ex lege* (ANDRADE, 1983, p. 8). A doutrina costuma subdividir os atos jurídicos estrito senso em *materiais* e *de participação*, conforme a declaração de vontade do agente sem intento negocial tenha por escopo dar, ou não, conhecimento a outra pessoa. Os exemplos recorrentes de *ato jurídico estrito senso material* são a mudança domiciliar e a acessão; e de *atos jurídicos estrito senso de participação*, a confissão, a intimação, a notificação, a interpelação e os avisos. Em resumo, o Código determina a mesma aplicação, no que couber, das disposições referentes aos *negócios jurídicos* exaustivamente reguladas ao longo do Livro III para os *atos jurídicos* deste solitário artigo.

9.2 Atos Ilícitos

O conceito de ilicitude é um dos mais gerais e abrangentes, pois os seus fundamentos alcançam todos os campos do direito positivo, o privado e o público. Ato ilícito é todo aquele praticado contra o direito. Neste mesmo sentido o Código Civil declara:

Art.186. Aquele que, por ação ou omissão voluntária, negligência ou imprudência, violar direito e causar dano a outrem, ainda que exclusivamente moral, comete ato ilícito.

De acordo com a regência legal, comete ato ilícito quem viola direito e causa dano a outrem, ainda que exclusivamente moral. Entendemos que o dano resulta do princípio geral do dever de abstenção. Assim, a ninguém é dado prejudicar a outrem. Logo, o desrespeito ao direito de outros causa danos patrimoniais ou morais se atingir o direito da pessoa. Uma ação ou omissão pode causar danos, mas não a violação do direito sem o dano consectário. Curiosamente o dispositivo em exame diz do cometimento do ilícito, mas silencia sobre a conseqüência jurídica lógica representada pelo dever de reparar os prejuízos materiais e morais causados pelo dano. O resultado jurídico consiste no dever de reparar os danos causados pelo ato ilícito, independentemente da vontade do agente causador da violação de direitos, exatamente porque advém da própria lei.

Desta forma, o art. 186 expressamente aduz aquele que pratica o ato ilícito através de ação ou de omissão voluntária, negligência ou imprudência, mas, estranhamente, silencia sobre a conseqüência do *dever de reparação* ou de indenização. Chama a atenção o fato de o art. 159 do Código de 1916, que correspondia ao 186 do Código vigente, utilizar a expressão *in fine* "fica obrigado a reparar o dano". Com razão, pois dizer que alguém comete ilícito não é o mesmo que dizer que quem comete ilícito tem o dever legal de reparar o dano causado.

Nas notas do art. 43 explica-se a diferença entre a responsabilidade civil objetiva de entes públicos e a subjetiva de pessoas particulares. Quem quer que cause dano a outrem, não importa se pessoa pública ou privada, se obriga à sua reparação. Tomem-se alguns exemplos: um avião da Força Aérea Brasileira cai sobre casas, ou numa plantação, causando prejuízos. A Fazenda Pública tem o dever objetivo de indenizar os particulares pelos prejuízos sofridos e de apurar a responsabilidade subjetiva do piloto, inclusive promover a ação regressiva contra ele se comprovada a sua culpa pelo acidente; Mariana, ao dirigir um veículo, colide com outro carro que transitava em velocidade acima da permitida na contramão. No caso, o dever ou responsabilidade civil da dona é subjetiva, pois o dever de ressarcir os prejuízos sofridos por Mariana, sejam danos materiais ou morais, se funda na teoria da culpa daquele que provocou o dano ou violou o direito. Esse dever de reparação civil decorre da própria ordem jurídica e independe da vontade do agente causador da ilicitude, o qual, em tese, poderia até não querer pagar os prejuízos causados. Dirigir o veículo em velocidade não permitida e na contramão, em sendo ação voluntária e imprudente do agente, o obriga a cobrir os prejuízos suportados pela vítima. Numa omissão voluntária, o agente comete o ilícito porque deixou de agir em circunstância em que estava obrigado a agir. Outro exemplo: a árvore do quintal de Tinoco por falta de cuidados desabou na casa vizinha, causando grandes estragos. O ilícito civil decorre da omissão de deixar de fazer algo que estava obrigado a fazer, cuidar da árvore ou cortá-la, se fosse o caso. A retórica de defensor do meio ambiente não escusa o proprietário descuidado da obrigação de indenizar o vizinho por todos os prejuízos causados pela árvore que desabou do seu quintal.

O direito civil admite a culpa em seu sentido amplo, logo a culpa civil inclui o dolo e culpa em sentido estrito. Ocorre dolo na ação ou omissão ilícita intencional, na vontade do agente de violar o direito e provocar o dano. E culpa em sentido estrito, se o ilícito não resultar de dolo, mas de culpa por negligência ou imprudência que acarretou o dano. Com efeito, o ato ilícito decorre de comportamento culposo no sentido lato, dolo ou culpa estrita, sendo impossível ato ilícito sem a presença da culpa ampla ou do dolo e da culpa estrita.

A afronta ao dever jurídico pode decorrer de violação de contrato ou da norma jurídica; a primeira chamada contratual, a última extracontratual ou aquiliana.

Costuma-se classificar diferentes espécies de culpa: *in faciendo*, quando decorrente de ação; *in omittendo*, advinda da omissão; *in eligendo*, a que decorre de má escolha de prepostos, empregados; *in vigilando*, advinda da falha na fiscalização de pessoas sob sua guarda ou vigilância e *in custodiendo*, resultado da falta de cuidado com pessoas, coisas ou animais.

Outro elemento necessário à responsabilidade civil é o nexo de causalidade, consistente na correlação entre a ação, ou omissão, e o resultado danoso. O dano é o efeito ou resultado da ação, ou omissão; mas, sem a constatação do *nexo causal*, não se pode determinar se um certo agente foi o responsável pelo prejuízo.

O dano consiste na violação de direito ou na redução do patrimônio de alguém. Dito prejuízo patrimonial pode ser identificável quanto aos bens materiais e quanto aos morais, pois ambos são tutelados pela lei.

A reparação civil dos danos morais prevista no Código ajusta-se à Constituição de 1988: "Art. 5.º (...) V – é assegurado o direito de resposta, proporcional ao agravo, além da indenização por dano material, moral ou à imagem; (...) X – são invioláveis a intimidade, a vida privada, a honra e a imagem das pessoas, assegurado o direito a indenização pelo dano material ou moral decorrente de sua violação".

Sobre a ilicitude, porém, também é preciso anotar que pode decorrer de *abuso de direito* ou *excesso no exercício dos direitos*, no caso de o titular do direito extrapolar os limites legais ou morais e com esse comportamento causar prejuízo a outrem. Não se considera excesso de direito a advertência normal do devedor da intenção de executar o contrato, o título de crédito etc. Mas a forma de advertência e as circunstâncias, se forem excessivas, podem representar dano patrimonial ou moral ao devedor. Carmencita tem débito financeiro com Júnior, que, a fim de receber logo, utiliza-se de meios ilícitos na cobrança, fazendo ameaças graves, utilizando publicidade constrangedora etc. Ora, a lei protege o credor, mas este deve agir de acordo com a lei, seguindo os seus ditames, utilizando os meios idôneos de cobrança, pela via ordinária de cobrança ou pela execução do título. A ordem jurídica não ampara o *abuso de direito*, e tampouco o *exercício do direito além do seu limite*. Assim, as atitudes excessivas atentam contra a lei, fustigam os bons costumes e a boa-fé. Neste sentido é a dicção do Código:

> *Art. 187. Também comete ato ilícito o titular de um direito que, ao exercê-lo, excede manifestamente os limites impostos pelo seu fim econômico ou social, pela boa-fé ou pelos bons costumes.*

9.3 Exclusão da Ilicitude

Os casos de exclusão da ilicitude estão regulados no artigo seguinte:

> *Art. 188. Não constituem atos ilícitos:*

I – os praticados em legítima defesa ou no exercício regular de um direito reconhecido;
II – a deterioração ou destruição da coisa alheia, ou a lesão a pessoa, a fim de remover perigo iminente;

Parágrafo único. No caso do inciso II, o ato será legítimo somente quando as circunstâncias o tornarem absolutamente necessário, não excedendo os limites do indispensável para a remoção do perigo.

São casos taxativos de exclusão do ilícito, e conseqüentemente do dever de reparar o dano: a *legítima defesa*, o *exercício regular de direito* e o *estado de necessidade*. Segue que nem toda infração de direito constitui ato ilícito. À guisa de elucidação, se Dionary provoca danos na loja de Geraldo, a fim de defender-se de acidente, age em legítima defesa. Se Marta invade uma residência com o intuito de apagar incêndio ou para socorrer alguém, visa remover perigo, logo não comete ilícito. Com efeito, para a caracterização do ilícito exige-se o elemento subjetivo da culpa do agente.

No *estado de necessidade* o agente pratica o ato a fim de remover perigo atual em circunstâncias absolutamente necessárias e sem excessos.

Na *legítima defesa* o agente utiliza, moderadamente, os meios necessários, a fim de repelir ou evitar uma injusta agressão, atual e iminente, a direito seu ou de outrem.

No *exercício regular de direito* não há ilícito, se presentes o direito e o regular exercício desse direito. O que exceder a regularidade do exercício sai da órbita da licitude para entrar na da ilicitude, como o abuso de direito.

QUADRO SINÓTICO

ATOS ILÍCITOS

1. **Conceito:** ação ou omissão voluntária que, por negligência ou imprudência, violar direito, ou causar prejuízo a alguém (art. 186).

2. **Ameaça ou violação de dever jurídico:** de contrato ou de norma jurídica (aquiliana).

3. **Prejuízo:** dano consistente na violação moral, de direito, ou que causa a redução patrimonial de alguém.

4. **Efeito jurídico:** quem comete o ato ilícito fica obrigado a reparar os danos materiais e morais causados.

5. **Exclusão da ilicitude:** legítima defesa, exercício regular de um direito e remoção de perigo iminente (art. 188).

   a. **Legítima defesa:** uso moderado de meios necessários a fim de repelir ou evitar injusta agressão, atual e iminente.
   b. **Exercício regular de direito:** exceder com regularidade o direito, ou abusar de direito é ilícito.
   c. **Estado de necessidade:** salvar de perigo atual em circunstâncias absolutamente necessárias, sem excessos.

capítulo 10

PRESCRIÇÃO E DECADÊNCIA

10.1 DISPOSIÇÕES GERAIS

No âmbito da doutrina, diversas explicações são dadas aos fundamentos ou motivações primárias da prescrição e da decadência. O argumento mais recorrente aponta para o anseio social e o interesse público na maior segurança dos negócios jurídicos mercê da prescrição e da decadência.

Busca-se resolver as situações jurídicas indefinidas e evitar que as já consolidadas pelo passar do tempo se prolonguem indefinidamente. Assim, a ordem social e jurídica não espera que relações solidificadas pelos anos, ou as questões esgarçadas pelo tempo agitem os tribunais com demandas judiciais intermináveis: "fundamenta o instituto no anseio da sociedade em não permitir que demandas fiquem indefinidamente em aberto; no interesse social de estabelecer um clima de segurança e harmonia, pondo termo a situações litigiosas e evitando que, passados anos e anos, venham a ser postas ações, reclamando direito cuja prova de constituição se perdeu no tempo" (RODRIGUES, 1998, p. 321).

CÂMARA LEAL oferece uma das mais completas explicações sobre o tormentoso tema da prescrição e decadência, a qual, em que pese ser obra de 1939, continua leitura obrigatória para os estudiosos do assunto. LEAL (1978, pp. 14-15) destaca sete aspectos fundamentais da prescrição: 1. a ação destruidora do tempo (CORVIELLO); 2. o castigo à negligência (SAVIGNY); 3. a presunção de abandono ou renúncia (CARVALHO DE MENDONÇA); 4. a presunção de extinção do direito (CAPITANT); 5. a proteção ao devedor (enunciada por SAVIGNY e reproduzida por VAMPRÉ); 6. a diminuição das demandas (SAVIGNY); 7. o interesse social pela estabilidade das relações jurídicas (pela maioria dos autores, dentre outros: BRAUDIR, TISSIER, LAURENT, PLANIOL, RIPERT, COLIN, CAPITANT, BELTJENS, GUILLOUARD, CHIRONI, ABELLO, COLMO, PUGLIESE, BARASSI, DE RUGGIERO).

As fontes romanas indicam apenas três fundamentos da prescrição. Com efeito, CÍCERO, em *Pro Caecina,* JUSTINIANO, em *De annali exceptione* e GAIO, nas *Istitutiones*, arrazoam, respectivamente, ressaltando a *necessidade de determinar as relações jurídicas para evitar controvérsias imprecisas*; *a punição em face da negligência*; e *o interesse público* presente no instituto.

Não se deve dissociar *ordem jurídica* de *ordem social*: estas são aspectos de uma mesma realidade que se interpenetram e influenciam reciprocamente. A tranqüilidade e segurança da ordem jurídica são fundamentais às pretensões humanas de paz social. Um devedor inadimplente ou aquele que voluntariamente viola direito alheio, ao tempo em que contrariam a ordem legal também perturbam a paz social. Aspectos intimamente relacionados e inseparáveis o social e o jurídico, as regras de direito originam-se das sociedades a fim exercer o controle social e a paz dessa mesma sociedade. Nesse sentido, a própria ordem jurídica visando à pacificação social cria não apenas regras de direitos como também regras para a defesa desses direitos.

Com efeito, o titular de um direito deve agir a fim de conservar esse direito e, no caso de violação, ou mesmo de ameaça de violação do direito, nasce para o titular do direito a pretensão. Esta pretensão subjetiva, porém, não é indefinida, porque a própria ordem jurídica estabelece prazos para o titular promover ou utilizar os meios jurídicos de que dispõe para fazer cessar a ameaça ou obrigar o causador do dano a ressarcir os prejuízos sofridos. Se o titular do direito ameaçado ou violado deixa de agir no sentido de defender os interesses jurídicos, essa pretensão, surgida no momento da ameaça ou da violação, se extingue pela prescrição. Para a ordem jurídica e social não interessam atitudes passivas de titulares de direitos violados ou ameaçados. Segue que a violação da lei e a afronta a direitos são causas de desarmonia social. Já o exercício regular do direito, a busca dos meios jurídicos para defesa de direitos ameaçados ou violados, como a promoção da competente ação contra aquele que violou o direito, tem relevância tanto para combater injustiças quanto para harmonizar o tecido social. Em sentido contrário, abstendo-se o titular do direito violado de promover os meios de defesa do direito ameaçado ou violado, não faz justiça consigo mesmo, nem com os demais membros da sociedade, vez que a sua inação implica convalidar violação de direito e injustiça, contribuindo, destarte, para o desequilíbrio e instabilidade das relações sociais.

Neste sentido os institutos da prescrição e da decadência afiguram-se como meios jurídicos de correção de situações instáveis movidas pela inércia do titular da pretensão ou do direito, para evitar que a instabilidade e o desequilíbrio se eternizem. Resulta desse entendimento a máxima romana *dormientibus non sucurrit jus*.

Na prescrição, o que se extingue é a pretensão do titular omisso, negligente, que permaneceu longo tempo inerte, sem agir, quando deveria e podia.

A prevalência do interesse público sobre o interesse particular deve ser ressaltada nessa extinção da pretensão. CÂMARA LEAL (1978, p. 18) leciona: "Ora, na prescrição, dando-se o sacrifício do interesse individual do titular do direito, pelo interesse público da harmonia social, que exige a estabilidade do direito tornado incerto, é evidente que sua instituição obedeceu, direta e principalmente, à utilidade pública e que a norma que a estatuiu é de ordem pública".

O fator natural *tempo* repercute diretamente e de várias maneiras na vida dos seres humanos e por via de conseqüência também repercute no âmbito jurídico, de modo que as relações jurídicas se alteram em razão do seu decurso, criando, modificando ou extinguindo ditas relações. Certos direitos, quando violados ou ameaçados de violação, geram para o titular a pretensão que está condicionada ao exercício do direito no prazo previsto pela lei, sob pena de prescrição.

O decurso do tempo tanto pode criar o direito, como no caso da *usucapião* ou da *prescrição aquisitiva*, quanto extinguir direitos (*prescrição extintiva*). Mas os efeitos jurídicos do tempo, em face de inércia de titular de direito, não se limitam aos da prescrição e da decadência. No direito processual têm grande relevância a *preclusão* e a *perempção.* A preclusão consiste de perda de faculdade processual, de modo que o ato não realizado no prazo prefixado produz este efeito no processo como *coisa julgada formal.* Na perempção, extingue-se o processo em face de inépcia da petição inicial ou do abandono da ação.

Ressaltando tratar-se de posição minoritária senão isolada na doutrina, não concordamos com a disciplina da prescrição e da decadência na esfera do direito material civil, de maneira a merecer, como vem, a regência do Código Civil. A nosso ver, prescrição e decadência importam, fundamentalmente, ao direito processual, que trata da irradiação do tempo no campo da proteção do direito e ante a inércia de seu titular, secundariamente ao direito material, direito que resulta da pretensão nascida com a ameaça ou violação, ou fulminado pela decadência. No entanto, a sistematização adotada, a nosso ver erroneamente, pelo legislador de 1916 foi mantida e ampliada com a regência expressa da decadência.

Os aspectos comuns da prescrição e da decadência já motivaram diversas analogias entre os institutos.

No passado, os autores, entre os quais nos situávamos, consideravam que a prescrição implicava a *perda do direito de ação* ou do meio jurídico de assegurar o direito violado em face de inércia do seu titular. Exemplo: Aracildo não promove a ação de despejo no prazo fixado pela lei. No caso, o locador perdeu apenas o direito dessa ação ou desse meio de defesa de direito. Mas não perdeu o direito em si. Obviamente o locador será imitido na posse do imóvel à saída do inquilino, quando da entrega voluntária ou por outra via.

Na decadência, ocorrendo a inércia do titular, produzia-se a perda do próprio direito e não apenas da ação para defesa do direito. Neste sentido, era possível destacar algumas definições de prescrição: "extinção de uma ação, em virtude da inércia do seu titular durante um certo lapso de tempo, na ausência de causas preclusivas de seu curso" (CÂMARA LEAL); "a ação atribuída a um direito, e de toda sua capacidade defensiva, em conseqüência do não uso delas durante um determinado espaço de tempo" (LIMONGI FRANÇA); "convalescença da lesão de direito pelo não-exercício da ação" (SAN TIAGO DANTAS).

Lecionava-se, portanto, que a prescrição atingia diretamente a ação e, reflexivamente, o direito. Na decadência, porém, observava-se a direta fatal fulminação do direito, tendo em vista que o direito e a ação que lhe corresponde surgem no mesmo tempo. Assim, por serem concomitantes tanto o direito de ação – direito subjetivo – como o direito material e objetivo, confunde-se o direito de exercer a ação com o exercício do próprio direito. Decorre dessa simultaneidade de exercício de direito de ação e de exercício de direito que o prazo existente para a postulação do exercício do direito de ação é o mesmo prazo de exercício do direito.

Na perspectiva histórica da fonte romana, a prescrição explica-se como perda da ação e jamais como perda de direito.

Este entendimento não é pacífico no âmbito da doutrina, com doutas opiniões contrárias como as de ORLANDO GOMES e CAIO MÁRIO DA SILVA PEREIRA, para os quais a prescrição atinge o próprio direito. No conceito de ORLANDO GOMES: "a prescrição é um modo pelo qual um direito se extingue em virtude da inércia, durante certo lapso de tempo, do seu titular, que, em conseqüência, fica sem ação para assegurá-lo". CAIO MÁRIO leciona que a prescrição atinge também o direito: "a liberatória conduz à perda do direito pelo seu titular negligente, ao fim de certo lapso de tempo (...). Perda do direito, dissemos, e assim nos alinhamos entre os que consideram que a prescrição implica algo mais do que o perecimento da ação".

Entende parte da doutrina que o tempo produz nas relações jurídicas dois tipos de prescrição: uma aquisitiva, também chamada usucapião, e outra liberatória ou extintiva. Dá-se a prescrição aquisitiva ou usucapião quando o decurso do tempo habilita ao possuidor do bem converter essa *posse* em *propriedade* em face de inércia do proprietário. Nesse caso, a prescrição opera-se com força positiva para aquisição de direito. Na *prescrição aquisitiva* o decurso do tempo torna titular do bem aquele que não tinha essa titularidade. Na *prescrição extintiva* ou *liberatória* o lapso temporal fulmina a pretensão do direito de ação correspondente ao direito. Leciona ORLANDO GOMES que a prescrição liberatória extingue as relações jurídicas construídas: "É, por outras palavras, um modo geral de extinção das relações jurídicas".

A expressão *prescrição aquisitiva* é contestada inclusive por alguns autores. A *usucapião*, contudo, admitida ou não como prescrição aquisitiva, diz respeito ao direito de propriedade – regulado no Livro III da Parte Especial do Código – de imóveis (arts. 1.238 a 1.244) e de móveis (arts. 1.260 a 1.262).

Na conformidade do estudo da Parte Geral importa a *prescrição extintiva* dos arts. 205 e 206, que alcançam direitos subjetivos e, igualmente, a decadência, então dotada de expressa referência no Código Civil de 2002.

No cotejo dos institutos, LIMONGI FRANÇA observa semelhanças e diferenças entre a prescrição e a decadência: "1.º quanto à natureza; 2.º quanto ao fundamento e 3.º quanto ao fator operante. Quanto à natureza, ambos institutos são causas extintivas. Quanto ao fundamento, ambos se baseiam na inércia do titular. Quanto ao fator operante, em ambos é o mesmo, ou seja, o decurso do tempo". No que tange às diferenças, destaca: "1.ª quanto ao objeto; 2.ª quanto ao direito; 3.ª quanto à ação; 4.ª quanto ao exercício da ação. Quanto ao objeto, enquanto a prescrição atinge a ação, a decadência atinge o direito. Quanto ao direito, a prescrição supõe um direito em ato, já adjudicado ao titular, mas cujo exercício foi obstado por violação de terceiro. Ao contrário, a decadência implica um direito ainda em estado potencial. Quanto à ação, a prescrição supõe uma ação cuja origem é distinta do direito, e posterior a este (violação). Diferentemente, a decadência supõe uma ação cuja origem é idêntica à do direito, sendo simultâneo o seu nascimento. Quanto ao exercício da ação, na prescrição, este não se confunde com o exercício do direito: a ação é simples remédio jurídico para a defesa do direito. Na decadência, confunde-se o exercício da ação com o do direito: a ação é o próprio meio de exercitar o direito".

CÂMARA LEAL sugere uma regra prática a fim de superar as eventuais dificuldades na distinção dos institutos: se o direito e a ação nascem simultaneamente com o mesmo fato; se ação representa o meio de que dispõe o titular para tornar efetivo o seu direito; se estas circunstâncias se verificarem será o caso de prazo de decadência. Se tais circunstâncias não se conjugam, o prazo será de prescrição.

Tal doutrina procura destacar que os dois institutos distinguem-se quanto ao objeto: a prescrição alcançando o direito pela via reflexa, ante a perda do direito de ação que o assegura, em virtude da inércia de seu titular. Segue que na decadência a inação do titular do direito fulmina o seu direito diretamente.

10.2 Distinção no Código Civil

As questões referentes aos institutos da prescrição e da decadência agitam a doutrina e não se deve esperar pacificação neste âmbito, tantas as controvérsias de abordagens e entendimentos.

Na perspectiva da legislação deve-se elogiar o legislador do Código de 2002, que, a evitar dúvidas ou adentrar no campo minado das controvérsias doutrinais, optou pela solução prática na distinção de prescrição e decadência. Com efeito, a sistematização dos institutos em exame adotada na lei civil afasta antigas dúvidas e possibilita a pronta identificação do instituto em matéria de direito civil.

A objetividade legal, porém, não está isenta da crítica doutrinária, pois ao legislador cabe buscar resultados práticos e os juristas procuram estudar a natureza científica da norma. No sentido da praticidade o legislador avançou, em primeiro lugar, no fato de regular o instituto da decadência; em segundo, pela forma objetiva e simples de separação dos institutos.

De fato, o Código adota critério operacional bastante prático, em resumo: todos os prazos de prescrição estão taxativamente previstos nos arts. 205 e 206 da Parte Geral, e, respectivamente, correspondem à regra geral de prescrição uniformizada em dez anos e à regra de prazos especiais de um, dois, três, quatro e cinco anos; todos os demais prazos são de decadência a completar os artigos regedores da matéria tanto da Parte Geral quanto da Parte Especial.

10.3 PRESCRIÇÃO DA PRETENSÃO

Na regência do Código Civil:

> *Art. 189. Violado o direito, nasce para o titular a pretensão, a qual se extingue, pela prescrição, nos prazos a que aludem os arts. 205 e 206.*

O legislador optou pela expressão perda da *pretensão* – do direito alemão e suíço modernos –, abandonando a terminologia perda da *ação*.

Advirta-se, porém, que a expressão direito de *ação* empregada pelo Código de 1916 em sentido amplo alcançava todo direito subjetivo passível de tutela jurisprudencial.

No entanto, a doutrina atual obtempera que *ação* é o meio jurídico por meio do qual se busca a satisfação da pretensão do titular do direito. Alega-se que a pretensão prescreve quando o titular do direito não se exercita no prazo definido pela lei. Aduzem que a pretensão não deve ser confundida com a ação e que esta distinção melhor se coaduna com a moderna teoria processual de autonomia da ação, segundo a qual o direito subjetivo público de ação tem vida própria e se desloca do direito material que lhe é correspondente. Exemplo já banalizado é o do devedor que decide pagar débito mesmo depois de a pretensão do credor estar prescrita: uma vez efetuado o pagamento o ato é válido.

Em vernáculo, o termo *pretensão* tem vários significados, que vão desde o ato de pretender direito, desejo, aspiração, ambição até à bazófia.

A nosso ver, a mudança de terminologia "prescrição da ação" para "prescrição da pretensão" ainda não exprime fielmente o fenômeno operado no âmbito jurídico pelo decurso do prazo legalmente previsto para o exercício do direito pelo seu titular.

Em rigor, na prescrição, não se opera perda de direito, e tampouco da pretensão. Tome-se o mesmo exemplo dado acima: se o credor da dívida receber a dívida prescrita é porque o seu direito não prescreveu, e muito menos a sua pretensão.

Acontece que o decurso do prazo fixado na lei não opera *per si* o feito da prescrição. Decorrido o prazo legal, a prescrição só produz o seu efeito jurídico se a parte interessada alegar a sua ocorrência. Esta alegação tem por escopo demonstrar a inviabilidade jurídica da pretensão deduzida judicialmente. Assim, a prescrição cria para a parte devedora, ou violadora de direito, a via de *exceção*, a qual, conhecida pelo juízo, importa no indeferimento do pedido (pretensão) da ação. Segue que se o pedido do credor é realizado em tempo hábil, evidente, não se deve falar em ocorrência da prescrição; logo, se esta for requerida, será indeferida e caberá o exame da pretensão deduzida em juízo. Se, porém, a pretensão é deduzida fora do prazo legal, e, mesmo assim, o devedor não alegar a ocorrência da prescrição, tendo em vista que não cabe ao juiz conhecer de ofício a prescrição, a decisão se dará exclusivamente quanto à procedência, ou não, da pretensão contida no pedido da ação movida pelo credor contra o devedor.

A prescrição deve, portanto, ser alegada pela parte que a aproveita, a fim de obstar o êxito da ação intempestiva de titular de direito que não agiu quando deveria. No entanto, se a parte a quem aproveita a prescrição não suscitá-la em sua resposta, a pretensão deduzida judicialmente terá seguimento normal. Extrajudicialmente, com muito mais razão, não há o que se falar quanto a efeito de prescrição. Na síntese de THEODORO JÚNIOR "a violação de um direito subjetivo gera, para o respectivo titular, a pretensão, que se define como o poder ou faculdade de exigir de alguém uma prestação. A pretensão sujeita-se a um prazo legal de exercício, que findo sem que o credor o tenha feito valer em juízo, provocará a prescrição. A prescrição, porém, não extingue o direito subjetivo material da parte credora. Cria apenas para o devedor uma exceção, que se for usada no processo de realização da pretensão do credor, acarretará a inibição desta" (2003, p. 5). O autor ressalta que o efeito da prescrição é de exceção, a fim de obstar a pretensão, e não tem o condão de extinguir o direito subjetivo da parte credora, não apenas o direito subjetivo material, a nosso ver, também o direito subjetivo adjetivo ou processual.

10.4 Prescrição da Exceção

O prazo de prescrição da exceção é o mesmo prazo da pretensão:

> *Art. 190. A exceção prescreve no mesmo prazo em que a pretensão.*

Não poderia ser diferente, posto que a exceção é um meio de defesa indireta do agente do pólo passivo da relação processual, por meio do qual este se opõe procurando neutralizar as pretensões do autor. Logicamente, o prazo de prescrição da pretensão deduzida pelo autor deve ser igual ao prazo prescricional da pretensão do excipiente, para evitar a perpetuidade da pretensão da parte demandada excipiente, em face da prescrição do mesmo direito não aduzido pelo autor no prazo legal.

10.5 Renúncia Expressa ou Tácita

A lei não valida a prescrição antes de ela se consumar, pela óbvia razão de que o efeito jurídico só é produzido com o decurso do prazo previsto na própria lei. Mas a lei admite a renúncia da prescrição, como aliás admite a de outros direitos, contanto que não importe prejuízo para terceiros. Na renúncia expressa o prescribente faz explícita declaração de vontade no sentido de abdicar da prescrição, em documento, contrato, título etc. Na renúncia tácita, o prescribente manifesta essa vontade de renunciar à prescrição por meio de atos incompatíveis como o cumprimento de obrigação já prescrita. Na regência do Código:

> *Art. 191. A renúncia da prescrição pode ser expressa ou tácita, e só valerá, sendo feita, sem prejuízo de terceiro, depois que a prescrição se consumar; tácita é a renúncia quando se presume de fatos do interessado, incompatíveis com a prescrição.*

10.6 Alteração dos Prazos

Os prazos prescricionais são previstos em lei, sendo indisponíveis para alteração pelas partes em face do interesse público prevalecente no instituto. As partes não podem acordar em si alterações a fim de dilatar ou reduzir o tempo determinado na norma de regência da matéria. Assim determina o Código:

> *Art. 192. Os prazos de prescrição não podem ser alterados por acordo das partes.*

A alteração do prazo prescricional pelas partes sendo defesa em lei não traz maiores dificuldades ao operador do direito. Se, porém, ocorre alteração de prazo pelo advento de norma legal superveniente surgem questões no plano do *direito intertemporal* em face de situações já consolidadas e direitos adquiridos.

No caso de a nova lei fixar prazo prescricional mais dilatado, a questão é simples, bastando contar o tempo transcorrido na lei revogada e aplicar a regência da contagem do tempo da lei mais nova. Mas, se o tempo de prescrição da lei nova é mais reduzido, a solução dada pelo Código será das duas uma: 1) se o prazo da lei anterior tiver consumado mais de metade do tempo nela estipulado, continua a contagem com base nessa lei, não se aplicando a lei nova; 2) se não houver transcorrido ainda metade do prazo de prescrição da lei antiga, aplica-se a redução da lei nova aplicável ao caso. Ditas regras são estabelecidas no próprio Código Civil (art. 2.028).

10.7 Legitimidade para Alegar

A respeito da alegação da prescrição, a regra utiliza um critério restritivo quanto à legitimidade de requerê-la e um critério ampliado quanto à oportunidade de fazê-la. Neste sentido, apenas as partes que aproveitam a prescrição podem pedir que o juízo a conheça, ou seja, apenas o prescribente, seu representante legal ou sucessores. Mas a lei amplia a oportunidade da alegação para qualquer grau de jurisdição; logo, em qualquer instância judiciária. É a dicção do Código:

> *Art. 193. A prescrição pode ser alegada em qualquer grau de jurisdição, pela parte a quem aproveita.*

10.8 Decretação de Ofício

Conforme assinalado, a parte a quem aproveita a prescrição pode invocá-la em qualquer instância judiciária, mas a autoridade judicial não pode suprir de ofício a alegação de prescrição, salvo se para favorecer a pessoa absolutamente incapaz. O interesse presente na pretensão é privado, cabendo à parte aduzir, ou não, a prescrição, sendo defeso ao juiz suprir requerimento que cabia ao interessado. Somente se a prescrição ocorrer em favor de absolutamente incapaz, em face da prevalência do interesse público presente, pode o juiz suprir de ofício a prescrição. Assim:

> *Art. 194. O juiz não pode suprir, de ofício, a alegação de prescrição, salvo se favorecer a absolutamente incapaz.*

10.9 Ação Regressiva

As pessoas incapazes de administrar os próprios negócios podem promover ação regressiva contra os representantes que deram causa à prescrição ou não a alegaram quando deveriam. Esta regra é válida para os relativamente incapazes e também para as pessoas jurídicas. Considerando que ditas pessoas são representadas ou assistidas no mundo jurídico por outras, se elas não foram adequada e oportunamente assistidas ou representadas e assim sofreram os efeitos da prescrição, a lei possibilita a dedução dos prejuízos sofridos mediante ação regressiva dos representados contra os representantes.

> *Art. 195. Os relativamente incapazes e as pessoas jurídicas têm ação contra os seus assistentes ou representantes legais, que derem causa à prescrição, ou não a alegaram oportunamente.*

10.10 Prazos contra Sucessor

O prazo prescricional iniciado contra uma pessoa que vem a falecer continua fluindo contra os sucessores do *de cujus*. Assim, a contagem do tempo de prescrição não se interrompe e continua correndo contra os herdeiros e sucessores. A teor do Código Civil:

> *Art. 196. A prescrição iniciada contra uma pessoa continua a correr contra o seu sucessor.*

10.11 Causas Impeditivas e Suspensivas

10.11.1 Disposições gerais

Três espécies de fatores ou circunstâncias afiguram-se como causas que influem na prescrição. Assim, devemos distinguir as causas que *impe-*

dem o início de seu curso, das causas que *suspendem* o fluxo do curso e das que *interrompem* o lapso temporal já iniciado. No primeiro caso, o fator prescricional opera impedimento da contagem do prazo desde o início; no segundo, o fator suspende uma contagem já iniciada, para retomar seu curso tão logo cesse o motivo da suspensão; e, finalmente, no terceiro caso, interrompe-se a contagem de prazo já iniciado, voltando à estaca zero.

Causa impeditiva é a que tolhe, obsta, impede a contagem do prazo do início, não permitindo que comece a fluir o prazo prescricional. As causas suspensiva e interruptiva são supervenientes, logo o prazo de prescrição já foi iniciado antes do advento destas causas de suspensão ou interrupção. Na causa suspensiva o obstáculo suspende uma contagem que será reiniciada quando desaparecer a causa da suspensão; diferentemente do prazo interrompido, que anula o prazo anterior.

Todavia, o Código Civil de 2002, a exemplo de seu predecessor, nada obstante distinguir as causas que impedem e as causas que suspendem a prescrição não faz uma rigorosa separação entre elas e, não raro, as confunde, dispensando-lhes tratamento indistinto.

Em que pesem as convergências de fundamentos lógicos e morais, juridicamente impedimento e suspensão do prazo prescricional não podem ser confundidos. No impedimento, o escopo da lei é obstar o início do curso prescricional, a fim de proteger certas pessoas impossibilitadas de agir em face de relações de parentesco, confiança ou jurídicas.

No sentido de *impedimento* da prescrição, a disciplina do Código diz que:

> *Art. 197. Não corre a prescrição:*
>
> *I – entre os cônjuges, na constância da sociedade conjugal;*
> *II – entre ascendentes e descendentes, durante o poder familiar;*
> *III – entre tutelados ou curatelados e seus tutores ou curadores, durante a tutela ou curatela.*

Corretamente, enumera taxativamente as circunstâncias impeditivas que obstam o início da contagem do prazo, não permitindo que a prescrição comece a correr. A ordem jurídica não espera do incapaz sujeito ao poder familiar, do tutelado ou do curatelado que promovam ação judicial contra aqueles que a mesma ordem jurídica determina que devem protegê-los; assim os pais, os tutores e os curadores. Tampouco afigura-se razoável esperar do cônjuge demanda contra o seu par em plena constância do casamento. Nestes casos os prazos não se iniciam, logo as causas obstativas são de natureza impeditiva da prescrição.

No entanto, o artigo seguinte do mesmo Código proclama:

Art. 198. Também não corre a prescrição:

I – contra os incapazes de que trata o art. 3.º;
II – contra os ausentes do País em serviço público da União, dos Estados ou dos Municípios;
III – contra os que se acharem servindo nas Forças Armadas, em tempo de guerra.

Neste caso o legislador trata em conjunto causa *impeditiva*, como a do inciso I, e causas que não têm a mesma natureza. Com efeito, não se inicia a contagem de prazo contra o absolutamente incapaz, mas nesta condição estão o menor de 16 anos, o enfermo mental sem discernimento e os incapazes de exprimir sua vontade, ainda que transitoriamente, na previsão do aludido art. 3.º.

Ocorre que as causas denominadas *suspensivas* são justamente aquelas temporárias que paralisam o prazo da prescrição em curso para retomarem a contagem após a superação da circunstância ou causa da suspensão. A nosso ver, as pessoas em serviço civil ou militar do governo brasileiro no exterior (causas dos incisos II e III do artigo), estão em circunstância transitória, como em circunstância transitória também está aquele que, temporariamente, não pode exprimir a própria vontade. As condições e circunstâncias jurídicas do inciso I, tão distintas, encontram-se inadequadamente no mesmo conjunto.

Segue o mesmo diapasão o artigo seguinte:

Art. 199. Não corre igualmente a prescrição:

I – pendendo condição suspensiva;

> *II – não estando vencido o prazo;*
> *III – pendendo ação de evicção.*

Na pendência de condição suspensiva, enquanto esta condição não se realizar não há o direito, mas apenas a expectativa. Isto explica a inocorrência da contagem, pois não seria lógico que começasse a correr o prazo contra alguém que ainda não é titular de direito. A mesma lógica se aplica ao prazo não vencido, pois a ninguém se pode obrigar a fazer ou deixar de fazer alguma coisa antes do vencimento do prazo para fazer ou deixar de fazer. Quanto à pendência de ação de evicção, trata-se de lógica jurídica a fim de se evitarem decisões judiciais inócuas ou contraditórias; assim, a lei determina que primeiro se decida o direito litigado em sede de evicção para, somente depois de decidido o destino da coisa, identificar-se contra quem, de pleno direito, corre o prazo de prescrição.

10.11.2 Fato originado de crime

No caso de a pretensão a ser deduzida em sede de ação civil originar-se de fato a ser apurado no juízo criminal, a prescrição não correrá antes de a sentença criminal transitar em julgado.

> *Art. 200. Quando a ação se originar de fato que deva ser apurado no juízo criminal, não correrá a prescrição antes da respectiva sentença definitiva.*

Nada obstante o juízo criminal distinguir-se do civil, não raro a reparação civil advém de ilícito criminal. O mesmo fato, inclusive, pode implicar decisões diferentes, alguém ser absolvido no âmbito criminal e condenado civilmente, porém a recíproca não é verdadeira: se condenado no âmbito criminal, também o será no cível, ou, naturalmente, absolvido ou condenado igualmente em ambos. O artigo em comento diz respeito à existência de *prejudicial criminal*, ou seja, de ação criminal sobre o fato a ser decidido no âmbito civil. Determina a lei civil que somente depois da decisão definitiva do juízo criminal é que começará a correr o prazo prescricional da pretensão deduzida na esfera civil.

10.11.3 Solidariedade e indivisibilidade

Relativamente aos efeitos da prescrição para credores solidários, a regra é não alcançar os demais credores, salvo no caso de indivisibilidade do crédito. Pela regra, suspende-se a prescrição em relação a um dos credores; nada obstante solidários, os demais se aproveitam dessa suspensão se a obrigação for indivisível. Quando se tratar de créditos solidários mas divisíveis, ante a possibilidade jurídica de divisão dos efeitos da suspensão em relação a um, os demais não aproveitam a prescrição, correndo em favor exclusivo do credor prescribente. Somente no caso da indivisibilidade da obrigação é que a todos os demais credores solidários aproveita a suspensão:

> *Art. 201. Suspensa a prescrição em favor de um dos credores solidários, só aproveitam os outros se a obrigação for indivisível.*

10.12 Causas Interruptivas da Prescrição

Na interrupção da prescrição, cessa o curso de contagem do prazo em face de alguma causa prevista pela lei a fim de produzir esse efeito. Ocorre a interrupção quando o direito é afirmado ou reclamado, obstando a inação e a incerteza. Dessa maneira, reintegrando-se o direito, a prescrição que fluía em desfavor desse direito é interrompida e todo prazo anterior é desconsiderado, pois só recomeça a contar da data do ato que o interrompeu.

Na dicção do Código o efeito da interrupção poderá ocorrer uma única vez:

> *Art. 202. A interrupção da prescrição, que somente poderá ocorrer uma vez, dar-se-á:*
>
> *I – por despacho do juiz, mesmo incompetente, que ordenar a citação, se o interessado a promover no prazo e na forma da lei processual;*
> *II – por protesto, nas condições do inciso antecedente;*
> *III – por protesto cambial;*

IV – pela apresentação do título de crédito em juízo de inventário ou em concurso de credores;
V – por qualquer ato judicial que constitua em mora o devedor;
VI – por qualquer ato inequívoco, ainda que extrajudicial, que importe reconhecimento do direito pelo devedor.

Parágrafo único. A prescrição interrompida recomeça a correr da data do ato que a interrompeu, ou do último ato do processo para a interromper.

Observa-se que o fundamento da interrupção é uma ação ou exercício de direito que demonstram a manifestação de vontade do agente de impedir o curso da prescrição. A causa de interrupção resultará sempre de um ato do agente a fim de provocar o juízo, protestar, ou constituir em mora o devedor, de modo a demonstrar de forma precisa a defesa do direito contra o qual corre o prazo prescricional.

10.12.1 Legitimidade para interromper

Art. 203. A prescrição pode ser interrompida por qualquer interessado.

Trata-se do rol das pessoas com legitimidade para intentar a interrupção da prescrição; assim: o próprio titular do direito em via de prescrição, o representante legal e o terceiro interessado.

A prescrição pode ser interrompida pelo titular do direito, com muita propriedade, posto que contra ele e pela sua inércia é que corre o lapso temporal da prescrição, sendo de esperar que venha a agir a fim de interrompê-la. Quanto ao representante, a regra engloba os dois tipos de representação, a legal e a convencional; portanto, qualquer deles está legitimado para interromper a prescrição, assim os pais, tutores, curadores ou mandatários. O terceiro é aquele que, nada obstante não ser parte na ação, nem como autor, nem como réu, é legitimado em face de interesse econômico ou moral certo e atual, de maneira que se prescrição viesse a ocorrer, acarretaria para ele prejuízo patrimonial ou moral. Exemplo: o responsável subsidiário em obrigação diante da provável insolvência do titular se a prescrição desfalca o patrimônio do titular.

10.12.2 Efeitos da interrupção

Os efeitos da interrupção da prescrição são divididos em objetivos e subjetivos. Os objetivos incidem primeiramente sobre a própria prescrição, mas alcançam por via reflexa a ação e também o direito. Os efeitos subjetivos alcançam as pessoas com interesse na ação, o titular, o mandatário e terceiros interessados:

> *Art. 204. A interrupção da prescrição por um credor não aproveita aos outros; semelhantemente, a interrupção operada contra o co-devedor, ou seu herdeiro, não prejudica aos demais coobrigados.*
>
> *§ 1.º A interrupção por um dos credores solidários aproveita aos outros; assim como a interrupção efetuada contra o devedor solidário envolve os demais e seus herdeiros;*
> *§ 2.º A interrupção operada contra um dos herdeiros do devedor solidário não prejudica os outros herdeiros ou devedores, senão quando se trate de obrigações e direitos indivisíveis;*
> *§ 3.º A interrupção produzida contra o principal devedor prejudica o fiador.*

De acordo com a norma de interrupção da prescrição, no caso de pluralidade de agentes, a regra geral é que a interrupção da prescrição promovida por um credor, um herdeiro ou um coobrigado não aproveita aos demais credores, herdeiros ou coobrigados. Excetuam a regra os casos de obrigações ou direitos solidários e indivisíveis. Essa exceção justifica-se pela extensão da eficácia legal da solidariedade, segundo a qual credores ou devedores, agentes ativos ou passivos, representam uma unicidade no crédito ou no débito. Logicamente, torna-se impossível, juridicamente, a um credor isolado, ou a um devedor apenas, nestas condições, aproveitar a prescrição, sem que todos os demais também a aproveitem. Quando a prescrição interrompida contra o devedor alcançar o fiador, segue o princípio de que o *acessório acompanha o principal*, tendo em vista que a fiança é um contrato acessório.

10.13 Prazos da Prescrição

10.13.1 Disposições gerais

A Seção IV do Capítulo I do Título IV do Livro III da Parte Geral do Código Civil trata dos prazos da prescrição, fixando em dez anos a regra, sem distinção quanto a direito real ou pessoal, ou a ausência, quando a lei não lhe haja fixado prazo menor. Neste sentido, há um prazo geral de dez anos e prazos especiais quando a lei determina prazos menores de dez anos. Diz :

> *Art. 205. A prescrição ocorre em dez anos, quando a lei não lhe haja fixado prazo menor.*

A regra é clara: não havendo prazo menor determinado em lei, aplica-se o prazo geral de prescrição de dez anos.

Entendemos que o artigo representa retrocesso em relação a princípios e fundamentos da prescrição consagrados no revogado Código de 1916.

A nosso ver, o art. 177 do Código de 1916 adotava melhor técnica ao fixar prazos diferentes da regra geral de prescrição – vinte anos para os direitos pessoais e dez anos para os direitos reais –, e não nos parece técnica adequada tratar, indistintamente, direitos reais e direitos pessoais.

10.13.2 Prazo geral

O Código de 2002 fixou em dez anos o prazo geral de prescrição tanto para a pretensão de direitos pessoais quanto para a relativa a direitos reais, sem relevar as diferenças básicas de ambos para fins de prescrição. A pretensão pessoal diz respeito à ação para fazer assegurar direitos decorrentes de uma obrigação de dar, fazer ou não fazer alguma coisa, por força da lei ou convenção das partes. Já a pretensão nas ações reais tem por escopo fazer valer direitos de propriedade, ou alguns direitos que lhe são pertinentes.

A nosso ver, deveria o legislador fixar prazos mais dilatados para a prescrição sobre direitos pessoais. Esse prazo maior se justifica pela probabilidade de o devedor insolvente conseguir recuperar a sua fazenda e obter meios econômicos no lapso de tempo mais elástico para saldar suas dívidas e obrigações. Porém, a técnica adotada no Código manteve os dez anos de prescrição para os direitos reais e reduziu para dez anos o prazo dos direitos pessoais, que era de vinte anos. A ordem jurídica não se interessa em beneficiar os maus pagadores, logo essa fixação de prazo único, reduzido apenas o prazo da prescrição de direitos pessoais, parece contrariar a sistemática da própria codificação.

10.13.3 Prazos especiais

No tocante aos prazos especiais de prescrição, o art. 206 do Código Civil estabelece regras claras; assim, esses prazos são anuais, bienais, trienais, quatrienais ou qüinqüenais. O titular da pretensão contra a qual corre a ação deve observar o prazo de prescrição das ações previstas nesse artigo a fim de verificar da ocorrência, ou não, da prescrição. Diz:

> *Art. 206. Prescreve:*
>
> *§ 1.º* Em um ano: [grifo nosso]
>
> *I – a pretensão dos hospedeiros ou fornecedores de víveres destinados a consumo no próprio estabelecimento, para pagamento da hospedagem ou dos alimentos;*
>
> *II – a pretensão do segurado contra o segurador, ou a deste contra aquele, contado o prazo:*
>
> *a) para o segurado, no caso de seguro de responsabilidade civil, da data em que é citado para responder à ação de indenização proposta pelo terceiro prejudicado, ou da data que a este indeniza, com a anuência do segurador;*

b) quanto aos demais seguros, da ciência do fato gerador da pretensão;

III – a pretensão dos tabeliães, auxiliares da justiça, serventuários judiciais, árbitros e peritos, pela percepção de emolumentos, custas e honorários;

IV – a pretensão contra os peritos, pela avaliação dos bens que entraram para a formação do capital da sociedade anônima, contado da publicação da ata da assembléia que aprovar o laudo;

V – a pretensão dos credores não pagos contra os sócios ou acionistas e os liquidantes, contado o prazo da publicação da ata de encerramento da liquidação da sociedade.

§ 2.º Em dois anos, *a pretensão para haver prestações alimentares, a partir da data em que se vencerem;* [grifo nosso]

§ 3.º Em três anos: [grifo nosso]

I – a pretensão relativa a aluguéis de prédios urbanos ou rústicos;

II – a pretensão para receber prestações vencidas de rendas temporárias ou vitalícias;

III – a pretensão para haver juros, dividendos ou quaisquer prestações acessórias, pagáveis, em períodos não maiores de um ano, com capitalização ou sem ela;

IV – a pretensão de ressarcimento de enriquecimento sem causa;

V – a pretensão de reparação civil;

VI – a pretensão de restituição dos lucros ou dividendos recebidos de má-fé, correndo o prazo da data em que foi deliberada a distribuição;

VII – a pretensão contra as pessoas em seguida indicadas por violação da lei ou do estatuto, contado o prazo:

a) para os fundadores, da publicação dos atos constitutivos da sociedade anônima;

b) para os administradores, ou fiscais, da apresentação, aos sócios, do balanço referente ao exercício em que a violação tenha sido praticada, ou da reunião ou assembléia geral que dela deva tomar conhecimento;

c) para os liquidantes, da primeira assembléia semestral posterior à violação;

VIII – a pretensão para haver o pagamento de título de crédito, a contar do vencimento, ressalvadas as disposições de lei especial;

IX – a pretensão do beneficiário contra o segurador, e a do terceiro prejudicado, no caso de seguro de responsabilidade civil obrigatório.

§ 4.º Em quatro anos, *a pretensão relativa à tutela, a contar da data da aprovação das contas.*[grifo nosso]

§ 5.º Em cinco anos*:* [grifo nosso]

I – a pretensão de cobrança de dívidas líquidas constantes de instrumento público ou particular;

II – a pretensão dos profissionais liberais em geral, procuradores judiciais, curadores e professores pelos seus honorários, contado o prazo da conclusão dos serviços, da cessação dos respectivos contratos ou mandato;

III – a pretensão do vencedor para haver do vencido o que despendeu em juízo.

A redação não permite dúvidas. A prescrição anual tem como fato gerador a hospedagem ou o consumo de alimentos no próprio estabelecimento; diz respeito à pretensão de contratos de seguros de qualquer espécie, pretensão do segurado contra a seguradora, ou vice-versa. Assim pretensões como extinguir contratos de seguro, cobrar o prêmio, cobrar indenização; pretensões relativas aos emolumentos gerados pelos serviços notariais, ou às custas judiciais, ou à cobrança de honorários; pretensão dos credores contra os sócios, acionistas e liquidantes. Prescreve em dois anos a pretensão de receber prestações vencidas de alimentos; e em três anos: a pretensão de receber prestações vencidas de rendas, juros e dividendos, de ressarcir-se de enriquecimento sem causa, de reparação civil, de restituição de lucros ou dividendos contra os responsáveis legais, fundadores, fiscais, sócios, liquidantes, para o recebimento de títulos de créditos. Prescrevem em quatro anos as prescrições relativas às contas de regime tutelar; e em cinco anos as pretensões de recebimentos de dívidas líquidas e certas; remuneratórias, honorárias e despesas judiciais antecipadas pelo vencedor contra o sucumbente da ação.

Adotou o Código um critério operativo ao definir no art. 205 a regra geral dos prazos de prescrição e no art. 206 os prazos especiais.

Nada obstante o legislador haver adotado a moderna doutrina de prescrição da pretensão, entendemos que a palavra no vernáculo possui muitos significados, não sendo, portanto, a mais apropriada, pois adotando-se a palavra em sentido amplo pode-se chegar a absurdos, e entendendo pretensão no sentido restrito, de prescrição de pretensão a ser deduzida judicialmente, torna-se sinônimo do direito de ação em sentido amplo, que significa todo e qualquer meio de defesa de direito no âmbito judicial. Se processualmente uma das condições de validade da ação é o pedido, o qual expressa a pretensão do autor, não pode haver ação sem a pretensão requerida; porém, a pretensão subjetiva do autor existe em si, e neste sentido independe tanto da faculdade de agir – pretensão da ação – quanto do próprio direito. Com este entendimento, ressaltando o caráter pessoal, não vislumbro a relevância atribuída à mudança de nomenclatura.

10.14 Decadência

O legislador incorpora o instituto da decadência no Código, satisfazendo antigos desejos da doutrina e facilitando a aplicação do instituto.

Contudo, em conformidade com as considerações sobre a prescrição, acolho o entendimento de que dois aspectos básicos distinguem a decadência das ações da prescrição da ação ou da *prescrição pretensão*, como diz o Código de 2002.

A nosso ver, assiste razão à doutrina que diz que, na *decadência*, o direito e a ação, ou a pretensão nascida com a violação, originam-se do mesmo fato e ao mesmo tempo. Assim, a pretensão do titular do direito violado, ou ameaçado, nasce no momento da ocorrência da ameaça ou da violação ao direito, que é o mesmo que exercitá-lo pela via judicial por meio da ação *em sentido amplo.* Neste sentido, a pretensão da ação ou o direito de ação representam o próprio direito, o direito em si. Dessa forma, pretensão, ação, exercício de direito, embora complexos distintos, isoladamente, quando conjugados em face da decadência, formam uma singularidade indivisível entre o direito e o seu exercício, razão pela qual o prazo decadencial é único e fatal, quer para a defesa da pretensão/exercício ou promoção da ação judicial, quer para o próprio direito.

Relativamente à decadência, diz o Código:

> *Art. 207. Salvo disposição legal em contrário, não se aplicam à decadência as normas que impedem, suspendem ou interrompem a prescrição.*

As normas que impedem, suspendem ou interrompem a *prescrição* não são aplicáveis à *decadência* exatamente porque o direito de ação ou a pretensão do titular do direito se confunde com o próprio direito, o que torna o prazo decadencial fatal.

Na dicção do artigo seguinte:

> *Art. 208. Aplica-se à decadência o disposto nos arts. 195 e 198, inciso I.*

Dessa forma, seguindo os mesmos fundamentos e critérios adotados para a prescrição, ante a possibilidade jurídica da aplicação dos dois institutos, a lei garante também para o titular do direito decaído o direito de ação regressiva. Neste caso, dos relativamente incapazes e das pessoas jurídicas contra os assistentes e representantes legais, respectivamente, que derem causa à decadência. O mesmo em relação ao direito decaído de ausentes do País que estavam a serviço público da União, dos Estados ou dos Municípios.

10.14.1 Nulidade da renúncia

> *Art. 209. É nula a renúncia à decadência fixada em lei.*

Da inteligência desse artigo depreende-se que é válida a renúncia à *decadência convencional*, assim entendida aquela estabelecida pelas partes em contrato, porquanto a regra declara a nulidade da renúncia apenas para a decadência estabelecida em lei.

10.14.2 Decretação de ofício

O juiz só deve conhecer de ofício da decadência fixada pela lei; ou seja, ao constatar a ocorrência do prazo legal de decadência, o julgador deve decretá-la independentemente de requerimento nesse sentido da parte a quem aproveita. Na dicção do Código:

> *Art. 210. Deve o juiz, de ofício, conhecer da decadência, quando estabelecida por lei.*

No entanto, quando se tratar de decadência convencional, não cabe ao juiz conhecê-la de ofício, sendo-lhe defeso decretá-la, porque a lei estabelece que neste caso específico compete à parte beneficiada pela decadência contratual alegá-la, em qualquer juízo ou grau de jurisdição.

> *Art. 211. Se a decadência for convencional, a parte a quem aproveita pode alegá-la em qualquer grau de jurisdição, mas o juiz não pode suprir a alegação.*

Do que foi tratado sobre a decadência, resumidamente, ressaltamos que o prazo de decadência não se suspende. O prazo decadencial pode decorrer da lei ou de convenção das partes, sendo que os prazos legais são irrenunciáveis e aos convencionais pode renunciar a parte a quem aproveitam. O prazo legal de decadência deve ser decretado de ofício pelo juiz, mas no caso da decadência convencional é defeso ao juiz conhecê-la de ofício. Prazos legais de decadência são todos aqueles fixados pelo Código na Parte Geral e na Parte Especial, excetuando-se os prazos de prescrição dos arts. 205 e 206.

Quadro Sinótico

Prescrição e Decadência

Prescrição

1. **Fundamentos do instituto:** efeitos jurídicos do tempo em face da inércia de titular de direito para criar – *usucapião ou prescrição aquisitiva* – ou extinguir direitos – *prescrição extintiva.*

   1.1 **Aspectos destacados pela doutrina**

   a. Interesse público pela segurança dos negócios jurídicos.
   b. Resolver situações jurídicas indefinidas; evitar a indefinição jurídica de situações consolidadas de fato pelo passar do tempo.

2. **Distinção entre decadência e prescrição**

   2.1 **Critério prático do Código:** todos os prazos de prescrição estão taxativamente previstos nos arts. 205 e 206 da Parte Geral. A regra geral de prescrição é de 10 anos, com prazos especiais de um, dois, três, quatro e cinco anos. Todos os demais prazos são de decadência, que completam os artigos regedores de cada matéria, presentes na Parte Geral e na Especial.

3. **Prescrição da pretensão:** violado o direito, nasce para o titular a pretensão, a qual se extingue pela prescrição (art. 189).

   – A expressão direito de *ação* do Código de 1916 alcançava todo direito subjetivo passível de tutela jurisprudencial.

4. **Renúncia expressa e tácita** (art. 191)

   a. **Expressa:** o prescribente manifesta a declaração de vontade de renunciar à prescrição por meio de documentos.

b. **Tácita:** por meio de atos incompatíveis com a prescrição.

5. **Alteração de prazos:** previstos em lei, os prazos não podem ser alterados pelas partes (art. 192).

6. **Direito intertemporal:** se a nova lei fixa prazo prescricional mais dilatado conta-se o tempo transcorrido da lei revogada e aplica-se a contagem do tempo da lei mais nova; se o tempo de prescrição da lei nova for menor aplicam-se as regras do art. 2.028.

7. **Alegação de prescrição:** em qualquer grau de jurisdição pela parte a quem aproveita (art. 193).

8. **A decretação de ofício:** não pode o juiz suprir de ofício a alegação, salvo para favorecer o absolutamente incapaz (art. 194).

9. **Ação regressiva:** dos incapazes contra os assistentes e representantes que os prejudicam (art. 195).

10. **Contagem de prazo contra sucessor:** iniciada contra uma pessoa continua a correr contra o seu sucessor (art. 196).

11. **Causas impeditivas:** não corre a prescrição entre: cônjuges, durante o casamento; ascendentes e descendentes, durante o poder familiar; tutelados e curatelados durante a tutela ou curatela (art. 197); contra: absolutamente incapazes; ausentes do País em serviço público ou militar em tempo de guerra (art. 198); também não corre a prescrição: pendendo condição suspensiva, não estando vencido o prazo e pendendo ação de evicção (art. 199).

12. **Fato originado de crime:** somente com o trânsito em julgado da sentença criminal começa a correr o prazo (art. 200).

13. **Solidariedade e indivisibilidade:** a suspensão da prescrição em favor de um credor não alcança os demais, senão nas obrigações indivisíveis (art. 201).

14. **Causas interruptivas:** cessa o curso de contagem do prazo, diante das seguintes causas, uma única vez: despacho do juiz que ordenar a citação, protesto judicial ou cambial, apresentação do título de crédito (inventário ou concurso de credores), qualquer ato judicial que constitua em mora o devedor, qualquer ato que importe reconhecimento do direito pelo devedor (art. 202).

15. **Legitimidade para interromper a prescrição:** qualquer interessado (art. 203).

16. **Efeitos da interrupção da prescrição:** os objetivos incidem primeiramente sobre a própria prescrição e alcançam indiretamente a ação e o direito; efeitos subjetivos alcançam as pessoas com interesse na ação: titular, mandatário e terceiros interessados (art. 204).

17. **Prazos de prescrição**

a. **Geral:** ocorre em dez anos, quando a lei não lhe haja fixado prazo menor (art. 205).

b. **Especiais:** anuais, bienais, trienais, quatrienais e qüinqüenais (art. 206).

Decadência

Pode ser legal ou convencional. O direito de ação ou a pretensão do titular do direito se confundem com o próprio direito, assim o prazo decadencial é fatal. A aplicação desse instituto foi facilitada com a regência dada pelo Código Civil (arts. 207 a 211). São prazos decadenciais todos os constantes do Código Civil, exceto os dos arts. 205 e 206.

1. **Não se aplicam:** as normas que impedem, suspendem ou interrompem a prescrição, salvo dispositivo de lei (art. 207).

2. **Nulidade da renúncia:** de decadência fixada em lei e não da convencional (art. 209).

3. **Decretação de ofício:** o juiz só decreta da decadência fixada em lei (art. 210).

4. **Alegação:** a decadência convencional pode ser alegada pela parte em qualquer grau de jurisdição, mas o juiz não pode suprir a alegação (art. 211).

capítulo 11

Provas

11.1 Disposições Gerais

Entende-se por prova no âmbito civil os meios utilizados pelo interessado para demonstrar a veracidade de suas alegações, a fim de firmar o convencimento do juízo quanto à controvérsia do negócio jurídico. Com efeito, os fatos notórios, ou incontroversos, prescindem de comprovação pelas partes. Neste mesmo sentido, não apenas a esfera civil e comercial, como também em matérias penal, processual e constitucional. Vide, dentre outros, SANTOS (1983), RABONEZE (1999), TOURINHO FILHO (2001), MORAES (2003), NEGRÃO (2003).

Os fatos relativos ao negócio jurídico podem ser provados por qualquer meio, desde que legalmente admitido, de maneira a que parte possa demonstrar a procedência das suas alegações deduzidas em juízo.

A prova deve conter certos requisitos, como a admissibilidade e a adequação ou pertinência, de maneira a prestar-se à conclusão do julgador da lide. Neste sentido, a *admissibilidade* do meio de prova é o primeiro requisito de sua validade, posto que a ordem jurídica não confere validade aos meios de prova ilegais, ilícitos ou ilegítimos.

A robustez de evidência, quando a lei exige forma ao negócio jurídico, só é obtida mediante a comprovação da forma fixada na lei. Ademais, se determinado meio de prova é defeso em lei como prova para certos atos, tal meio, nada obstante lícito para outros fins, não vale evidentemente para os casos vedados pela ordem jurídica.

A apresentação da prova incumbe ao autor, como regra, pois cabe a quem alega os fatos comprová-los. Ao demandado, em geral, cabe, em sua resposta, demonstrar o contrário e, se for o caso, apresentar a contraprova. Em casos específicos, previstos em leis especiais, admite-se inversão do ônus da prova, a exemplo do Código de Defesa do Consumidor, que transfere ao comerciante ou fornecedor o dever de provar que as alegações dos consumidores não procedem, nas ações movidas por estes contra aqueles.

A adequação ou *pertinência* do meio é indispensável para chegar aos fins; no caso, a pertinência da prova deve conduzir o julgador à *conclusão* do fato controverso. Diz-se que o meio de prova é pertinente porque deve-se ater aos fatos controvertidos da questão discutida e por via de conseqüência permitir a elucidação das controvérsias.

Nesta perspectiva, excetuando-se os meios de prova defesos em lei, as provas ilegais ou ilícitas, provas desprovidas de idoneidade, às quais, por óbvias razões, a ordem jurídica não confere validez, todo e qualquer meio de prova pode ser utilizado pela parte visando demonstrar a veracidade das suas alegações.

Os meios probatórios arrolados no art. 212 do Código Civil, a saber, confissão, documentos, testemunha, presunção e perícia não são taxativos, nem poderiam, já que todos os meios lícitos provam os fatos jurídicos. Nos atos formais, ou seja, aqueles a que a lei impõe determinada forma para a sua realização, a prova da evidência dos fatos se dá pela comprovação formal. Na inteligência do art. 212 tem-se uma enumeração exemplificativa dos meios de prova:

> *Art. 212. Salvo o negócio a que se impõe forma especial, o fato jurídico pode ser provado mediante:*
>
> *I – confissão;*
> *II – documento;*

III – testemunha;
IV – presunção;
V – perícia.

11.2 Confissão

Quando a parte admite ou reconhece como verdadeiros os fatos contrários aos seus interesses, faz prova de confissão dos fatos alegados pela outra parte. A confissão pode ser judicial ou extrajudicial, conforme o reconhecimento das alegações contrárias tenha se dado no curso de processo judicial, ou fora do juízo a que foi trazida para fins probatórios.

Tendo em vista que confessar fatos aduzidos contra si mesmo é ato exclusivo da parte, o confitente e apenas ele faz a confissão, pessoalmente, ou por meio de procurador com poderes especiais. Descabe falar em *confissão* de terceiros, podendo, no entanto, a confissão ser expressa ou tácita. Será *expressa* quando a parte confitente admite os fatos contra si, verbalmente ou por escrito. Diz-se *tácita* no caso de silêncio ou inação da parte que voluntariamente deixa de contestar ou opor-se contra os fatos contrários aos seus interesses aduzidos pela outra parte. A confissão de pessoa incapaz de dispor do direito referido nos fatos confessados ou coacta não tem eficácia. Na inteligência do Código:

> *Art. 213. Não tem eficácia a confissão se provém de quem não é capaz de dispor do direito a que se referem os fatos confessados.*
>
> *Parágrafo único. Se feita a confissão por um representante, somente é eficaz nos limites em que este pode vincular o representado.*

Segue que a confissão deve ser ato voluntário e exclusivo da própria parte, não tendo eficácia jurídica a confissão de terceiro sem capacidade de dispor dos fatos aduzidos, tampouco as confissões por meio de procurador que extrapolem os limites expressos do mandato.

O confitente coacto declara algo contra si próprio não por reconhecer os fatos contrários, mas premido pela circunstância de temor fundado e iminente. Também o confitente sem a noção exata dos fatos ou que os ignora não faz declaração verdadeira sobre os fatos que se pretende esclarecer. Dessa maneira, a confissão errônea ou obtida por coação corrompe a confissão, que pode ser anulada pelo interessado.

Neste sentido é a dicção do Código:

> *Art. 214. A confissão é irrevogável, mas pode ser anulada se decorreu de erro de fato ou de coação.*

A confissão válida é irretratável, ou seja, ao admitir contra si mesmo os fatos, não pode o confesso revogar o que foi dito em seu desfavor. No entanto, os casos de erro de fato ou coação, fatores que viciam a vontade do confitente, permitem que o prejudicado requeira a anulação a fim de tornar sem efeito os fatos confessados em face da falta de idoneidade do meio.

11.3 Documentos

Quaisquer escritos, públicos ou particulares, cartas, telegramas, certidões, contratos, registros, artigos de periódicos, livros, diários, agendas, recibos, fichas, portarias, autorizações, dentre outros, são meios probatórios classificados como documentos. No sentido amplo, não se incluem apenas os escritos, pois entram nessa classe fotografias, filmagens, gravações ou quaisquer reproduções mecânicas ou eletrônicas que façam prova dos fatos.

Os documentos públicos são emitidos por autoridades públicas ou pessoas investidas de função dotada de fé pública. Assim, não lhe exige a lei outros requisitos, pois tais documentos fazem prova plena.

11.3.1 Escritura pública

Bastante detalhada é a descrição da escritura pública em face da sua relevância no âmbito dos negócios jurídicos. Documento dotado de fé pública, a escritura é lavrada em vernáculo pelo tabelião em notas, contendo a qualificação das partes, a declaração de vontade, assinatura pessoal, ou a rogo, com tradução pública ou juramentada, quando for o caso, e assim por diante:

> *Art. 215. A escritura pública, lavrada em notas de tabelião, é documento dotado de fé pública, fazendo prova plena.*
>
> *§ 1.º Salvo quando exigidos por lei outros requisitos, a escritura pública deve conter:*
>
> *I – data e local de sua realização;*
> *II – reconhecimento da identidade e capacidade das partes e de quantos hajam comparecido ao ato, por si, como representantes, intervenientes ou testemunhas;*
> *III – nome, nacionalidade, estado civil, profissão, domicílio e residência das partes e demais comparecentes, com a indicação, quando necessário, do regime de bens do casamento, nome do outro cônjuge e filiação;*
> *IV – manifestação clara da vontade das partes e dos intervenientes;*
> *V – referência ao cumprimento das exigências legais e fiscais inerentes à legitimidade do ato;*
> *VI – declaração de ter sido lida na presença das partes e demais comparecentes, ou de que todos a leram;*
> *VII – assinatura das partes e dos demais comparecentes, bem como a do tabelião ou seu substituto legal, encerrando o ato;*
>
> *§ 2.º Se algum comparecente não puder ou não souber escrever, outra pessoa capaz assinará por ele, a seu rogo.*
> *§ 3.º A escritura será redigida na língua nacional.*
> *§ 4.º Se qualquer dos comparecentes não souber a língua nacional e o tabelião não entender o idioma em que se expressa, deverá comparecer tradutor público para servir de intérprete, ou, não o havendo na localidade, outra pessoa capaz que, a juízo do tabelião, tenha idoneidade e conhecimento bastantes.*
> *§ 5.º Se algum dos comparecentes não for conhecido do tabelião, nem puder identificar-se por documento, deverão participar do ato pelo menos duas testemunhas que o conheçam e atestem sua identidade.*

11.3.2 Certidões e traslados

As certidões e traslados possuem a mesma força probatória dos documentos originais dos quais foram extraídos. São passadas pelo próprio escrivão, ou à sua vista, extraídos de livro sob sua guarda, o que dota tais documentos de fé pública. A certidão pode conter o inteiro teor ou o resumo do que consta de livro de registro. O traslado de autos consiste da reprodução ou cópia de documentos autuados em processo, subscrito pelo escrivão, ou recuperado por outro escrivão. Na regência do Código:

> *Art. 216. Farão a mesma prova que os originais as certidões textuais de qualquer peça judicial, do protocolo das audiências, ou de outro qualquer livro a cargo do escrivão, sendo extraídas por ele, ou sob a sua vigilância, e por ele subscritas, assim como os traslados de autos, quando por outro escrivão consertados.*

A norma de regência do art. 217 trata da mesma matéria do artigo antecedente, referindo-se todavia a certidão e traslado passados pelo tabelião. O art. 216 refere-se ao escrivão, e, convenhamos, uma simples redação abrangente dispensaria o presente artigo:

> *Art. 217. Terão a mesma força probante os traslados e as certidões, extraídos por tabelião ou oficial de registro, de instrumentos ou documentos lançados em suas notas.*

Na dicção do artigo seguinte:

> *Art. 218. Os traslados e as certidões considerar-se-ão instrumentos públicos, se os originais se houverem produzido em juízo como prova de algum ato.*

Neste caso, a lei confere aos traslados e certidões extraídos de originais apresentados em audiências ou constantes dos autos o mesmo valor probatório do traslado ou da certidão passada pelo tabelião. Também este artigo se afigura repetitivo, pois desnecessário dizer, mais uma vez, que as certidões e traslados extraídos de originais de cartórios da organização judiciária são instrumentos públicos e dotados de fé pública. São instrumentos públicos os documentos, públicos ou particulares, emitidos, certificados ou trasladados pela autoridade pública.

11.3.3 Presunção *juris tantum*

No que diz respeito ao teor das declarações constantes dos documentos públicos ou privados, não do documento em si, mas do que nele está declarado, a lei presume como verdadeiras as declarações em relação aos seus signatários. Dita presunção tem alcance limitado pela lei às declarações principais e às partes legítimas. Não se presumem verdadeiras as declarações enunciativas sem relação direta com a declaração, cabendo o ônus da prova dessas declarações a quem interessar. A presunção é *juris tantum*. Assim, admite prova em sentido contrário. Diz o Código:

> *Art. 219. As declarações constantes de documentos assinados presumem-se verdadeiras em relação aos signatários.*
>
> *Parágrafo único. Não tendo relação direta, porém, com as disposições principais ou com a legitimidade das partes, as declarações enunciativas não eximem os interessados em sua veracidade do ônus de prová-las.*

11.3.4 Prova da anuência ou autorização

Nos casos de atos que necessitam de anuência ou autorização de outra pessoa, a exemplo da *outorga uxória* em transmissões de imóveis de pessoas casadas sob qualquer regime de bens, exceto o da separação total, ou a autorização de pais ou responsáveis em certos atos praticados pelos incapazes civis, a prova da anuência, aceite, concordância ou autorização será feita de igual modo, e deverá constar do próprio instrumento, se possível:

> *Art. 220. A anuência ou a autorização de outrem, necessária à validade de um ato, provar-se-á do mesmo modo que este, e constará, sempre que se possa, do próprio instrumento.*

11.3.5 Instrumento particular

O instrumento particular deve ser assinado pelas partes interessadas que estejam na livre disposição de seus bens, de modo que a declaração de vontade ou o contrato são meios idôneos de prova das obrigações avençadas, independentemente do seu valor. Mas os efeitos jurídicos só se operam em relação a terceiros depois do registro público, inclusive o efeito da cessão:

> *Art. 221. O instrumento particular, feito e assinado, ou somente assinado por quem esteja na livre disposição e administração de seus bens, prova as obrigações convencionais de qualquer valor; mas os seus efeitos, bem como os da cessão, não se operam, a respeito de terceiros, antes de registrado no registro público.*
>
> *Parágrafo único. A prova do instrumento particular pode suprir-se pelas outras de caráter legal.*

No caso de perda ou extravio do instrumento particular, a declaração de vontade pode ser provada por qualquer outro meio idôneo.

11.3.6 Autenticidade de telegrama

Trata o art. 222 do valor probatório de telegrama cuja autenticidade se contesta. Cabe à parte a quem interessar o valor probatório do telegrama apresentar o original assinado pelo remetente. Não apresentado o original assinado, desconsidera-se a prova:

> *Art. 222. O telegrama, quando lhe for contestada a autenticidade, faz prova mediante conferência com o original assinado.*

11.3.7 Cópia fotográfica

A cópia fotográfica de documentos possui valor probatório quando devidamente conferida com os originais pelo tabelião de notas. Nada obstante, a parte contrariada com essa prova pode contestar a veracidade da fotografia, caso em que a parte impugnada deverá apresentar o original. Também se apresentam os originais quando a lei ou as circunstâncias assim determinarem. Na dicção do Código:

> *Art. 223. A cópia fotográfica de documento, conferida por tabelião de notas, valerá como prova de declaração da vontade, mas, impugnada sua autenticidade, deverá ser exibido o original.*
>
> *Parágrafo único. A prova não supre a ausência do título de crédito, ou do original, no caso em que a lei ou as circunstâncias condicionarem o exercício do direito à sua exibição.*

11.3.8 Exigência da língua portuguesa

Os documentos devem ser redigidos em língua portuguesa e os contratos ou instrumentos escritos em língua estrangeira devem ser traduzidos para o vernáculo – por tradutor oficial ou juramentado – e registrados no respectivo cartório de títulos e documentos a fim de produzir efeitos legais no Brasil. Diz o Código:

> *Art. 224. Os documentos redigidos em língua estrangeira serão traduzidos para o português para ter efeitos legais no País.*

11.3.9 Produções e reproduções

As produções fotográficas e cinematográficas e os registros fonéticos em geral, e todas as espécies de reproduções eletrônicas ou mecânicas de fatos ou coisas, fazem prova plena dos fatos ou das coisas correspondentes, ressalvando-se o direito de impugnação pela parte contrária. Fotos, filmagens, gravações, registros de um ato ou da coisa provam plenamente o ato ou coisa:

> *Art. 225. As reproduções fotográficas, cinematográficas, os registros fonográficos e, em geral, quaisquer outras reproduções mecânicas ou eletrônicas de fatos ou de coisas fazem prova plena destes, se a parte, contra quem forem exibidos, não lhes impugnar a exatidão.*

11.3.10 Livros e fichas

Os livros e fichas fazem prova, contra ou a favor, dos empresários e empresas a que pertencem, conforme a regularidade, ou não, da escritura. Mas a prova resultante de livros e fichas não é bastante se a lei exige escritura pública ou requisitos especiais, podendo ser refutada pela falta de exatidão ou falsidade dos lançamentos. Dessa forma, livros e fichas em poder do empresário, estando devidamente escriturados, podem servir de prova em favor do empresário, porém contendo vícios extrínsecos ou intrínsecos fazem prova contra ele. A prova da falsidade ou inexatidão tem força probatória *juris tantum*, de modo que a força probatória pode ser refutada pela comprovação de vícios:

> *Art. 226. Os livros e fichas dos empresários e sociedades provam contra as pessoas a que pertencem, e, em seu favor, quando, escriturados sem vício extrínseco ou intrínseco, forem confirmados por outros subsídios.*
>
> *Parágrafo único. A prova resultante dos livros e fichas não é bastante nos casos em que a lei exige escritura pública, ou escrito particular revestido de requisitos especiais, e pode ser ilidida pela comprovação da falsidade ou inexatidão dos lançamentos.*

11.4 Testemunhas

Provavelmente em decorrência da corrupção dos costumes, à prova testemunhal impõem-se limites para a utilização exclusiva como meio probatório do negócio jurídico. Consta que no mais remoto direito imperial romano era o principal meio de prova, mas acompanhando a decadência imperial e dos costumes perdeu, inegavelmente, prestígio a ponto de ser tida como a *prostituta das provas*. Não nos parece válido tal entendimento, aliás amparado pelo novo Código Civil ao conferir caráter complementar ou subsidiário à prova testemunhal. Somente nos negócios com limites de valor até dez salários mínimos a prova testemunhal tem eficácia de prova autônoma.

Mas a prova testemunhal, a exemplo de qualquer outro meio probatório relativo, goza de presunção *juris tantum*, ou seja, presume-se a sua idoneidade, permitindo-se outra prova em contrário. Ademais, neste meio probatório a testemunha pode ser inquirida no ato de suas declarações, pelas quais responde, inclusive, criminalmente, em caso de falsidade punível com pena de prisão. Segue que a existência de outros meios de prova não pode resultar na dispensa da prova testemunhal, caracterizando-se tal argumentação em cerceamento de defesa, conforme entendimento do STJ (NADER, 2003, p. 601).

Dessa maneira, engrossamos as críticas da avaliação a menor do valor probatório da prova testemunhal dada pelo Código Civil no seguinte artigo:

> *Art. 227. Salvo os casos expressos, a prova exclusivamente testemunhal só se admite nos negócios jurídicos cujo valor não ultrapasse o décuplo do maior salário mínimo vigente no País ao tempo em que foram celebrados.*
>
> *Parágrafo único. Qualquer que seja o valor do negócio jurídico, a prova testemunhal é admissível como subsidiária ou complementar da prova por escrito.*

Neste entendimento não será a palavra das testemunhas o mais relevante, mas o que está contido nos documentos. A prova testemunhal será complementar e subsidiária, mas o documento escrito é prova plena. Despiciendo tecer considerações sobre o cunho ideológico da regra, a nosso ver – em que pesem as doutas opiniões contrárias – inconstitucional.

11.4.1 Não podem testemunhar

Como princípio e como regra, o depoente deve ser isento a fim de esclarecer o juízo sobre negócio ou acontecimento do qual tem conhecimento, direto ou indireto. Neste sentido, o Código arrola pessoas que não podem ser admitidas como testemunhas em face do pouco discernimento em razão de menoridade ou enfermidade mental, das limitações de sentidos – visão, audição –, de condições familiares conjugais e de parentesco e do interesse na lide. Assim:

Art. 228. Não podem ser admitidos como testemunhas:

I – os menores de dezesseis anos;
II – aqueles que, por enfermidade ou retardamento mental, não tiverem discernimento para a prática dos atos da vida civil;
III – os cegos e surdos, quando a ciência do fato que se quer provar dependa dos sentidos que lhes faltam;
IV – o interessado no litígio, o amigo íntimo ou o inimigo capital das partes;
V – os cônjuges, os ascendentes, os descendentes e os colaterais, até o terceiro grau de alguma das partes, por consangüinidade, ou afinidade.

Parágrafo único. Para a prova de fatos que só elas conheçam, pode o juiz admitir o depoimento das pessoas a que se refere este artigo.

Excepcionalmente, contudo, a lei admite o depoimento de pessoas que em circunstâncias normais não podem depor, se a oitiva se impõe pelo fato de apenas aquela testemunha conhecer dos fatos. Mesmo assim, no caso específico, o valor probatório dessa testemunha é bastante relativo na formação da convicção do juiz.

11.4.2 Desobrigação de depor

Em regra, toda pessoa *intimada* legalmente tem o dever de comparecer ao juízo a fim de depor sobre os fatos dos quais tem conhecimento. Mas no artigo antecedente já se assinalou que essa regra não é absoluta ante certas circunstâncias do depoente. A regência do Código Civil alcança as pessoas dispensadas pela lei do ato de depor em juízo em face de circunstâncias éticas profissionais, constrangimento da honra do depoente, risco de vida ou dano patrimonial iminente. No caso presente faculta-se às pessoas arroladas depor, ou não, porquanto, legalmente, estão desobrigadas. Na dicção do Código:

Art. 229. Ninguém pode ser obrigado a depor sobre fato:

I – a cujo respeito, por estado ou profissão, deva guardar segredo;
II – a que não possa responder sem desonra própria, de seu cônjuge, parente em grau sucessível, ou amigo íntimo;
III – que o exponha, ou às pessoas referidas no inciso antecedente, a perigo de vida, de demanda, ou de dano patrimonial imediato.

11.5 Presunção

Na presunção o julgador faz uma operação mental e lógica dos fatos a fim de alcançar a verdade revelada indiretamente. Quando em juízo não se apresentam meios probatórios capazes de formar a convicção do julgador, cabe a este presumir o que se pode deduzir de verdadeiro a partir de dados indiretos, das informações gerais, das relações lógicas e das probabilidades.

Existem duas espécies de presunção, a *legal* e a *simples* ou ordinária. A presunção legal, por sua vez, subdivide-se em *absoluta* ou *juris et de jure*, a qual não admite prova em contrário, e em *relativa* ou *juris tantum*, que, nada obstante prevista em lei, admite prova em contrário. Assim, o título de propriedade lavrado em escritura pública e registrado no cartório de imóveis tem força probatória *juris et de jure*; mas a provável morte da pessoa em perigo de vida ou desaparecida em campanha ou feita prisioneira de guerra tem valor *juris tantum*. Na prova decorrente de presunção *simples* ou *ordinária* o magistrado faz ilação sobre as questões trazidas ao juízo a fim de decidir a questão, à míngua de provas diretas.

A presunção como meio probatório recebe a regência do seguinte artigo do Código Civil:

Art. 230. As presunções, que não as legais, não se admitem nos casos em que a lei exclui a prova testemunhal.

Nesta conformidade, a lei civil estabelece como exceção, na aplicação da presunção pelo juiz, o critério *relativo* ou *juris tantum* exclusivamente nos casos em que a lei não admite a prova testemunhal. Em todos os demais casos pode o juiz decidir com os critérios da sua própria prudência, ou seja, pode atribuir valor probatório *juris et de jure* ou *juris tantum*. Porém, nos casos defesos de prova testemunhal, o critério obrigatório de prova é o *juris et de jure*.

11.6 PERÍCIA

Se a prova do fato depender de conhecimento técnico ou científico, a requerimento da parte ou do próprio juiz, este será assistido pelo perito. Assim, o *expert* ou perito é o profissional de elevado nível técnico e científico escolhido dentre profissionais de nível universitário inscritos nos respectivos órgãos de classe, contador, médico, engenheiro, e assim por diante. O perito tem o dever de ofício de atender o juízo e usar todo seu conhecimento para esclarecer os fatos requeridos, nos prazos determinados na lei. Ademais, o perito responde pelos danos que causar em virtude de informações erradas que prestar.

A perícia não tem o escopo de protelar o andamento do processo, logo o juiz só deve admitir esse meio de prova quando necessário, e não dispondo ele dos meios suficientes para decidir a lide com segurança.

O laudo pericial que é apresentado no prazo legal submete-se ao contraditório; as partes podem apresentar pela isonomia processual quesitos e requerimentos. A matéria relativa ao perito é regida pelos arts. 145 a 147 do CPC. A prova pericial, que consiste de exames, vistorias e avaliações, está regulada nos arts. 420 a 439 do CPC. Em sede de direito material, recebe a regência dos arts. 231 e 232, ambos tratando da perícia médica:

> *Art. 231. Aquele que se nega a submeter-se a exame médico necessário não poderá aproveitar-se de sua recusa.*

Se, por um lado, ninguém é obrigado a submeter-se a exame de qualquer natureza – aptidão mental, DNA etc. – a não apresentação dos esclarecimentos médicos necessários não pode favorecer aquele que se negou a fazer o exame.

Segue que efeito mais profundo porquanto concludente é o dado pelo Código:

Art. 232. A recusa à perícia ordenada pelo juiz poderá suprir a prova que se pretendia obter com o exame.

Neste trato, a recusa da parte não importa apenas em obstar qualquer vantagem que da recusa se pudesse obter, mas sim da *presunção ficta* de veracidade dos fatos contrários àquele que se recusou a fazer o exame pericial. Exemplos: Batista nega-se a apresentar-se à junta médica do Instituto Nacional de Seguridade Social, logo o pedido de aposentadoria por invalidez será denegado; Daniel recusa-se a fazer exame de DNA em ação de investigação de paternidade. Esta recusa implica a presunção jurídica da paternidade.

Quadro Sinótico

Provas Judiciais

1. **Conceito:** meios utilizados para esclarecer fatos duvidosos ou controversos em juízo.

2. **Fatos notórios:** fatos notórios e incontroversos dispensam comprovação.

3. **Negócio jurídico:** qualquer meio lícito (liberdade), salvo se a lei exigir forma especial.

4. **Requisitos:** admissibilidade (licitude e adequação) e pertinência.

5. **Apresentação:** incumbe ao autor, em regra.

6. **Meios probatórios:** enumeração exemplificativa: confissão; documentos, testemunha; presunção e perícia (art. 212).

   6.1 **Confissão:** a parte admite como verdadeiros fatos contrários aos seus interesses. Pode ser judicial ou extrajudicial. Ato exclusivo do confitente que confessa tácita ou expressamente, pessoalmente ou através de procurador especial (art. 213). É irrevogável mas pode ser anulada em caso de erro ou coação (art. 214).

6.2 Documentos: quaisquer escritos, públicos ou particulares.

a. **Escritura pública:** lavrada em vernáculo pelo tabelião em notas, tem fé pública (art. 215).
b. **Certidões e traslados:** mesma força probatória dos documentos originais (art. 218).
c. **Presunção *juris tantum*:** em relação ao teor das declarações em documentos públicos ou privados, não do documento em si mesmo (art. 219).
d. **Anuência ou autorização:** igual modo devendo constar do próprio instrumento (art. 220).
e. **Instrumento particular:** deve ser assinado pelas partes que gozem de livre disposição de seus bens (art. 221).
f. **Telegrama:** apresentação do original assinado pelo remetente (art. 222).
g. **Fotografia de documentos:** conferência dos originais pelo tabelião de notas ou sua apresentação quando impugnados (art. 223).
h. **Língua portuguesa:** redigidos em português ou traduzidos para o vernáculo por tradutor oficial (art. 224).
i. **Produções e reproduções foto, fono e cinematográficas:** todas as espécies de reproduções eletrônicas ou mecânicas fazem prova plena dos fatos e coisas correspondentes, ressalvando-se o direito de impugnação pela parte contrária (art. 225).
j. **Livros e fichas de empresas e sociedades:** beneficiam ou prejudicam os empresários e empresas respectivos, conforme a regularidade da escritura (art. 226).

6.3 Testemunha: o CC empresta caráter complementar ou subsidiário. Apenas nos negócios até dez salários mínimos tem eficácia de prova autônoma (art. 227).

a. **Não podem testemunhar:** pessoas de pouco discernimento, incapazes absolutamente, enfermos mentais, pessoas com limitações de sentidos quanto a fatos que dependam dos mesmos, parentes e cônjuges. Exceção para fatos que só elas conheçam (art. 228).

b. **Desobrigação de depor:** escusam esse dever legal circunstâncias éticas profissionais ou de constrangimento da honra, de risco de vida ou de dano patrimonial iminente (art. 229).

6.4 Presunção: operação mental e lógica de fatos a fim de alcançar a verdade revelada indiretamente, podendo ser legal ou simples (art. 230).

6.5 Perícia: quando a prova do fato depende de conhecimento técnico ou científico. O perito responde pelos danos que causar em virtude de informações erradas.

a. **Negar-se a exame necessário:** não aproveita a quem a se recusa (art. 231).

b. **Prova pretendida com o exame:** a recusa pode implicar suprimento, pela presunção jurídica do que se pretendia obter (art. 232).

Referências Bibliográficas

ABBAGNANO, Nicola. *Dicionário de filosofia.* 4. ed. São Paulo: Martins Fontes, 2000.

ABREU FILHO, José. *O negócio jurídico e sua teoria geral.* São Paulo: Saraiva, 1995.

AMARAL, Francisco. *Direito civil brasileiro.* Rio de Janeiro: Forense, 1980.

ANDRADE, Manuel A. Domingues de. *Teoria geral da relação jurídica.* Coimbra: Armenio Amado, 1983.

BATALHA, Wilson de Souza Campos. *Comentários à lei de registros públicos.* Rio de Janeiro: Forense, 1979. v. 1.

BEVILÁQUA, Clóvis. *Código Civil dos Estados Unidos do Brasil.* Rio de Janeiro: Rio, 1984.

_____. *Direito de família.* 7. ed. Rio de Janeiro: Freitas Bastos, 1943.

BITTAR, Carlos Alberto. *Os direitos da personalidade.* Rio de Janeiro: Forense, 1989.

CALDAS, Pedro Frederico. *Vida privada, liberdade e dano moral.* São Paulo: Saraiva, 1997.

CÂMARA, José Bezerra. *Subsídios para a história do direito pátrio.* Rio de Janeiro: Livraria São José, [19--].

CHALY, Yussef Said. *Dano moral.* São Paulo: Revista dos Tribunais, 1998.

DANTAS, San Tiago. *Programa de direito civil.* Rio de Janeiro: Forense, 2001.

DE RUGGIERO, Roberto. *Instituições de direito civil.* Campinas: Bookseller, 1999.

DIAS, José de Aguiar. *Da responsabilidade civil.* Rio de Janeiro: Forense, 1994.

DINIZ, Maria Helena. *Código Civil anotado.* São Paulo: Saraiva, 1997.

______. *Curso de direito civil:* teoria geral do direito civil. 15. ed. São Paulo: Saraiva, 1999. v. 1.

DOTTI, René Ariel. *Proteção da vida privada e liberdade de informações.* São Paulo: Revista dos Tribunais, 1980.

ESPÍNOLA, Eduardo. *Sistema do direito brasileiro.* Rio de Janeiro: Rio, 1977.

FERRAZ, Tércio Sampaio. *Cadernos de direito tributário e finanças públicas.* São Paulo: Revista dos Tribunais, 1992.

FIUZA, Ricardo (Coord.). *Novo Código Civil comentado.* São Paulo: Saraiva, 2002.

FRANÇA, Rubens Limongi. *Instituições de direito civil.* São Paulo: Saraiva, 1996.

FUHRER, Maximilianus Cláudio Américo. *Resumo de direito civil.* 14. ed. São Paulo: Malheiros, 1996.

GOMES, Orlando. *Direito de família.* Rio de Janeiro: Forense, 1999.

GOMES, Orlando. *Introdução ao estudo do direito*. Rio de Janeiro: Forense, 2001.

KELSEN, Hans. *Teoria pura do direito*. São Paulo: Martins Fontes, 1996.

LEAL, Antônio Luís da Câmara. *Da prescrição e da decadência*. Rio de Janeiro: Forense, 1978.

LINTON, Ralf. *Cultura e personalidade*. São Paulo: Mestre Jou, 1967.

LÔBO, Paulo Luiz Netto. A repersonalização das relações de família. In: *O direito de família e a Constituição de 1988*. São Paulo: Saraiva, 1989.

_____. Igualdade conjugal. *Revista da ESMAPE*. Recife: Bagaço, 1997(a).

_____. Igualdade conjugal: direitos e deveres. In: PEREIRA, Rodrigo da Cunha (Coord.). *Direito de família contemporâneo*. Belo Horizonte: Del Rey, 1997(b).

MAZZILLI, Hugo Nigro. *A defesa dos interesses difusos em juízo*. São Paulo: Saraiva, 1998.

MEIRELLES, Hely Lopes. *Direito administrativo brasileiro*. São Paulo: Revista dos Tribunais, 1991.

MELLO, Celso Antônio Bandeira de. *Curso de direito administrativo*. São Paulo: Malheiros, 1977.

MIRANDA, Pontes de. *Tratado de direito privado*. Rio de Janeiro: Borsoi, 1956.

MONTEIRO, Washington de Barros. *Curso de direito civil*: parte geral. 28. ed. São Paulo: Saraiva, 1989

MORAES, Alexandre de. *Direito constitucional*. São Paulo: Atlas, 2003.

NADER, Paulo. *Curso de direito civil:* parte geral. Rio de Janeiro: Forense, 2003.

NEGRÃO, Theotônio (Org.). *Código de Processo Civil e legislação civil em vigor*. São Paulo: Saraiva, 2003.

NETO, Abib. *Curso de direito civil.* São Paulo: Letras & Letras, 1995.

NUNES, Pedro dos Reis. *Dicionário jurídico.* São Paulo: Freitas Bastos, 1994.

OLIVEIRA, José Lamartine Correa. *Direito civil:* introdução. Rio de Janeiro: Lumen Juris, 1998.

OLIVEIRA, J. M. Leoni Lopes de. *Direito civil:* teoria geral do direito civil. Rio de Janeiro: Lumen Juris, 2001.

PEREIRA, Caio Mário da Silva.*Instituições de direito civil.* Rio de Janeiro: Forense, 2004. v. 1.

RABONEZE, Ricardo. *Provas obtidas por meios ilícitos.* Porto Alegre: Síntese, 1999.

REALE, Miguel. *O projeto de Código Civil.* São Paulo: Saraiva, 1986.

REZENDE, Afonso Celso Furtado de. *Novo Código Civil.* Campinas: Copola, 1998.

RODRIGUES, Sílvio. Breve histórico sobre o direito de família nos últimos 100 anos. *Revista da USP*, São Paulo, 1993.

_____. *Direito civil:* parte geral. São Paulo: Saraiva, 1998. v. 1.

SANTOS, Amaral. *Prova judiciária no cível e comercial.* São Paulo: Saraiva, 1983.

SANTOS, J. M. Carvalho. *Código Civil brasileiro interpretado.* Rio de Janeiro: Freitas Bastos, 1972.

SARMENTO, Natanael. *Breve história da nova Lusitânia.* Recife: Bagaço, 1999.

_____. Notas sobre o bem da família. In: *Jus et Fides.* Recife: Fasa, ano 1, n. 1, 2001.

_____. *Roteiro sistemático de direito civil.* Recife: Nossa Livraria, 2002.

SILVA, De Plácido e. *Vocabulário jurídico.* Rio de Janeiro: Forense, 2000.

SILVA, Wilson Melo. *Dano moral e sua reparação.* Rio de Janeiro: Forense, 1999.

SAVIGNY, F. C. de. *Traitée de Droit Romain*. Paris: Firmin Didot Frères, 1840.

SÓFOCLES-ÉSQUILO. *Tragédias Gregas: Rei Édipo, Antígone e Prometeu Acorrentado*. Trad. J. B. Mello e Souza. Rio de Janeiro: Tecnoprint, s/d.

THEODORO JÚNIOR, Humberto. *Alguns aspectos relevantes da prescrição e da decadência do novo Código Civil*. Disponível em: <http://www.gontijo-familia.adv.br/escritorio/codigocivildou22.html>. Acesso em: 05 nov. 2003.

TOURINHO FILHO, Fernando da Costa. *Manual de processo penal*. São Paulo: Saraiva, 2001.

VENOSA, Sílvio de Salvo. *Direito civil:* teoria geral. São Paulo: Atlas, 2003.

WALD, Arnold. *Curso de direito civil brasileiro*: parte geral. São Paulo: Revista dos Tribunais, 1995.

Índice Remissivo